CONTABILIDADE DE DERIVATIVOS
E *HEDGE ACCOUNTING*

O GEN | Grupo Editorial Nacional – maior plataforma editorial brasileira no segmento científico, técnico e profissional – publica conteúdos nas áreas de ciências sociais aplicadas, exatas, humanas, jurídicas e da saúde, além de prover serviços direcionados à educação continuada e à preparação para concursos.

As editoras que integram o GEN, das mais respeitadas no mercado editorial, construíram catálogos inigualáveis, com obras decisivas para a formação acadêmica e o aperfeiçoamento de várias gerações de profissionais e estudantes, tendo se tornado sinônimo de qualidade e seriedade.

A missão do GEN e dos núcleos de conteúdo que o compõem é prover a melhor informação científica e distribuí-la de maneira flexível e conveniente, a preços justos, gerando benefícios e servindo a autores, docentes, livreiros, funcionários, colaboradores e acionistas.

Nosso comportamento ético incondicional e nossa responsabilidade social e ambiental são reforçados pela natureza educacional de nossa atividade e dão sustentabilidade ao crescimento contínuo e à rentabilidade do grupo.

Eric Barreto
Wesley Carvalho
(coordenadores)

CONTABILIDADE DE DERIVATIVOS E *HEDGE ACCOUNTING*

PARA EMPRESAS E INSTITUIÇÕES FINANCEIRAS

Colaboradores
Berenice Righi Damke
Marcelo Glina Levi Bianchini
Fabio Bassi
Saulo Miyahara

Prefácio de
Fernando Galdi

- Os autores deste livro e a editora empenharam seus melhores esforços para assegurar que as informações e os procedimentos apresentados no texto estejam em acordo com os padrões aceitos à época da publicação, *e todos os dados foram atualizados pelos autores até a data da entrega dos originais à editora.* Entretanto, tendo em conta a evolução das ciências, as atualizações legislativas, as mudanças regulamentares governamentais e o constante fluxo de novas informações sobre os temas que constam do livro, recomendamos enfaticamente que os leitores consultem sempre outras fontes fidedignas, de modo a se certificarem de que as informações contidas no texto estão corretas e de que não houve alterações nas recomendações ou na legislação regulamentadora.

- Data do fechamento do livro: 31/10/2022

- Os autores e a editora se empenharam para citar adequadamente e dar o devido crédito a todos os detentores de direitos autorais de qualquer material utilizado neste livro, dispondo-se a possíveis acertos posteriores caso, inadvertida e involuntariamente, a identificação de algum deles tenha sido omitida.

- **Atendimento ao cliente: (11) 5080-0751 | faleconosco@grupogen.com.br**

- Direitos exclusivos para a língua portuguesa
  Copyright © 2023 *by*
  Editora Atlas Ltda.
  Uma editora integrante do GEN | Grupo Editorial Nacional
  Travessa do Ouvidor, 11
  Rio de Janeiro – RJ – 20040-040
  www.grupogen.com.br

- Reservados todos os direitos. É proibida a duplicação ou reprodução deste volume, no todo ou em parte, em quaisquer formas ou por quaisquer meios (eletrônico, mecânico, gravação, fotocópia, distribuição pela internet ou outros), sem permissão, por escrito, da Editora Atlas Ltda.

- Capa: Leandro Guerra

- Editoração eletrônica: Padovan Serviços Gráficos e Editoriais

- Ficha catalográfica

CIP-BRASIL. CATALOGAÇÃO NA PUBLICAÇÃO
SINDICATO NACIONAL DOS EDITORES DE LIVROS, RJ

C776

Contabilidade de derivativos e hedge accounting : para empresas e instituições financeiras / coordenação Eric Barreto, Wesley Carvalho. - 1. ed. - Barueri [SP] : Atlas, 2023.

Inclui bibliografia e índice
ISBN 978-65-5977-356-5

1. Contabilidade. 2. Derivativos (Finanças) - Contabilidade. 3. Administração de riscos. 4. Ativos (Contabilidade). I. Barreto, Eric. II. Carvalho, Wesley.

CDD: 657.76
CDU: 657.421

22-80403

Meri Gleice Rodrigues de Souza - Bibliotecária - CRB-7/6439

Dedico àquelas pessoinhas que, para mim, serão sempre "as crianças": Sophia Senne Barreto, Maria Fernanda e Diego Barreto.

Eric Barreto

Ao meu pai, Oswaldo, e à minha mãe, Valéria.

Wesley Carvalho

SOBRE OS AUTORES

Eric Barreto

Doutor, mestre e bacharel em Ciências Contábeis pela Faculdade de Economia, Administração, Contabilidade e Atuária da Universidade de São Paulo (FEAUSP), é professor do Insper e sócio da M2M Saber. É um dos maiores especialistas em instrumentos financeiros, contabilidade bancária e *fintechs* do Brasil. Foi coordenador e professor em diversas escolas de negócios e, antes, executivo em bancos e empresas de consultoria. É coautor do livro *Contabilidade de Instrumentos Financeiros: IFRS 9/CPC 48*, publicado pelo GEN | Atlas.

Wesley Carvalho

Mestre e bacharel em Ciências Contábeis pela Fundação Escola de Comércio Álvares Penteado (FECAP), possui artigos publicados em revistas acadêmicas e anais dos mais importantes congressos da área. Fez carreira em empresas de auditoria e de consultoria e é *expert* em derivativos, *hedge accounting* e temas contábeis complexos na M2M Saber. Atua também como parecerista e professor de cursos *in company*.

Berenice Righi Damke

Mestre em Administração (Finanças) pela Pontifícia Universidade Católica de São Paulo (PUC-SP) e bacharel em Administração pela Fundação Getulio Vargas (FGV). Ingressou no mercado financeiro em meados do ano 2000 e desenvolveu carreira de destaque nas áreas de gestão de riscos e derivativos. É professora do Insper desde 2015 e atua como consultora em gestão de riscos e derivativos.

Marcelo Glina Levi Bianchini

Mestre e bacharel em Ciências Econômicas pelo Insper. Em mais de uma década de atuação no mercado financeiro, passou por áreas de risco, consultoria e produtos. Esteve ao lado da Central de Custódia e de Liquidação Financeira de Títulos Privados (Cetip) na criação do Certificado de Operações Estruturadas (COE) e, a partir de 2020, passou a atuar também na área de derivativos de energia.

Fabio Bassi

Mestre em Contabilidade e Finanças pela Universidade Presbiteriana Mackenzie e MBA em IFRS pela Fundação Instituto de Pesquisas Contábeis, Atuariais e Financeiras (Fipecafi), é instrutor em cursos de Contabilidade Societária e Internacional (IFRS), Instrumentos Financeiros e Contabilidade Bancária. Possui sólida carreira na área de políticas contábeis de bancos nacionais e internacionais.

Saulo Miyahara

Cursou Ciências Contábeis na FEAUSP e atuou no time de auditoria de instrumentos financeiros de uma das *Big 4*, a KPMG. Atualmente, é consultor em projetos relacionados com instrumentos financeiros, *hedge* e *hedge accounting*.

PREFÁCIO

É com satisfação que escrevo o prefácio do livro **Contabilidade de Derivativos e Hedge Accounting**, tema pelo qual tenho muito apreço e que tem se desenvolvido consideravelmente desde a introdução de normativos específicos sobre o assunto no Brasil para as instituições financeiras em 2002 (por meio da Circular nº 3.082 do Banco Central), e para as empresas não financeiras em 2008 (por meio do Pronunciamento Técnico CPC 14). Minha percepção é que, embora o nível de aprofundamento e entendimento do assunto tenha crescido significativamente entre os profissionais e as empresas que adotam derivativos e contabilidade de *hedge*, ainda há muito a ser sedimentado e difundido sobre o assunto. Nesse sentido, esta obra traz uma importante contribuição, pois apresenta uma visão abrangente do tema e demonstra aplicações em casos específicos, refletindo a ampla experiência prática dos autores, o que facilita, e muito, seu entendimento. Os autores abordam desde os conceitos básicos relacionados com a gestão de risco e precificação, passando pelos principais produtos derivativos utilizados pelas empresas para proteção e se aprofundam em assuntos mais sofisticados e enfrentados no dia a dia pelos gestores. Merecem destaques as seções de exemplos e exercícios existentes ao longo do livro, que contribuem didaticamente para o entendimento dos assuntos abordados. Em suma, trata-se de material de grande valia para profissionais atuantes em gestão de risco, controladoria, contabilidade, tesouraria e áreas correlatas, e que tenham interesse em se aprofundar em como as transações com derivativos e de *hedge* devem ser reconhecidas e apresentadas nas demonstrações financeiras. Este livro também beneficia estudantes em estágio mais avançado que tenham interesse no tema. Deixo registrado uma saudação ao colega e coautor Eric, e também cumprimento os demais autores da obra (Wesley, Berenice, Marcelo, Fabio e Saulo) por terem se dedicado para produzir um conteúdo de qualidade e relevância, trazendo suas vivências para as páginas do livro.

Fernando Caio Galdi

Professor titular na FUCAPE Business School, ex-diretor da Comissão de Valores Mobiliários, bacharel e doutor em Contabilidade pela FEAUSP, pós-doutor pela University of Arkansas e membro do Comitê de Pronunciamentos Contábeis (CPC).

SUMÁRIO

PARTE I   RISCOS FINANCEIROS E DERIVATIVOS 1

1   RISCOS FINANCEIROS (BERENICE RIGHI DAMKE) 3

1.1   O que é um risco ou fator de risco para as organizações? 3

1.2   Risco de mercado...3

1.3   Risco de crédito 5

1.4   Risco de liquidez...6

1.5   Risco sistêmico ou sistemático...6

2   APREÇAMENTO DE INSTRUMENTOS FINANCEIROS (BERENICE RIGHI DAMKE/ERIC BARRETO/ WESLEY CARVALHO/SAULO MIYAHARA)...9

2.1   *Accrual* 9

    2.1.1   Correção do valor do principal...12

2.2   Curvas de juros em reais 14

2.3   DI Futuro e a ETTJ 16

    2.3.1   Taxa de juros e *swap*...19

    2.3.2   Aplicações, dívidas ou *swaps* corrigidas a CDI + *spread*.....................20

    2.3.3   Aplicações, dívidas ou *swaps* corrigidas a IPCA + *spread* 23

2.4   Cupom cambial: DDI e FRC 24

2.5   Calculando valor justo de ativos financeiros 34

    2.5.1   Operações indexadas em percentual do CDI 34

    2.5.2   Operações indexadas em taxas prefixadas (em reais)............................35

    2.5.3   Operações indexadas em taxas prefixadas (em moeda estrangeira) 36

2.6   Conceito de valor justo e valor justo limpo 38

    2.6.1   Custo amortizado...38

    2.6.2   Valor de mercado (*market value*)..38

    2.6.3   Valor justo (*fair value*) 39

    2.6.4   Valor justo limpo (*clean fair value*)..39

3 O QUE SÃO E COMO FUNCIONAM OS DERIVATIVOS (BERENICE RIGHI DAMKE/WESLEY CARVALHO)......41

3.1 Introdução 41

3.2 *Swap* 44

    3.2.1 Apreçamento de *swap* 47

3.3 Futuros B3 53

3.4 Termos 58

3.5 Apreçamento de contratos a termo..59

    3.5.1 *Non deliverable forward* (NDF) ou termo de *commodities* 62

3.6 Opções listadas e não listadas..65

    3.6.1 Tipos e características das opções 65

    3.6.2 Prêmio das opções 69

    3.6.3 Relação Futuro ou *spot* × *strike* em opções 70

3.7 *Hedge* com *collar*..72

PARTE II CONTABILIDADE DE DERIVATIVOS E *HEDGE ACCOUNTING*...75

4 CONTABILIDADE DE INSTRUMENTOS FINANCEIROS (ERIC BARRETO/WESLEY CARVALHO) 77

4.1 Categorias de ativos e passivos financeiros e critérios de mensuração 77

4.2 Contabilidade de derivativos..79

4.3 Contabilidade a valor justo 83

    4.3.1 Técnicas de avaliação...84

    4.3.2 Hierarquia do valor justo 85

4.4 Descasamentos contábeis...86

5 *HEDGE ACCOUNTING* (ERIC BARRETO/WESLEY CARVALHO/MARCELO GLINA LEVI BIANCHINI/ FABIO BASSI/SAULO MIYAHARA)..89

5.1 Introdução 89

5.2 *Hedge accounting* IAS 39 × IFRS 9..92

5.3 Alinhamento da gestão de riscos com a prática contábil e critérios de qualificação para designação do *hedge accounting*..95

5.4 Instrumentos de *hedge*...98

5.5 Objetos de *hedge*..102

5.6 *Hedge* de valor justo 113

5.7 *Hedge* de fluxo de caixa.. 118

5.8 *Hedge* de investimento líquido em operação no exterior....................................124

5.9	Componentes da relação de *hedge*	130
	5.9.1 Valor extrínseco e intrínseco de opções	131
	5.9.2 Elemento à vista e elemento a termo	143
	5.9.3 *Spread* de taxa cambial de operação financeira	146
5.10	Gerenciamento do *hedge accounting*	148
	5.10.1 Relação econômica	148
	5.10.2 Predominância da variação do risco de crédito na relação de *hedge*	151
	5.10.3 Índice de *hedge*	153
	5.10.4 Fontes de inefetividade	157
5.11	Testes de efetividade	159
5.12	Descontinuidade do *hedge accounting*	170
	5.12.1 Reequilíbrio da relação de proteção e alterações no índice de *hedge*	174
5.13	Exemplos de *hedge* e *hedge accounting*	176
	5.13.1 *Hedge* de taxa de juros	176
	5.13.2 *Hedge* de câmbio	185
	5.13.3 *Hedge* de *commodities*	199
	5.13.4 *Hedge* no setor elétrico	210
	5.13.5 Casos reais de prática de *hedge accounting*	216
5.14	Tópicos avançados de *hedge accounting*	223
	5.14.1 *Hedge* de uma exposição agregada	223
	5.14.2 *Cross hedge*	233
	5.14.3 Portfólio *fair value hedge* nas instituições financeiras	234
	5.14.4 Diferenças entre *hedge* com NDF/*swap* e futuros	244

SIGLAS E DEFINIÇÕES **253**

REFERÊNCIAS **257**

ÍNDICE ALFABÉTICO **261**

PARTE I

RISCOS FINANCEIROS E DERIVATIVOS

CAPÍTULO 1 – RISCOS FINANCEIROS

CAPÍTULO 2 – APREÇAMENTO DE INSTRUMENTOS FINANCEIROS

CAPÍTULO 3 – O QUE SÃO E COMO FUNCIONAM OS DERIVATIVOS

1

RISCOS FINANCEIROS

Berenice Righi Damke

1.1 O que é um risco ou fator de risco para as organizações?

Risco é aquilo que tem potencial para impedir uma organização de alcançar seus objetivos estratégicos e, portanto, trazer perdas e impactos negativos para o negócio.

Riscos internos às organizações são aqueles que surgem do dia a dia dos negócios e decorrem das decisões operacionais e financeiras tomadas. Normalmente, a observação detalhada do negócio permite que os gestores identifiquem, quantifiquem e gerenciem seus riscos internos com bastante assertividade.

Riscos externos às organizações são aqueles que surgem no ambiente em que a companhia está inserida e em relação aos quais a empresa não consegue atuar de maneira preventiva, mas apenas reativa. Por vezes, esses riscos e seus impactos negativos são difíceis de prever ou considerar em uma matriz de riscos. Assim, caso ocorram, resta à empresa agir de maneira reativa, fazendo gestão de crise e buscando mitigar seus impactos sobre o negócio e eventuais perdas.

Riscos estratégicos são aqueles que a organização se propõe a assumir para crescer e prosperar. Exemplo: lançamento de um novo produto ou serviço.

1.2 Risco de mercado

Risco de mercado é o risco de perda associado a oscilações em taxas de juros, taxas de câmbio, preços de produtos agrícolas ou minerais (*commodities*) ou preços de ações e índices de ações, entre outros preços, taxas e índices que podem variar e trazer impactos aos contratos e negócios físicos ou financeiros.

Normalmente, em um contrato ou negócio, há sempre duas partes: uma compradora e outra vendedora, uma que fornece e outra que recebe o produto ou serviço físico ou financeiro e, assim, o impacto de cada risco é diferente e oposto entre as partes envolvidas. Sob a ótica de gestão de riscos, o que importa é compreender, identificar, mensurar e gerir os riscos que possam trazer impactos negativos e, portanto, perdas físicas ou financeiras para as partes que estão expostas àquela situação.

Assim, **exposição** é fundamental na gestão de riscos. Para ilustrar, se sua companhia não tem dólares a pagar ou a receber, nem insumos de produção dolarizados, ela **não** está exposta ao risco de variação cambial. Portanto, esse **não** deve ser um fator de sua matriz de riscos e você também não precisa fazer nenhum tipo de *hedge* (proteção) contra esse risco.

 Exemplo

Imaginemos uma situação de negócios em que um produtor de soja plantou e planejou sua safra objetivando colher e vender seu produto para uma cooperativa, seis meses após o plantio, por R$ 80 a saca. Se, na data de entrega da soja à cooperativa (seis meses após o plantio), o preço da soja for apenas R$ 60 por saca, a margem do produtor ficará comprometida e ele poderá até ter prejuízo, dependendo de quais foram seus custos naquela safra. Ou seja, neste exemplo, a queda do preço da soja em reais prejudicou o produtor (vendedor), mas pode ter sido benéfica para a cooperativa (comprador). Aqui, ambos estão expostos aos seguintes **fatores de risco**: (i) variação do preço da soja desde a data do plantio e fechamento do negócio (com entrega futura) entre as partes até a data da colheita e comercialização (seis meses depois); (ii) variação da **taxa de câmbio R$/US$ (real por dólar americano)** no mesmo período, pois tal variação pode trazer impactos negativos às partes.

No mercado financeiro, a **volatilidade** é usada como métrica representativa do risco de mercado, que corremos quando investimos em determinado ativo ou derivativo. Volatilidade pode ser mensurada em termos de desvio-padrão dos retornos daquele investimento, ou seja, o quanto os retornos variam em torno de sua média em determinado período (ex.: nos últimos 12 meses). Quanto maior for a variação de um preço, taxa ou índice, maior será sua volatilidade e, portanto, maior o risco de mercado desse ativo ou derivativo.

Em momentos de crise, a volatilidade dos ativos e derivativos no mercado financeiro aumenta muito, como podemos verificar na Figura 1.1, onde é apresentada a evolução do Índice VIX (*Volatility Index* ou, em português, índice de volatilidade) da Chicago Board Options Exchange (CBOE), também chamado de "índice do medo", que, em 2020, na recente crise de Covid-19, bateu nível superior ao da crise de 2008.

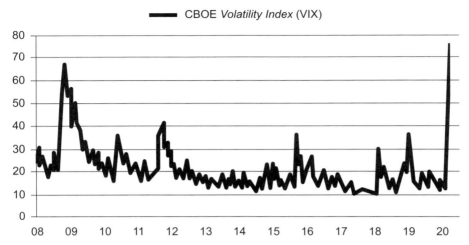

Figura 1.1 Índice VIX da Chicago Board Options Exchange (CBOE).
Fonte: S&P Global Ratings (2020, p. 6).

Para os gestores de risco, momentos de crise são preocupantes, pois podem trazer severas perdas aos negócios e até levar as companhias à insolvência (conectando-se ao risco de liquidez).

Na busca por mensurar a magnitude do impacto adverso em momentos de grande volatilidade, muitas empresas efetuam análises de sensibilidade e incluem em suas demonstrações financeiras uma nota explicativa em que simulam cenários de importantes altas e baixas nos principais fatores de risco que afetam seus negócios, para verificar como os resultados da empresa reagiriam nesses cenários.

1.3 Risco de crédito

Risco de crédito está associado ao risco de inadimplência pelo devedor e à probabilidade de um credor emprestar recursos e não os receber de volta nas condições acertadas entre as partes.

Exemplo 1: há risco de crédito sempre que adquirimos um título público ou privado. E, para sinalizar e ajudar os investidores a compreenderem o tamanho do risco que irão correr, tais títulos possuem *rating* (uma nota de risco de crédito).

Exemplo 2: também há risco de crédito em empréstimos e financiamentos. Para mitigar o impacto (perda financeira) de uma possível inadimplência, credores pedem garantias, preferencialmente líquidas, que possam ser facilmente vendidas e convertidas em reais se o devedor não pagar.

Exemplo 3: se sua empresa vende a prazo e/ou parcelado (exceto no cartão de crédito), ela está dando crédito a seus clientes, pois, ao vender a prazo, está entregando ativos e confiando que o cliente pagará o valor devido na data futura combinada.

1.4 Risco de liquidez

Risco de liquidez é sinônimo de insolvência ou baixa capacidade financeira para fazer frente a compromissos operacionais e/ou financeiros. Ou seja, muitas vezes, confunde-se com risco de crédito. Mas, aqui, o foco incide na disponibilidade de caixa e na capacidade da empresa de produzir caixa ou obter capital de giro. São relevantes para o capital de giro operacional: o prazo de recebimento das vendas, o prazo médio do estoque (se houver) e o prazo que obtemos para pagar fornecedores.

Também há risco de liquidez no mercado financeiro. Em tempos de crise, nos quais a volatilidade dos ativos e derivativos aumenta muito, a variação adversa de preços, índices e taxas pode trazer perdas financeiras às empresas e estas podem não ter disponibilidade de recursos para arcar com tais perdas, tendo um problema de liquidez e, em última análise, podendo ficar inadimplentes em eventual obrigação de pagar.

Exemplo 1: O Banco Angels possui posição vendida em DI Futuro[1] na B3 para proteger-se da queda da taxa de juros em reais daqui a um mês. Mas, em razão da crise, a taxa de juros subiu. Assim, terá ajustes diários a pagar e pode não ter caixa para fazer frente a todos esses valores. Poderá enfrentar dificuldades de liquidez e, no limite, ficar inadimplente (risco de crédito).

Vale comentar que, para mitigarem o **risco de liquidez e o risco de crédito**, as bolsas de valores em todo o mundo exigem depósitos de margem proporcionais à volatilidade do ativo-objeto, ao prazo da operação e à probabilidade de haver ajustes a pagar naquela operação. Para controlarem isso bem de perto e reduzirem o risco de crédito envolvido, as bolsas comumente trabalham com ajustes diários, calculados com base na marcação a mercado[2] dos derivativos e pagos/recebidos diariamente pelas partes.

1.5 Risco sistêmico ou sistemático

Risco sistêmico é o risco de um colapso que afete todo um sistema financeiro ou mercado, em oposição a outros riscos que podem ser associados a qualquer entidade, grupo ou componente de um sistema, e que pode existir sem prejudicar todo o sistema.

Os riscos financeiros, em geral, podem ser mitigados por meio da diversificação de investimentos, enquanto o risco sistêmico, ao afetar todo um sistema, espalha suas perdas por várias classes de ativos, causando um "efeito dominó".

Hedge é sinônimo de proteção. Portanto, podem ser caracterizadas como *hedge* operações financeiras que tenham por objetivo proteger as empresas dos riscos financeiros que correm em seus negócios.

Neste livro, cujo propósito é aprofundar nas relações de *hedge* e *hedge accounting*, os riscos financeiros às corporações e bancos (ou assemelhados), sobretudo o risco de mercado, serão objeto de nosso foco.

---

[1] Explicaremos os futuros da B3 e o DI Futuro na Seção 3.3 do Capítulo 3 deste livro.
[2] Explicaremos o termo "marcação a mercado" no Capítulo 2.

Exercício de fixação

Tomando por base os conhecimentos que você obteve após ler o Capítulo 1 e o quadro a seguir, marque V (Verdadeiro) ou F (Falso) nas afirmativas de 1 a 6.

Principais riscos existentes nos bancos

Riscos de crédito	Riscos de mercado	Riscos operacionais	Riscos legais
Inadimplência	Taxas de juros	Fraudes, furtos e roubos	Tributário
Degradação de crédito	Taxas de câmbio	Lavagem de dinheiro	Contratos
Degradação de garantias	Ações	Liquidação financeira	Legislação
Soberano	Commodities	Erros humanos	
Concentração de carteiras	Liquidez	Equipamento	
	Derivativos	Overload de sistemas	
	Hedge	Produtos e serviços	
		Catástrofe	
		Modelagem matemática	

Fonte: Duarte Jr. e Lelis (2003, p. 95).

1. ( ) Risco de mercado é relativo às variações adversas em taxas de juros, câmbio, ações, índices e *commodities* em ativos e derivativos.
2. ( ) A Companhia Verde e Amarelo é produtora de café arábica, boi e soja. Portanto, os fatores de risco a que está submetida são: variação adversa do preço do café e da soja apenas.
3. ( ) Risco de liquidez está ligado à possibilidade de insolvência e indisponibilidade de caixa para fazer frente a variações adversas de taxas de câmbio, nos contratos com ajustes periódicos (pela marcação a mercado).
4. ( ) O risco soberano, também chamado de risco país, é relativo aos atos do governo de um país e, portanto, não afeta as taxas de juros e o custo do crédito para as empresas daquele país.
5. ( ) O Banco Zeus capta recursos por meio da emissão de títulos pós-fixados junto ao mercado e faz empréstimos prefixados a seus clientes. Casando os prazos e volumes de suas captações e seus empréstimos, **não** incorrerá em risco de mercado.

6. (   ) Risco de crédito tem ligação com risco operacional. O motivo é que, se houver uma interrupção nas atividades da fábrica, isso diminuirá a quantidade de itens produzidos e, tudo mais constante, acarretará redução da receita de vendas. A redução da receita de vendas, por sua vez, pode deixar a companhia com dificuldade críticas de caixa, a ponto de não conseguir pagar parcelas vincendas de seus empréstimos e financiamentos.

Respostas: 1. V, 2. F, 3. V, 4. F, 5. F, 6. V

2

APREÇAMENTO DE INSTRUMENTOS FINANCEIROS

Berenice Righi Damke/Eric Barreto/Wesley Carvalho/Saulo Miyahara

2.1 *Accrual*

No contexto das transações financeiras, e mais especificamente, em operações de crédito, existe uma relação entre risco e retorno que resulta em taxas diferenciadas, conforme o nível dos riscos envolvidos. Se um empréstimo é mais arriscado, o banco cobra uma taxa de juros maior pelo empréstimo concedido, chegando até a não conceder o crédito se houver risco muito grande de inadimplência por parte do tomador do empréstimo (GONÇALVES, 2009, p. 104).

A taxa de juros também remunera o custo de captação, sendo que esse custo vai sendo paulatinamente acrescido ao valor do principal da operação, à medida que o tempo passa, e esse valor agregado é o que chamamos coloquialmente de *accrual* da operação. Em outras palavras, o *accrual* representa os juros incorridos até a data de avaliação do instrumento financeiro. Na contabilidade societária, o *accrual* é representado pelo método de mensuração do custo amortizado, que consiste na apropriação de juros pró-rata, ao longo do prazo da operação, de acordo com uma taxa de juros efetiva.

Segundo o IFRS 9/CPC 48.4.1.2, os ativos financeiros devem ser mensurados pelo custo amortizado (*accrual*) se permanecer o modelo de negócios cujo objetivo seja manter ativos financeiros com o fim de receber fluxos de caixa contratuais e se os termos contratuais do ativo derem origem a fluxos de caixa que constituam, exclusivamente, pagamentos de principal e juros. Já os passivos financeiros, em geral, devem ser mensurados ao custo amortizado, exceto específicos, como derivativos, que devem ser mensurados ao valor justo.

Sob o ponto de vista financeiro, os instrumentos financeiros ativos ou passivos podem ter juros capitalizados pelo regime simples ou pelo regime composto, ou seja, os juros incorridos nas operações podem ser juros construídos por uma taxa linear ou exponencial, respectivamente.

A taxa linear é uma taxa característica dos juros simples, formada de modo proporcional, o que significa que uma taxa de 12% ao ano, por exemplo, será equivalente a uma taxa de 1% ao mês, ou que uma taxa de i% ao mês será equivalente a uma taxa de i/30% ao dia. A maior parte dos juros praticados no sistema financeiro internacional encontra-se referenciada na taxa linear.

A taxa linear é determinada pela relação simples entre a taxa de juros considerada na operação e o número de vezes em que ocorrem juros (quantidade de períodos de capitalização). Por exemplo, a taxa de 24% ao ano equivale linearmente a 2,0% ao mês (24%/12 meses). Logo, o *accrual* de uma operação linear acompanha o seguinte modelo teórico de acúmulo de juros simples ($Accrual_{JS}$):

$$Accrual_{JS} = T \times (1 + i \times n) \times C$$

Onde:

T: tamanho da operação;

i: taxa de juros de referência da operação;

n: tempo decorrido da operação, na relação de $\dfrac{DC_i}{360}$;

DC_i: dias corridos do período; e

C: cotação da paridade da moeda estrangeira.

Os juros compostos são a base do atual Sistema Financeiro Nacional, sendo utilizados pelas instituições financeiras e pelas empresas na maioria das operações de empréstimos, aplicações financeiras, emissão de dívidas no mercado de capitais, avaliação de investimentos e nas operações com derivativos. Esse método de capitalização é cumulativo, ou seja, os juros são capitalizados sobre os juros incorridos em períodos anteriores. Dessa forma, a acumulação de juros tende a aumentar exponencialmente com o decorrer da vida da operação.

A função exponencial corresponde à expressão que possui a incógnita tempo (n) no expoente da equação financeira, logo, o *accrual* de uma operação exponencial se dá conforme o seguinte modelo teórico de acúmulo dos juros compostos:

$$Accrual_{JC} = T \times (1 + i)^n$$

Onde:

T: tamanho da operação;

i: taxa de juros de referência da operação;

n: tempo incorrido da operação, na relação de $\dfrac{DC_i}{360}$; e

DU_i: dias úteis incorridos.

Exemplo de contabilização de prefixada

Uma empresa de serviços busca recursos para financiar investimentos em tecnologia. Assim, foi feita a emissão de uma dívida em reais, no valor de 2.000.000, com vencimento para 2 anos. Após 6 meses da captação, a companhia irá atualizar o valor da operação pelo custo amortizado. As informações da dívida são as seguintes:

Principal: 2.000.000 BRL

Taxa de juros: 7% a.a.

Pagamento de juros e principal: no vencimento

Dias úteis incorridos: 126

Custos de transação: desprezíveis

Cálculo do *accrual*:

$$Accrual_{JC} = 2.000.000 \times (1+7\%)^{\frac{126}{252}} = 2.068.816,09$$

Juros incorridos no período:

Juros = 2.068.816,09 − 2.000.000,00 = 68.816,09

Lançamentos contábeis:

*T*0: 2.000.000

Débito – Caixa (ativo)

Crédito – Empréstimos (passivo)

Histórico: Entrada de caixa proveniente de emissão de dívida

*T*1: 68.816,09

Débito – Despesa financeira (resultado)

Crédito – Empréstimos (passivo)

Histórico: Juros incorridos no período

2.1.1 Correção do valor do principal

Os índices de inflação são usados para medir a variação dos preços e o impacto no custo de vida da população. No Brasil, a inflação é medida por meio de diversos índices, divulgados por várias instituições, tais como o Instituto Brasileiro de Geografia e Estatística (IBGE), a Fundação Getulio Vargas (FGV) e a Fundação Instituto de Pesquisas Econômicas (FIPE).

Segundo Assaf Neto (2014, p. 215), qualquer que seja o índice selecionado, a taxa de inflação é obtida da forma seguinte:

$$INF = \frac{I_n}{I_{n-t}} - 1$$

Onde:

I_n: indicador de variação de preço selecionado para o cálculo da taxa de inflação; e

I_{n-t}: data de início e de fim do período em que se deseja calcular a taxa de inflação.

Santos e Silva (2015, p. 77) evidenciam alguns títulos públicos brasileiros que sofrem atualização do Valor Nominal (VNA) e seus cálculos:

Quadro 2.1 Exemplo de títulos públicos federais brasileiros

NTN-B	A Nota do Tesouro Nacional-Série B (NTN-B) é um título público pós-fixado, cuja rentabilidade é composta por uma taxa anual pactuada no momento da compra acrescida da variação do IPCA
NTN-C	O NTN-C é a sigla para Nota do Tesouro Nacional Série C, que é um título público com rendimento vinculado ao IGP-M, acrescido de uma taxa de juros prefixada. O pagamento dos juros acontece semestralmente. No entanto, desde 2007 o governo não oferece mais a sua opção de compra
NTN-D	A NTN-D é uma categoria da Nota do Tesouro Nacional de série D. A sua remuneração ocorre por meio da variação da cotação do dólar no mercado de câmbio de taxas livres, divulgada pelo Banco Central

A fórmula a seguir, de atualização da NTN-C, também serve para NTN-B, substituindo IGPM por IPCA:

$$VNA_m = VNA_{m-1} \times \frac{IGPM_{m-1}}{IGPM_{m-2}}$$

Onde:

VNA_{m-1}: valor nominal atualizado referente ao último período de mensuração;

$IGPM_{m-1}$: taxa média anualizada referente ao último período de mensuração; e

$IGPM_{m-2}$: taxa média anualizada referente ao período atual de mensuração.

Há também o caso de títulos indexados em dólares, com fórmulas fazendo referência ao VNA. Neste caso, bastaria substituir o IGPM da fórmula anterior pela cotação do dólar (normalmente, a PTAX). Importante destacar que PTAX é uma taxa de referência na economia, a qual representa a cotação de uma moeda estrangeira com relação ao real.

 Exemplo de contabilização de dívida IPCA

Uma indústria de cobre busca recursos de longo prazo para financiar a expansão de sua planta fabril. Para tanto, emitiu uma debênture no mercado de capitais, em reais, no valor de 100.000.000, que será corrigida por uma taxa prefixada acrescida da correção do IPCA, com vencimento para 10 anos. Após 1 ano da captação, a companhia irá atualizar a operação pelo custo amortizado. As informações da dívida são as seguintes:

Principal: 100.000.000 BRL

Taxa de juros: 4% a.a.

Amortização do principal: anual (5% do valor do principal na emissão)

Dias úteis incorridos: 252

IPCA acumulado na emissão (T0): 1.373,9760

IPCA acumulado na data de avaliação (T1): 1.436,6164

Custos de transação: desprezíveis

Cálculo do *accrual*:

$$VNA = 1.000.000 \times \frac{1.436}{1.373} = 104.588.492$$

$$Accrual_{JC} = \left(100.000.000 \times \frac{1.436}{1.373} \times (1+4\%)^{\frac{252}{252}}\right) = 108.772.032$$

Cálculo do *accrual* menos amortização do principal:

$Accrual_{JC}$ = 108.772.032 – 5.000.000 = 103.772.032

Juros incorridos no período:

Juros = 108.772.032 – 100.000.000 = 8.772.032

Lançamentos contábeis:

T0: 100.000.000

Débito – Caixa (ativo)

Crédito – Debêntures (passivo)

> Histórico: Entrada de caixa proveniente de emissão de debêntures
>
> T1: 8.772.032
>
> Débito – Despesa financeira (resultado)
>
> Crédito – Debêntures (passivo)
>
> Histórico: Juros incorridos no período
>
>
> T1: 5.000.000
>
> Débito – Debêntures (passivo)
>
> Crédito – Caixa (ativo)
>
> Histórico: Amortização do principal da debênture

2.2 Curvas de juros em reais

Temos várias de taxas de juros em reais, no Brasil, e as mais comuns em instrumentos financeiros são: Taxa DI, Selic e IPCA. Essas três possuem referência à vista, de curto prazo, e futuras, negociadas na forma de futuros na B3.

Vamos explorá-las em mais detalhes a seguir.

A **Taxa DI** é formada pela média dos depósitos interbancários no Brasil, representando, assim, o custo médio dos recursos trocados entre bancos para fechar seu caixa a cada final de dia. No mercado interbancário, bancos que receberam mais aplicações do que emprestaram recursos emprestam dinheiro por uma noite (*overnight*) para bancos que fizeram mais empréstimos do que captaram recursos naquele dia. Essa troca de recursos entre bancos é registrada no Mercado de Balcão da B3 (antiga Cetip) com o nome de Certificado de Depósito Interbancário (CDI) e sua taxa média, divulgada diariamente pela B3 em percentual ao ano, é a Taxa DI. O futuro da Taxa DI é um derivativo de juros dos mais líquidos e negociados na B3.

Essa troca de recursos entre bancos no mercado interbancário também pode ser feita mediante operações compromissadas, lastreadas em títulos públicos do Tesouro Nacional. Nesse caso, um banco vende para outro um título público com compromisso de recomprá-lo no dia seguinte. A taxa pela qual essa operação é fechada será registrada no Sistema Especial de Liquidação e Custódia (Selic), bem como seu respectivo lastro (o papel). O sistema divulga diariamente a taxa média pela qual tais negociações foram celebradas, em percentual ao ano; essa taxa é a **Selic *Over***.

Não devemos confundi-la com a **Selic Meta**, que é definida periodicamente nas reuniões do Comitê de Política Monetária (Copom) do Banco Central. Ambas são taxas de juros à vista e seu futuro também é negociado na B3, ainda que com baixa liquidez.[1]

---

[1] Saiba mais sobre os futuros de juros negociados na B3 em: https://www.b3.com.br/pt_br/produtos-e-servicos/negociacao/juros/. Acesso em: 26 jul. 2022.

O Índice de Preços ao Consumidor Amplo (IPCA) é um indicador de inflação usado de forma recorrente como indexador em aplicações financeiras, títulos de dívida públicos e privados e empréstimos e financiamentos, bem como em *swaps*. Seu futuro também é negociado na B3.

Associado ao IPCA, temos o Cupom de IPCA, definido pelo mercado financeiro e seus agentes por diferença entre a expectativa de inflação (medida pelo IPCA) e a taxa prefixada equivalente a 100% do CDI para um mesmo vencimento.

Assim, tomando por base os títulos à venda em dez./21 e emitidos pelo Tesouro Direto, podemos calcular o IPCA previsto pelo mercado para determinada data futura igualando um título prefixado, referenciado no DI Futuro (Letra do Tesouro Nacional – LTN), com o título pós-fixado, atrelado ao IPCA (NTN-B) e seu respectivo cupom. Importante ressaltar que, para esta comparação, devemos usar títulos de mesma *duration* ou vencimento final.

Exemplo:

Tabela 2.1   Taxas de juros dos títulos do Tesouro Direto

Título	Rentabilidade anual	Investimento mínimo	Preço unitário	Vencimento
TESOURO PREFIXADO **2025**	12,31%	R$ 36,51	R$ 730,38	01/01/2025
TESOURO PREFIXADO **2029**	12,14%	R$ 32,53	R$ 464,81	01/01/2029
TESOURO PREFIXADO **com juros semestrais 2033**	12,24%	R$ 36,11	R$ 902,98	01/01/2033
TESOURO SELIC **2025**	SELIC + 0,0919%	R$ 115,30	R$ 11.530,18	01/03/2025
TESOURO SELIC **2027**	SELIC + 0,1859%	R$ 114,56	R$ 11.456,90	01/03/2027
TESOURO IPCA+ **2026**	IPCA + 5,39%	R$ 31,19	R$ 3.119,45	15/08/2026
TESOURO IPCA+ **2035**	IPCA + 5,63%	R$ 38,34	R$ 1.917,36	15/05/2035
TESOURO IPCA+ **2045**	IPCA + 5,63%	R$ 33,31	R$ 1.110,43	15/05/2045
TESOURO IPCA+ **com juros semestrais 2032**	IPCA + 5,60%	R$ 40,76	R$ 4.076,49	15/08/2032
TESOURO IPCA+ **com juros semestrais 2040**	IPCA + 5,62%	R$ 41,25	R$ 4.125,98	15/08/2040
TESOURO IPCA+ **com juros semestrais 2055**	IPCA + 5,73%	R$ 41,75	R$ 4.175,77	15/05/2055

Fonte: https://www.tesourodireto.com.br/titulos/precos-e-taxas.htm. Acesso em: 5 dez. 2021.

Assumindo mesma *duration*, por simplificação, para os títulos com vencimento em 2026 (ver a Tabela 2.1), poderíamos afirmar:

Tesouro pré = 10,97% e Tesouro *IPCA* = *IPCA* + 4,91%, logo, 10,97% = *IPCA* + 4,91%

Aplicando-se a Fórmula de Fischer, teríamos:

$(1 + 10,97\%) = IPCA \times (1 + 4,91\%)$

$IPCA = (1 + 10,97\%) / (1 + 4,91\%)$

$IPCA = 5,78\%$ a.a. para 2026

2.3 DI Futuro e a ETTJ

Há uma ciência complexa por trás da determinação e das projeções de taxas de juros, e diversos trabalhos buscaram relacionar variáveis que compõem ou interferem na formação da taxa de juros, principalmente para utilizarem como modelo de projeções econômicas.

Estrella e Hardouvelis (1991) comprovaram a relação entre a Estrutura a Termo de Taxa de Juros (ETTJ) e o aumento futuro do nível de atividade econômica observada no consumo e no investimento. Fama (1990) analisou a resposta da estrutura a termo de taxa de juros em função da expectativa de inflação e do retorno real dos títulos indexados à ETTJ, encontrando maior significância em períodos mais longos, fato que estaria ligado ao ciclo econômico. Nessa mesma linha, Mishkin (1990) também verificou empiricamente a relação entre ETTJ e expectativa de inflação futura. A conclusão foi que a estrutura a termo da taxa de juros nominal contém relevante informação sobre a estrutura a termo da taxa de juros real. Estrella e Mishkin (1997) verificaram a forte relação entre a ETTJ e a expectativa de inflação na Europa e nos Estados Unidos.

A ETTJ é composta por taxas de juros em reais para diferentes vencimentos futuros, livre de risco de crédito e de liquidez. É uma curva que pode ser positiva ou negativamente inclinada ao longo de diferentes meses e anos, de acordo com as expectativas dos agentes para o futuro de curto e longo prazo. Tende a seguir uma relação risco × retorno para o longo prazo, em que mais prazo traz mais riscos e, assim, deve oferecer maiores retornos.

Por outro lado, para o curto prazo, é muito influenciada por aspectos macroeconômicos brasileiros e expectativas com relação à atuação do Banco Central sobre as taxas de juros e as suas decisões de política monetária nas reuniões do Comitê de Política Monetária do Banco Central (Copom). Assim, traz risco de mercado, que pode ser mitigado pelo uso de derivativos para fins de *hedge*.

As taxas de juros do DI Futuro são negociadas na B3, em taxas de juros percentuais ao ano desde 17/01/2002. Antes disso, eram negociadas em Preço Unitário (PU), tendo 100.000 por Valor Futuro.

Essas taxas de juros, de cada futuro da B3, são chamadas de taxas *spot*. A partir delas, podemos encontrar as taxas a termo (*forward*), pois essas estão implícitas nas taxas *spot*. Assim, construímos a ETTJ. Vamos mostrar um exemplo numérico para melhor entendimento, partindo das taxas de mercado (*spot*) demonstradas na Tabela 2.2.

Tabela 2.2 Taxas de juros do DI Futuro (*spot*) e prazo a decorrer até o vencimento de cada contrato na B3

Vencimento	Taxa *spot* % a.a.	Dias úteis
jan./22	6,73%	10
fev./22	7,02%	28
mar./22	7,30%	48
abr./22	7,50%	70
maio/22	7,70%	91

O cálculo da taxa a termo (*forward*) para fev./22 é feito seguindo a fórmula a seguir. E assim sucessivamente, para cada vencimento.

$$i \; forward \; fev./22 = \frac{\left(1 + i \; spot \; mar./22\right)^{\frac{28}{252}}}{\left(1 + i \; spot \; fev./22\right)^{\frac{10}{252}}} - 1$$

Na Tabela 2.3, podemos ver os cálculos e a taxa *forward* para os diferentes vencimentos desse exemplo.

Tabela 2.3 Taxas *forward* (a termo) sobre os DIs Futuros da B3

Vencimento	Cálculo da taxa *forward*	Taxa % a.p.	Taxa *forward* % a.a.
jan./22	1,002586086	0,23%	6,75%
	1,000249931		
fev./22	1,007566879	0,50%	7,18%
	1,002586086		
mar./22	1,013511121	0,59%	7,69%
	1,007566879		
abr./22	1,020292216	0,67%	7,94%
	1,013511121		
maio/22	1,027149002	0,67%	8,37%
	1,020292216		

Lado a lado, as taxas de juros *spot* e *forward* para cada vencimento ficam conforme a Tabela 2.4.

Tabela 2.4 Taxas *spot* e taxas *forward* (a termo) dos DIs Futuros da B3

Vencimento	Taxa *spot*	Dias úteis	Taxa *forward*
CDI *over*	6,50%	1	6,50%
jan./22	6,73%	10	6,75%
fev./22	7,02%	28	7,18%
mar./22	7,30%	48	7,69%
abr./22	7,50%	70	7,94%
maio/22	7,70%	91	8,37%

O mercado usa a ETTJ para estimar o comportamento futuro esperado das taxas de juros. Esta estimativa permite às tesourarias de bancos, fundos de investimento e investidores institucionais tomar decisões de comprar ou vender os diferentes vencimentos futuros, por concordarem ou não com a projeção evidenciada na curva *forward* (SECURATO *et al.*, 2015).

A taxa *forward* também pode ser usada como a taxa de reinvestimento de cupons, em títulos de dívida com pagamentos intermediários de juros. Assim, podemos calcular a taxa interna de retorno modificada (TIRM) e comparar a rentabilidade de títulos com juros pagos apenas no vencimento (*bullet*) com títulos que possuem pagamentos periódicos (SECURATO *et al.*, 2015).

Importante comentarmos que a taxa de juros de um título de dívida não depende apenas da taxa de juros atual da economia (Taxa DI *Over* ou Selic Meta) e suas projeções futuras (DI Futuro), capturadas na ETTJ. Pois esta é livre de risco de crédito e de liquidez, possuindo apenas risco de mercado. Já um título de dívida paga remuneração maior quanto mais elevado for seu risco de crédito, normalmente medido pelo *rating*. No âmbito internacional, o risco país do emissor do título também pesa no custo das captações.

Em caso de títulos de dívida privados ou públicos com pouca ou nenhuma liquidez, os investidores também cobram um *spread* adicional do emissor pelo risco de liquidez, pelo risco de não conseguirem vender o título se precisarem do caixa e/ou desejarem sair do papel.

Ou seja, quanto mais risco, mais retorno será exigido pelo investidor, como podemos ver na Figura 2.1.

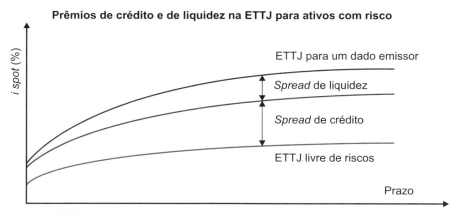

Figura 2.1 ETTJ livre de riscos e com riscos de emissores de dívida.

Fonte: http://www.susep.gov.br/download/menumercado/ApresETTJ_susepCORIS_29032011.pdf. Acesso em: jan. 2022.

2.3.1 Taxa de juros e *swap*

Uma ferramenta importante dentro do mercado financeiro é o *swap*, muito usado em empresas que tomam dívidas em moeda estrangeira e/ou em reais. *Swap* é um acordo financeiro para troca de fluxos de caixa futuros. Em tal acordo, define-se quando esses fluxos serão pagos e a forma como serão calculados. Normalmente, seu cálculo envolve valores futuros de uma ou mais variáveis de mercado. Estendendo esta explicação, os *swaps* consistem em contratos a termo, bilaterais, liquidados por diferença, cujos participantes são instituições financeiras e não financeiras.

Um detalhe que o diferencia dos contratos futuros é que, no *swap*, o ajuste é feito no vencimento da operação, por diferença entre os valores futuros, corrigidos pela respectiva taxa de juros. O *swap* de taxa pré *versus* CDI permite a troca entre uma taxa prefixada em reais por uma taxa pós-fixada (flutuante) em CDI ou vice-versa. O fluxo de caixa da ponta CDI começa a partir da taxa do dia da operação e acumula o CDI diário até o dia útil imediatamente antes do seu vencimento. A ponta prefixada do *swap* começa a partir do dia da operação, inclusive; e termina no vencimento da mesma, exclusive, utilizando base em dias corridos. Mostraremos um exemplo prático aqui, para melhor ilustrar esse instrumento financeiro. Suponha que uma empresa possui aplicações financeiras indexadas ao CDI (possui ativo indexado a CDI), porém contraiu uma dívida prefixada em reais (carrega um passivo em taxa fixa em reais) para pagar em 1 ano.

Os valores da dívida e da aplicação, hoje, são de R$ 1.000.000 cada e a dívida aumenta a uma taxa de 6 % a.a. Para se proteger de possíveis perdas proporcionadas pela queda na taxa do CDI (como seu passivo é fixo, quedas no CDI provocariam um resultado no ativo menor que o esperado), a empresa decidiu realizar um *swap* Pré × DI, assumindo a ponta ativa do *swap* em CDI. Para se proteger totalmente das oscilações do CDI, o *swap* deve ter as seguintes características: ter prazo de 1 ano, possuir a ponta pré com valor de 6% a.a. e corresponder a um montante de R$ 1.000.000. O resultado para a empresa, depois de 1 ano, com a taxa associada ao CDI caindo para 5% a.a., pode ser observado na Tabela 2.5.

Tabela 2.5 Cálculo do exemplo citado.

	Notional	Taxa % a.a.	Valor financeiro
Ativo da empresa	R$ 1.000.000,00	5,0%	R$ 1.050.000,00
Passivo da empresa	R$ 1.000.000,00	6,0%	R$ 1.060.000,00
Resultado original da empresa		A	–R$ 10.000,00
Swap ponta pré (ativa)	R$ 1.000.000,00	6,0%	R$ 1.060.000,00
Swap ponta pré (passiva)	R$ 1.000.000,00	5,0%	R$ 1.050.000,00
Resultado swap		B	R$ 10.000,00
Resultado global		A + B	R$ 0,00

Este "encontro de contas" entre o resultado do *swap* e a evolução do passivo da empresa evidencia o efeito de *hedge* esperado, trazendo proteção contra efeitos adversos da exposição ao fator de risco – aqui, taxas de juros, CDI e pré.

Além dos *swaps*, também podemos encontrar as situações sujeitas ao risco de variação de taxas de juros em aplicações financeiras. Vamos explorar aqui algumas situações recorrentes e ainda não debatidas.

2.3.2 Aplicações, dívidas ou *swaps* corrigidas a CDI + *spread*

Quando temos situações que não são totalmente prefixadas, como debatemos inicialmente, a marcação a mercado do ativo ou derivativo deve levar em consideração a curva DI pertinente ao prazo da operação, conforme fórmula e exemplo a seguir.

$$V_m = \frac{VE \times J \times Y}{Z}$$

Sendo:

$$J = \prod_{k=1}^{x} \left\{ \left[\left(CDI_k + 1 \right)^{\frac{1}{252}} - 1 \right] \times \%CDI + 1 \right\} \times \left(1 + S_0 \right)^{\frac{DU_x}{252}}$$

$$Y = \left\{ \left[\left(PRE + 1 \right)^{\frac{1}{252}} - 1 \right] \times \%CDI + 1 \right\}^{DU_w} \times \left(1 + S_0 \right)^{\frac{DU_w}{252}}$$

$$Z = \left\{ \left[\left(PRE+1\right)^{\frac{1}{252}} - 1 \right] \times \%MTM + 1 \right\}^{DU_w} \times \left(1+S_1\right)^{\frac{DU_w}{252}}$$

Onde:

CDI_k : taxa do CDI para a data k;

DU_x : número de dias úteis entre a emissão do CDB e a data do cálculo;

DU_w : número de dias úteis entre a data do cálculo e o vencimento do pagamento i;

PRE : taxa prefixada (% a.a.) para até o vencimento do pagamento i;

$\% CDI$: percentual do CDI ao qual o CDB foi emitido;

S_0 : sobretaxa (*spread*) ao qual o CDB foi emitido;

$\% MTM$: percentual do CDI de mercado;

S_1 : sobretaxa (*spread*) de mercado;

V_m : valor de mercado;

Y, Z e J : taxa anual (exponencial para 252 dias úteis) em %; e

VE : valor de emissão do CDB.

CDB pós-fixado – *spread* Data-base	21/09/2016
Emissão	20/12/2006
Vencimento	20/12/2016
Nocional	1000
Spread emissão	0,55%
Spread MTM	100,50%
CDI acum.	2,892911
DU acum.	2451
DU vencimento	61
Taxa pré	1,032072
Fator CDI emissão	1,000490
Fator CDI hoje	2,743970

$$\text{Fórmula } I_{CDB\ CDI+} = \frac{2,743970}{1,000490} \times \left(1+0,55\%\right)^{\frac{2451}{252}}$$

$$\text{Fórmula } I_{CDB\ CDI+} = 2,892911$$

$$\text{Fórmula } II_{CDB\ \%\ CDI} = 1,032072 \times \left(1+0,55\%\right)^{\frac{2451}{252}}$$

$$\text{Fórmula } II_{CDB\ \%\ CDI} = 1,033443$$

$$\text{Fórmula } III_{CDB\ \%\ CDI} = \left(\left[\left(1,032072^{\left(\frac{1}{61}\right)} - 1\right) \times 100,50\% + 1 \right] \right)^{61}$$

$$\textit{Fórmula III}_{CDB \ \% \ CDI} = 1,032235$$

$$PU \ MTM_{CDB \ \% \ CDI} = \frac{1000 \times 2,892911 \times 1,033443}{1,032235}$$

$$PU \ MTM_{CDB \ \% \ CDI} = 2.896,2965$$

Fonte: Manual de Marcação a Mercado Santander. Disponível em: https://www.santander.com.br/portal/pam/script/templates/GCMRequest.do?page=4801. Acesso em: 26 jul. 2022.

Quando precisamos marcar a mercado um ativo ou derivativo em um prazo diferente dos vencimentos disponíveis na B3, podemos encontrar a taxa de juros a ser usada nesta marcação a mercado por meio da interpolação das taxas de juros disponíveis.

Nas taxas de **juros em reais**, o método mais comumente utilizado é a **interpolação composta ou exponencial**, conforme segue:

$$Taxa_t = \left(1 + Taxa_{vértice_{n-1}}\right) \times \left(\frac{1 + Taxa_{vértice_n}}{1 + Taxa_{vértice_{n-1}}}\right)^{\frac{Prazo_t - Prazo_{vértice_{n-1}}}{Prazo_{vértice_n} - Prazo_{vértice_{n-1}}}} - 1$$

Fonte: Manual de Marcação a Mercado do Santander. Disponível em: https://www.santander.com.br/portal/pam/script/templates/GCMRequest.do?page=4801. Acesso em: 26 jul. 2022.

Aqui, a $Taxa_t$ é aquela que buscamos calcular, sendo t o prazo desejado e o *vértice $n-1$* o futuro anterior e *vértice n* o futuro posterior à data t. Vamos exemplificar para melhor entendimento.

Vamos usar as taxas a termo do exemplo que demos no início deste capítulo, em que jan./22 ($n-1$) era 6,75% a.a. e fev./22 (n), 7,18% a.a. Com base nestas taxas, podemos calcular a taxa de juros para 15/janeiro pelo método de **interpolação exponencial**, conforme segue.

$Taxa_t$	6,93%	a.a.	
$Taxa_{n-1}$	6,75%	a.a.	
$Taxa_n$	7,18%	a.a.	Vencimento:
$Prazo_t$	30	dias úteis	15/jan./22
$Prazo_{n-1}$	21	dias úteis	01/jan./22
$Prazo_n$	42	dias úteis	01/fev./22

Cálculo:

$$1,06750 \times \frac{1,07180}{1,06750}^{\left[\frac{9}{21}\right]} - 1$$

2.3.3 Aplicações, dívidas ou *swaps* corrigidas a IPCA + *spread*

Precificação

$$PU_{mtm} = \left\{ VE \times \left[\left(1 + IPCA_{t-1}\right) \times \left(1 + IPCA_{proj}\right)^{\frac{DU_{dec}}{DU_{tot}}} \right] \right\} \times \left[\frac{\left(1 + tx_{papel}\right)^{\frac{DU+}{252}}}{\left(1 + cp_{IPCA}\right)^{\frac{DU}{252}}} \right]$$

VE: valor de emissão do CDB;

$IPCA_{t-1}$: IPCA acumulado entre o mês anterior à data de emissão do título e o último índice divulgado;

$IPCA_{proj}$: IPCA projetado, divulgado pela ANBIMA para o mês de precificação;

DU_{dec}: dias úteis decorridos no mês;

DU_{tot}: dias úteis totais no mês;

tx_{papel}: cupom de emissão do papel;

cp_{IPCA}: cupom de IPCA para o vencimento do título acrescido de *spread* referente ao risco do emissor; e

DU: dias úteis entre a data de cálculo e a data de vencimento do título.

Exemplo numérico

Data-base	21/09/2016
Emissão	08/03/2010
Vencimento	08/03/2017
Nocional	1.000
Spread emissão	7,45%
Cp IPCA	8,1249%
DU total	1,762
DU vencimento	115
IPCA base	3.063,93
IPCA atual	4.736,74
Início mês	15/08/2016
Fim mês	15/09/2016
Projeção IPCA	0,31%
DU corridos mês	4
DU mês	21
Fator juros	1,551905

$$PU_{mtm} = \overbrace{\left\{ \underbrace{VE \times \left[\left(1 + IPCA_{t-1}\right) \times \left(1 + IPCA_{proj}\right)^{\frac{DU_{dec}}{DU_{tot}}} \right]}_{VNA} \right\}}^{PU\ Futuro} \times \underbrace{\left[\frac{\left(1 + tx_{papel}\right)^{\frac{DU}{252}}}{\left(1 + cp_{IPCA}\right)^{\frac{DU}{252}}} \right]}_{Fator\ de\ desconto}$$

$$VNA_{CDB\ IPCA} = 1.000 \times \left(\frac{3.063,93}{4.736,74}\right) \times \left(1+0.31\%\right)^{\frac{4}{22}}$$

$$VNA_{CDB\ IPCA} = 1.551,904503$$

$$PU\ Futuro_{CDB\ IPCA} = 1.551,904503 \times \left(1+7.45\%\right)^{\frac{1.762}{252}}$$

$$PU\ Futuro_{CDB\ IPCA} = 2.564,851716$$

$$Fator\ de\ desconto_{CDB\ IPCA} = \frac{1}{\left(1+8,1249\%\right)^{\frac{115}{252}}}$$

$$Fator\ de\ desconto_{CDB\ IPCA} = 0,964979$$

$$PU\ MTM_{CDB\ IPCA} = 2.564,851716 \times 0,964979$$

$$PU\ MTM_{CDB\ IPCA} = 2.475,029$$

Fonte: Manual de Marcação a Mercado Santander. Disponível em: https://www.santander.com.br/portal/pam/script/templates/GCMRequest.do?page=4801. Acesso em: 26 jul. 2022.

Saiba mais sobre o DI Futuro e a formação das taxas de juros em reais lendo a Seção 3.3, sobre Futuros, no Capítulo 3.

2.4 Cupom cambial: DDI e FRC

As taxas de juros em moedas estrangeiras afetam o custo de captação de empréstimos, títulos de dívida (*bonds*) e aplicações financeiras das empresas brasileiras que atuam internacionalmente, além do *spread* pelo risco de crédito. Afetam também as relações de *hedge* cambial e seu custo, marcação a mercado e ajustes de liquidação.

Na Figura 2.2, vemos a evolução das taxas de juros dos *Treasuries*, títulos do Tesouro americano com vencimento no prazo de 10 anos, ao longo do período de 1981 a 2021, e percebemos uma grande redução nessas taxas de juros em dólares. Em algumas moedas, como euro e iene, as taxas de juros chegaram a ficar negativas no mesmo período.

Figura 2.2 Taxa de juros (*yield*) dos *Treasuries* do governo americano com vencimento em 10 anos.

Fonte: Trading View. Disponível em: https://br.tradingview.com/chart/EQ5Wqo4f/?symbol=FRED%3ATREAS10Y. Acesso em: 15 jul. 2022.

O custo do *hedge* cambial depende fundamentalmente da relação entre a taxa de juros em reais e a taxa de juros em dólares, projetadas para o vencimento (ou prazo médio ponderado) da operação. A taxa de juros em reais segue a curva do DI Futuro, conforme explicamos anteriormente e no item 3.3.2. Já a taxa de juros em dólares segue dois futuros negociados da B3, conforme explicitamos a seguir.

"O **Cupom Cambial** pode ser interpretado como o rendimento em dólares para estrangeiros que assumem o risco de investir no Brasil", segundo a B3.

Podemos calcular o Cupom Cambial sabendo os demais futuros para o vencimento em questão e usando a fórmula a seguir:

$$Taxa_{Forward} = Taxa_{spot} \frac{(1+CDI)^{(du/252)}}{\left(1+Cupom_{Limpo} \times \frac{dc}{360}\right)}$$

ou

$$Taxa_{Forward} = Ptax_{d-1} \frac{(1+CDI)^{(du/252)}}{\left(1+Cupom_{Sujo} \times \frac{dc}{360}\right)}$$

Exemplo

Calcule o Cupom Cambial **Limpo**, em taxa percentual ao ano, sabendo as informações apresentadas a seguir, referenciadas nas curvas de futuros da B3 e nas condições de mercado em jan./21:

- Taxa *forward* jan./21: 5,38 R$/US$
- *Spot*: 5,35 R$/US$
- DI Futuro jan./21: 2,03% a.a.
- Dias úteis a decorrer: 137
- Dias corridos a decorrer: 200

$$5,38 \text{ R\$/US\$} = (1+2,03\%)^{(137/252)}$$

$$5,35 \text{ R\$/US\$} = (1 + Cupom\ Limpo \times 200/360)$$

$$(1 + Cupom\ Limpo \times 200/360) = (1+2,03\%)^{(137/252)}$$

$$(5,38 \text{ R\$/US\$} / 5,35 \text{ R\$/US\$})$$

$$(1 + Cupom\ Limpo \times 200/360) = 1,01098549$$

$$1,00560747$$

$$Cupom\ Cambial\ Limpo\%\ a.a. = 0,963\%$$

O **DDI**, também conhecido como "Cupom Cambial Sujo", é a taxa de juros em dólares, calculada a partir da *Ptax* de "*d* − 1" (do dia útil anterior), com base na mesma fórmula que apresentamos para o Dólar Futuro (Taxa *forward*).

O **FRC** (*Forward Rate Agreement* de Cupom), também conhecido como "Cupom Cambial Limpo", é um futuro de taxa de juros em dólar negociado na B3 e referenciado no *spot* R$/US$. É uma operação estruturada e não um contrato futuro propriamente dito.

Segundo a B3: "FRC é um produto estruturado, que combina a negociação de dois contratos futuros de Cupom Cambial, com natureza opostas, de forma a expor o investidor à um Cupom Cambial a termo, ou seja, com início em uma data futura". O FRC é registrado como se fosse dois DDIs: um é o primeiro futuro de DDI em aberto ("ponta curta") e outro é o futuro de DDI da data equivalente ao vencimento do FRC ("ponta longa"). No penúltimo dia útil antes do vencimento do primeiro DDI, esta posição é rolada para o segundo futuro em aberto (que passará a ser o primeiro no dia seguinte) – e assim sucessivamente até o vencimento da operação.

O Cupom Cambial **Limpo** (FRC) tem a vantagem de não sofrer grandes distorções em dias de maior volatilidade no mercado de câmbio e nos contratos de dólar futuro, pois tanto o dólar futuro quanto o *spot* seguem sendo negociados e variando de maneira similar ao longo de todo o dia. Já o Cupom **Sujo** (DDI) pode sofrer grandes distorções e ficar muito positivo ou muito negativo quando há variações significativas do dólar futuro com relação à *Ptax d* – 1.

Na Tabela 2.6, podemos ver o Cupom Cambial Sujo de DI, negociado para diferentes vencimentos futuros, em 07/jan./22, na B3. Percebemos que os primeiros futuros estão bem positivos, sendo o primeiro futuro negociado a 18,93% a.a. Nesse dia, o primeiro futuro de dólar (com vencimento em fev./22) variou de 5,7115 (abertura) para 5,665 (último preço de venda) R$/US$, ficando abaixo da Ptax de 06/jan./22, que foi de 5,7042 R$/US$ para venda.

O cupom cambial sujo tende a ficar bem positivo em dias de queda das taxas de câmbio e pode ficar negativo quando o dólar futuro sobe muito com relação à Ptax. Olhando para a fórmula da taxa *forward*, perceba que o dólar futuro (ou taxa *forward*) fica no denominador dessa fração quando calculamos o Cupom Cambial.

Na Tabela 2.7, vemos que as taxas de cupom limpo para os futuros curtos se mantiveram estáveis neste mesmo dia 07/jan./22, sob as mesmas condições de mercado. Esse Futuro de Juros é negociado na B3 com o nome de "Operações Estruturadas de *Forward Rate* Cupom (FRC)".

Tabela 2.6 Cupom Cambial "Sujo" de DI1 (DDI) na B3, em 07/jan./22

Grá-fico	Mer-cado	Vencto.	C/V	Contr. aberto	Núm. negoc.	Contr. negoc.	Volume	Preço exerc.	Preço abertura	Preço mínimo	Preço máximo	Preço médio	Último preço	Últ. of. compra	Últ. of. venda	Ajuste	Sit. ajuste	Ajuste anterior
X	FUT	01/02/2022		901.982	8	11.465	3.229.735.652,72		1,78	1,78	19,88	17,94	18,93					18,93
	FUT	02/03/2022		392.950														9,11
	FUT	01/04/2022		437.327														6,16
	FUT	02/05/2022		185.290														4,73
	FUT	01/06/2022		225.800														3,98
	FUT	01/07/2022		304.819														3,42
X	FUT	01/08/2022		95.590	1	1.000	280.344.480,00		3,03	3,03	3,03	3,03	3,03					3,17
	FUT	01/09/2022		115.680														2,93
	FUT	03/10/2022		156.190														2,76

Fonte: https://www.b3.com.br/pt_br/produtos-e-servicos/negociacao/juros/futuro-de-cupom-cambial-de-depositos-interfinanceiros-de-um-dia.htm. Acesso em: 26 jul. 2022.

Tabela 2.7   Cupom Cambial Limpo ("Operações Estruturadas de FRC") na B3, em 07/jan./22

Grá-fico	Mer-cado	Vencto.	C/V	Contr. aberto	Núm. negoc.	Contr. negoc.	Volume	Preço exerc.	Preço abertura	Preço mínimo	Preço máximo	Preço médio	Último preço	Últ. of. compra	Últ. of. venda	Ajuste	Sit. ajuste	Ajuste anterior
X	FUT	01/02/2022																0,43
X	FUT	02/03/2022			19	26.300	2.632.839.096,91		0,59	0,59	0,63	0,63	0,63					0,63
X	FUT	01/04/2022			26	13.990	3.399.613.202,15		0,69	0,69	0,77	0,74	0,77		0,77			0,74
X	FUT	02/05/2022			11	3.250	324.885.952,12		0,77	0,74	0,77	0,77	0,77					0,77
X	FUT	01/06/2022			4	830	82.609.362,81		0,82	0,82	0,86	0,85	0,86					0,86
X	FUT	01/07/2022			9	4.550	1.102.888.029,32		0,78	0,78	0,83	0,82	0,83					0,83
X	FUT	01/08/2022			5	1.420	141.608.945,35		0,93	0,93	0,98	0,98	0,98					0,98
X	FUT	01/09/2022			9	1.370	136.334.270,33		0,98	0,98	1,03	1,03	1,03	1,01	1,03			1,03
X	FUT	03/10/2022			15	2.350	567.509.471,12		1,07	1,07	1,09	1,09	1,09	1,10				1,09

Fonte: https://www.b3.com.br/pt_br/market-data-e-indices/servicos-de-dados/market-data/cotacoes/mercado-de-derivativos/?symbol=FRC . Acesso em: 26 jul. 2022.

Quando precisamos marcar a mercado um ativo ou derivativo em um prazo diferente dos vencimentos disponíveis na B3, podemos encontrar a taxa de juros a ser usada no apreçamento da marcação a mercado mediante a interpolação das taxas de juros disponíveis.

Nas taxas de **juros em dólares**, o método mais comumente utilizado é a **interpolação linear**, conforme segue:

$$Taxa_t = Taxa_{vértice_{n-1}} + \left(\frac{Taxa_{vértice_n} - Taxa_{vértice_{n-1}}}{Prazo_{vértice_n} - Prazo_{vértice_{n-1}}} \right) \times \left(Prazo_t - Prazovértice_{vértice_{n-1}} \right)$$

Fonte: Manual de Marcação a Mercado do Santander.

Vamos usar as taxas futuras do Cupom Cambial Limpo (FRC) negociado na B3 em 07/jan./22 e apresentado na Tabela 2.7. Sabendo que mar./22 ("n – 1") era negociado a 0,63% a.a. e abr./22 ("n"), 0,77% a.a., podemos calcular o cupom cambial para 15/fev. pelo método de **interpolação linear**, conforme segue.

$Taxa_t$	0,698%	a.a.		
$Taxa_{n-1}$	0,63%	a.a.		
$Taxa_n$	0,77%	a.a.	Vencimento:	
$Prazo_t$	40	dias corridos	15/mar./22	
$Prazo_{n-1}$	26	dias corridos	01/mar./22	
$Prazo_n$	55	dias corridos	02/abr./22	
Prazo a decorrer, em dias corridos, a partir de 07/jan./22.				

Cálculo:

$$0,63\% + \frac{(0,77\% - 0,63\%)}{(55 - 26)} \times (40 - 26)$$

$$0,63\% + \frac{0,140\%}{29} \times 14$$

Cupom Cambial para 15/fev./22 = 0,698%

Exercícios de fixação

1. Com base na rentabilidade dos títulos públicos federais apresentada no início deste capítulo, calcule a Taxa Selic estimada para o título Tesouro Selic 2024, que vence em 01/set./24, sabendo que a taxa pré, equivalente a 100% do CDI para este prazo, era de 11% a.a. naquele momento.

Resolução:

Tesouro Pré set./24 = 11%

Tesouro Selic 2024 = Selic + 0,1091%

Assim: 11% = Selic + 0,1091%

Aplicando-se a Fórmula de Fischer:

(1+11%) = Selic × (1+ 0,1091%)

Selic = (1+11%) / (1+ 0,1091%)

Selic = 1,1100 / 1,001091 = 10,88% a.a.

2. Construa a curva *forward* com base nas taxas DI negociadas na B3 em 07/jan./22 para os primeiros vencimentos até 01/jul./22, tomando por base o último preço, conforme mostrado a seguir:

Gráfico	Mercado	Vencto.	C/V	Contr. aberto	Núm. negoc.	Contr. negoc.	Volume
X	FUT	01/02/2022		548.227	9	30.500	3.032.027.549,80
X	FUT	02/03/2022		404.989	159	29.300	2.890.923.301,30
X	FUT	01/04/2022		1.823.187	2.375	65.760	6.427.922.677,70
X	FUT	02/05/2022		174.365	1	30	2.907.527,70
X	FUT	01/06/2022		116.940	3	585	56.130.223,50
X	FUT	01/07/2022		2.335.695	16.379	353.955	33.628.581.875,85

Preço exerc.	Preço abertura	Preço mínimo	Preço máximo	Preço médio	Último preço	Últ. of. compra	Últ. of. venda
	9,16	9,15	9,16	9,16	9,15	9,15	9,16
	9,85	9,84	9,88	9,85	9,87	9,87	9,88
	10,39	10,38	10,42	10,40	10,41	10,41	10,41
	10,79	10,79	10,79	10,79	10,79	10,74	10,83
	11,10	11,10	11,10	11,10	11,10	11,10	11,20
	11,35	11,35	11,38	11,35	11,37	11,36	11,37

Fonte: https://www.b3.com.br/pt_br/market-data-e-indices/servicos-de-dados/market-data/cotacoes/mercado-de-derivativos/?symbol=DI1. Acesso em: 12 jun. 2022.

Resolução:

Vencimento	Taxa spot	Dias úteis	Taxa forward
CDI over	9,25%	1	9,25%
fev./22	9,15%	10	9,14%
mar./22	9,87%	28	10,27%
abr./22	10,41%	48	11,17%
maio/22	10,79%	70	11,62%
jun./22	11,10%	91	12,14%
jul./22	11,37%	112	12,14%

Vencimento	Cálculo da taxa forward	Taxa % a.p.	Taxa forward % a.a.
fev./22	1,003480364	0,31%	9,14%
	1,000351128		
mar./22	1,010513512	0,70%	10,27%
	1,003480364		
abr./22	1,019041986	0,84%	11,17%
	1,010513512		
maio/22	1,028871808	0,96%	11,62%
	1,019041986		
jun./22	1,038742389	0,96%	12,14%
	1,028871808		

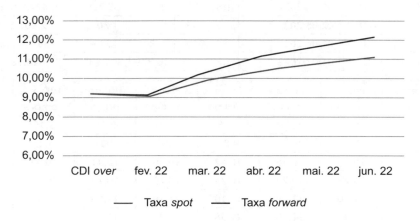

Taxa de juros spot e forward em reais

3. Calcule a taxa DI para 135 dias úteis (d.u.), pelo método de interpolação exponencial, sabendo que a taxa DI anterior a este prazo (n – 1) é 9,5% a.a. e a taxa posterior (n) é 11% a.a. Os respectivos prazos desses futuros de juros são 121 d.u. e 142 d.u.

Resolução:

$Taxa_t$	10,50%	a.a.
$Taxa_{n-1}$	9,50%	a.a.
$Taxa_n$	11,00%	a.a.
$Prazo_t$	135	dias úteis
$Prazo_{n-1}$	121	dias úteis
$Prazo_n$	142	dias úteis

Cálculo:

$$1,09500 \times \frac{1,11000^{\frac{14}{21}}}{1,09500} - 1$$

$$10,498\%$$

4. Usando as taxas futuras do Cupom Cambial Sujo (DDI) negociado na B3 em 07/jan./22, vamos assumir que abr./22 e maio/22 tenham sido negociados pelo Preço de Ajuste Anterior. Assim, se abr./22 é negociado a 6,16% e maio/22 é negociado a 4,73% a.a., calcule o cupom cambial para 14/abr./22 pelo método de interpolação linear.

$Taxa_t$	5,560%	a.a.		
$Taxa_{n-1}$	6,16%	a.a.		
$Taxa_n$	4,73%	a.a.	Vencimento:	
$Prazo_t$	98	dias corridos	14/abr./22	
$Prazo_{n-1}$	85	dias corridos	01/abr./22	
$Prazo_n$	116	dias corridos	02/maio/22	
Prazo a decorrer, em dias corridos, a partir de 07/jan./22.				

Cálculo:

$$6,16\% \times \frac{\left(4,73\% - 6,16\%\right)}{\left(116 - 85\right)}$$

$$6,16\% + \frac{-1,430\%}{31} \times 13$$

Cupom Cambial para 14/abr./22 = 5,560%

2.5 Calculando valor justo de ativos financeiros

Na Seção 4.3 do Capítulo 4, falaremos sobre a contabilidade a valor justo, ou seja, sobre conceito de valor justo sendo aplicado na contabilidade de instrumentos financeiros e derivativos, e sobre a aplicação da normatização contábil (IFRS 13/CPC 46).

Aqui, por ora, estamos tratando da prática de negociação e controle de instrumentos financeiros, não da sua contabilização. Muitas vezes, nessa prática, o termo **valor justo** é substituído por "valor de mercado" ou variações do termo, em português e inglês. A teoria e a normatização contábeis substituíram o valor de mercado pelo termo **valor justo** quando compreenderam que não existe valor de mercado para todos os ativos e passivos, logo, valor justo seria um conceito mais amplo, incluindo estimativas de qual teria sido o valor de mercado de um ativo ou passivo, utilizando as melhores técnicas de avaliação e informações disponíveis na data de mensuração.

Neste capítulo, portanto, colocaremos alguns exemplos de metodologia de cálculo de valor justo, enfatizando que as metodologias aqui exemplificadas são corriqueiramente utilizadas, mas o fato de as utilizarmos como exemplo não significa que metodologias alternativas estejam incorretas.

2.5.1 Operações indexadas em percentual do CDI

As operações indexadas ao CDI são avaliadas pelo valor do CDI histórico divulgado pela B3 e o CDI futuro divulgado pela B3, que é construído com base nos contratos futuros de DI. Essas curvas são geralmente utilizadas em base 252 dias úteis, no regime de juros compostos. Apresentamos uma sugestão de metodologia de cálculo de valor justo para ativos ou passivos remunerados pelo CDI:

$$VJ \ leg \ CDI = \frac{VF}{\left(1+CDI_f\right)^{\frac{du}{252}}} = \frac{accrual \times fator \ CDI_f}{\left(1+CDI_f\right)^{\frac{du}{252}}}$$

$$accrual = principal \times fator \ CDI_h$$

$$VF = principal \times fator \ CDI_h \times fator \ CDI_f$$

Onde:

CDI_t: taxa do CDI histórico para a data t;

CDI_f: taxa do CDI futuro, considerando o percentual da taxa contratada do CDI, entre a data da avaliação e a data de vencimento;

$fator \ CDI_h$: fator de correção (taxa contratada do CDI) entre a data de início e a data de avaliação;

VF: valor futuro dos fluxos de caixa projetados; e

PC: percentual contratado no início da operação.

Exemplo
Instrumento de renda fixa indexado a % do CDI

Uma empresa contrata uma aplicação financeira em 22/jun./2020, sendo remunerada por 130% do CDI, com o principal liquidado somente no vencimento. Considere as seguintes informações para o apreçamento:

Principal em reais: 1.000.000

Data da contratação: 22/jun./2020

Data da avaliação: 31/jul./2020

Data do vencimento: 20/dez./2020

Dias úteis entre a data de contratação e a data de avaliação: 29

Dias úteis entre a data de contratação e a data de vencimento: 129

Dias úteis entre a data de avaliação e a data de vencimento: 100

CDI futuro para o período entre a data de avaliação e a data de vencimento: 1,91%

Fator 130% CDI histórico B3: 1,00318753

Solução proposta

$$accrual = 1.000.000 \times 1,00318753 = 1.003.188$$

$$fator\ CDI\ futuro = \left\{ \left[(1+0,0191)^{\frac{1}{252}} - 1 \right] \times 130\% + 1 \right\}^{100} = 1,0098079$$

$$valor\ justo\ da\ operação = \frac{1.003.188 \times 1,0098079}{(1+0,0191)^{\frac{100}{252}}} = \frac{1.013.027}{1,007536} = 1.005.450$$

2.5.2 Operações indexadas em taxas prefixadas (em reais)

A marcação a mercado de operações prefixadas utiliza a curva de juros pré, geralmente com base em 252 dias úteis, no regime de juros compostos. Para o cálculo do valor justo, primeiramente projeta-se o valor futuro pela taxa prefixada contratada, desde o início da operação até a data de vencimento, e assim calcula-se o valor presente dos fluxos utilizando-se uma taxa livre de risco.

$$VJ\ leg\ pré\,(em\ reais) = \frac{VF}{(1+CDI_f)^{\frac{n}{252}}} = \frac{principal \times (1+tx)^{\frac{N}{252}}}{(1+CDI_f)^{\frac{n}{252}}}$$

Onde:

CDI_f: taxa do CDI futuro, considerando o percentual da taxa contratada do CDI, entre a data da avaliação e a data de vencimento;

tx: taxa prefixada contratada;

N: número de dias úteis (d.u.) entre data de registro e vencimento;

n: número de dias úteis (d.u.) entre data de avaliação e vencimento; e

VF: valor futuro dos fluxos de caixa projetados.

Exemplo

Instrumento de renda fixa indexado por taxa prefixada

Uma empresa contrata uma dívida em 22/jun./2020 sendo remunerada por taxa prefixada de 2,70% e o principal é liquidado somente no vencimento. Considere as seguintes informações para o apreçamento:

Principal em reais: 1.000.000

Data da contratação: 22/jun./2020

Data da avaliação: 31/jul./2020

Data do vencimento: 20/dez./2020

Dias úteis entre a data de contratação e a data de avaliação: 29

Dias úteis entre a data de contratação e a data de vencimento: 129

Dias úteis entre a data de avaliação e a data de vencimento: 100

Remuneração prefixada: 2,70% a.a.

CDI futuro para o período entre a data de avaliação e a data de vencimento: 1,91%

Solução proposta

$$accrual = 1.000.000 \times (1+0,027)^{\frac{29}{252}} = 1.003.071$$

$$valor\ justo\ da\ operação = \frac{1.003.071 \times (1+0,027)^{\frac{100}{252}}}{(1+0,0191)^{\frac{100}{252}}} = \frac{1.013.732}{1,0075} = 1.006.149$$

2.5.3 Operações indexadas em taxas prefixadas (em moeda estrangeira)

Para o cálculo do valor justo de operações em moeda estrangeira, projeta-se o fluxo em dólar até o vencimento da operação e o fluxo projetado é convertido em reais por meio da curva futura do dólar para o mesmo vértice do fluxo de caixa, geralmente com base 360 ou 365 dias corridos, no regime de juros simples, e esse fluxo de caixa futuro projetado em reais é descontado a valor presente por taxa livre de risco:

$$VJ\ leg\ pré(em\ moeda\ estrangeira) = \frac{principal \times \left[(1+tx) \times \frac{DC_t}{360}\right] \times Frd_f}{(1+CDI_f)^{\frac{n}{252}}}$$

Onde:

CDI_f: taxa do CDI futuro, considerando o percentual da taxa contratada do CDI, entre a data da avaliação e a data de vencimento;

tx: taxa prefixada contratada;

N: número de dias úteis (d.u.) entre datas de registro e vencimento;

DC_t: diferença de dias corridos entre a data de vencimento e a data de valorização;

Frd_f: paridade cambial futura para o vencimento da operação; e

n: número de dias úteis (d.u.) entre datas de avaliação e vencimento.

Exemplo

Instrumento de renda fixa indexado por taxa prefixada em dólar

Uma empresa contrata uma dívida em 22/jun./2020 sendo remunerada por dólar + 1% e o principal é liquidado somente no vencimento. Considere as seguintes informações para o apreçamento:

Principal em dólar: 1.000.000

Paridade inicial BRL/USD: 5,22

Data da contratação: 22/jun./2020

Data da avaliação: 31/jul./2020

Data do vencimento: 20/dez./2020

Dias úteis entre a data de contratação e a data de avaliação: 29

Dias úteis entre a data de contratação e a data de vencimento: 129

Dias úteis entre a data de avaliação e a data de vencimento: 100

Dias corridos entre a data de contratação e a data de avaliação: 39

Dias corridos entre a data de contratação e a data de vencimento: 181

Dias corridos entre a data de avaliação e a data de vencimento: 142

Indexadores da operação: dólar + 1% a.a.

CDI futuro para o período entre a data de avaliação e a data de vencimento: 1,91%

Dólar futuro para o período entre a data de avaliação e a data de vencimento: 5,23

Solução proposta

$$valor\ justo = \frac{1.000.000 \times \left[(1+0,01) \times \dfrac{181}{360}\right] \times 5,23}{(1+0,0191)^{\frac{100}{252}}} = \frac{5.256.295}{1,00754} = 5.216.979$$

Para operações atreladas ao dólar, também são bastante utilizadas as curvas de cupom sujo e dólar Ptax, cuja construção da curva futura de cupom sujo parte do dólar Ptax, e as curvas de cupom limpo e dólar *spot*, cuja construção da curva futura de cupom limpo parte do dólar *spot*.

É importante ressaltar que as metodologias podem variar entre as instituições financeiras, as quais geralmente estruturam essas operações. Portanto, ao mensurar o valor justo de um derivativo é importante conhecer a metodologia utilizada pela parte que estruturou a operação, pois será com base na metodologia dessa instituição que a operação será liquidada.

2.6   Conceito de valor justo e valor justo limpo

Em capítulos futuros, vamos falar especificamente da contabilidade a valor justo. Neste ponto do livro, precisamos apenas diferenciar termos geralmente adotados no mercado financeiro dos utilizados no mundo contábil.

2.6.1   Custo amortizado

O termo **custo amortizado**, presente na normatização contábil brasileira e na internacional, refere-se ao que muitos no mundo financeiro chamam de *accrual*, tipo de mensuração abordado na Seção 2.1 deste capítulo.

A mensuração ao custo amortizado é coerente com instrumentos financeiros que são mantidos até o vencimento ou instrumentos financeiros que, mesmo quando realizados antes do vencimento, são liquidados por valor equivalente ao seu principal e juros.

2.6.2   Valor de mercado (*market value*)

Historicamente, o termo **valor de mercado** foi utilizado indiscriminadamente para se referir ao preço pelo qual um ativo financeiro é negociado, sendo esse ativo um instrumento líquido e negociado em mercado ativo ou um instrumento com menor liquidez.

Termos como *mark to market, mtm, m2m* e *market value* ainda são utilizados nas tesourarias, nas áreas de risco e mesmo nas controladorias.

Na normatização contábil brasileira, a marcação a mercado surgiu na contabilidade bancária (Cosif), em normas que tratavam da contabilização de títulos e valores mobiliários e de derivativos. Mais de dez anos depois, o Banco Central do Brasil (Bacen) evoluiu sua normatização, criando a Resolução n° 4.277/2013 para estabelecer critérios mínimos a serem observados no processo de apreçamento de instrumentos financeiros avaliados ao valor de mercado. A resolução focava principalmente em instrumentos financeiros menos líquidos.

2.6.3 Valor justo (*fair value*)

O termo **valor justo** foi adotado na normatização contábil internacional por ser mais abrangente que **valor de mercado**. Alguns instrumentos financeiros com pouca liquidez, como debêntures ou derivativos não listados, devem ser mensurados ao valor justo, porém, como não possuem um mercado financeiro ativo, não podemos dizer que têm "valor de mercado". Assim, o valor justo seria, em hipótese, o valor de mercado caso o instrumento fosse negociado naquela data.

Embora na normatização contábil exista uma tendência de convergência para o termo **valor justo**, é importante sabermos que o termo se refere ao que já chamávamos de *mark to market*, e que provavelmente o mercado continuará se referindo ao *mtm* dos derivativos.

Neste livro, quando utilizarmos o termo **valor justo**, estaremos nos referindo ao valor pelo qual um ativo ou passivo, especialmente um instrumento financeiro derivativo, seria negociado na data de mensuração entre partes não relacionadas em uma transação não forçada. Por exemplo: quando dissermos que um derivativo tem valor justo de $ +500, estaremos nos referindo a um contrato que, ao ser liquidado na data, daria direito à entidade de receber $ 500. Por outro lado, quando informarmos que um derivativo tem valor justo de $ −400, estaremos nos referindo a um contrato que está em uma posição desvantajosa, e que, ao ser liquidado na data, faria com que a entidade tivesse de pagar $ 400 para liquidá-lo.

A mensuração ao valor justo é coerente com instrumentos financeiros que são negociados antes do seu vencimento ou instrumentos financeiros mais complexos, que não pagam somente principal e juros.

2.6.4 Valor justo limpo (*clean fair value*)

As mensurações ao valor justo e ao custo amortizado costumam ser alternativas, ou seja, ou um instrumento financeiro é mensurado ao valor justo ou ele é mensurado ao custo amortizado, porém, em muitas situações precisamos separar a remuneração do instrumento financeiro em principal, reconhecimento de juros por *accrual* e diferencial desses valores para o valor justo.

De acordo com a PricewaterhouseCoopers (2005), o valor justo sujo de um instrumento financeiro inclui os juros apropriados (*accrual*), enquanto o valor justo limpo exclui os juros apropriados.

Exemplo

Suponha um ativo prefixado à taxa de 10% a.a., inicialmente reconhecido pelo valor de $ 100 e com vencimento em 5 anos a partir da sua emissão. Após 1 ano, considerando que a taxa de mercado para esse ativo fosse de 8% a.a., qual seria o valor principal, o valor justo, o valor de *accrual* e o valor justo limpo desse ativo?

Solução proposta

Principal: $ 100,00

Custo amortizado (*accrual*) = (100 × (1 + 10%)) = $ 110,00

Juros reconhecidos por *accrual* = 110,00 − 100,00 = $ 10,00

Valor justo (valor justo sujo) = *valor no vencimento* / (1 + *taxa de mercado*)$^{prazo\ até\ o\ vcto.}$

= 100 × (1 + 10%)^5 / (1 + 8%)^4 = $ 118,36

Valor justo limpo = 118,36 − 10,00 = $ 108,36

Esta segregação entre o *accrual* e o valor justo limpo de um instrumento financeiro pode ser útil para fins gerenciais, para tributação (em situações nas quais o *accrual* é base para algum tipo de tributação e o valor justo não) e também para controle da efetividade do *hedge* de valor justo.

3

O QUE SÃO E COMO FUNCIONAM OS DERIVATIVOS

Berenice Righi Damke/Wesley Carvalho

3.1   Introdução

Nos últimos 40 anos, os derivativos se tornaram cada vez mais importantes no mundo das finanças. As instituições financeiras gerentes de fundos e tesoureiros corporativos firmam muitos tipos diferentes de contratos a termo, *swap*, opções e futuros. Chegamos a um ponto em que quem trabalha no setor financeiro, e muita gente que trabalha fora dele, precisa entender como os derivativos funcionam, como são usados e como funciona seu apreçamento (HULL, 2016).

Os derivativos são produtos financeiros, geralmente estruturados por uma instituição financeira. São produtos financeiros que representam a negociação de um ativo no futuro, por um preço determinado ou por faixas de preço estabelecidas na liquidação, no pagamento ou no recebimento conforme o diferencial entre o preço negociado no contrato e o preço de mercado. Os derivativos também possuem desembolso inicial nulo ou irrisório com relação ao tamanho da operação negociada.

Segundo o IFRS 9/CPC 48, o derivativo é um instrumento financeiro ou outro contrato com todas estas três características:

a.   Seu valor é modificado em resposta à alteração em determinada taxa de juros, preço de instrumento financeiro, preço de *commodity*, taxa de câmbio, índice de preços ou taxas, classificação de crédito ou índice de crédito, ou outra variável (algumas vezes denominada "subjacente"), desde que, no caso de variável não financeira, essa variável não seja específica a uma das partes do contrato.

b.   Não exige nenhum investimento líquido inicial ou investimento líquido inicial que seja menor do que seria necessário para outros tipos de contratos, que se esperaria que tivessem resposta similar a alterações nos fatores de mercado.

c.   É liquidado em data futura.

O ativo subjacente negociado nesses contratos pode ser também a relação entre diferentes ativos, também conhecida por cesta (*basket*) de ativos.

Os derivativos podem ser separados em basicamente quatro categorias:

- **Swap**: no mercado de *swap*, negocia-se a troca de rentabilidade entre dois bens, sendo geralmente relacionados com riscos financeiros, como juros e moeda. Pode-se definir o contrato de *swap* como um acordo entre duas partes, que estabelecem a troca de fluxo de caixa, sendo que o ativo para uma parte A será o passivo para contraparte B e o passivo da parte A será o ativo da parte B. Por exemplo: *swap* de ouro × taxa prefixada. Se, no vencimento do contrato, a rentabilidade do ouro for inferior à taxa prefixada negociada entre as partes, a parte que possui a taxa prefixada como ativo (comprado) receberá a diferença de valorização e a parte que possui o ouro como ativo (comprado) irá pagar essa diferença. Se a rentabilidade do ouro for superior à taxa prefixada, receberá a diferença a parte que comprou ouro e vendeu à taxa prefixada.

- **Futuros**: funcionalmente, é o mesmo que o contrato a termo. No entanto, é diferente porque os contratos são negociados em bolsa, padronizados para todos os usuários de modo a facilitar a negociação, serão feitos entre o comprador e a câmara de compensação da bolsa e o vendedor e a câmara de compensação da bolsa. O resultado é que o risco de crédito será intermediado. Além disso, tanto o comprador quanto o vendedor serão obrigados a lançar uma garantia de execução para se assegurar que possam cumprir suas obrigações nos termos do contrato. Uma diferença fundamental com o mercado a termo é que os contratos futuros geralmente possuem liquidação diária e os contratos a termo não.

- **Termo**: um contrato que ocorre entre duas partes para comprar e vender um ativo, que geralmente é moeda ou *commodity*, a um preço determinado que tem a entrega ou liquidação do contrato acordada mutuamente. A liquidação da operação só ocorre no vencimento.

- **Opção**: a opção dá ao titular (ou comprador) o direito, mas não a obrigação, de comprar ou vender o ativo subjacente a um preço específico durante a vida da operação ou em seu vencimento. Enquanto o titular (ou comprador) tem o direito de exercer a opção, o lançador (ou vendedor) da opção é obrigado a exercer o contrato se o titular assim o solicitar.

Os derivativos também podem ser divididos, de maneira não exaustiva, em três principais categorias, as quais estão relacionadas com o ativo-objeto de negociação desses contratos:

- **Derivativos de *commodities***: têm como ativo-objeto *commodities* agrícolas, minerais ou energéticas.

- **Derivativos financeiros**: têm seu valor de mercado referenciado em alguma taxa ou índice financeiro, como taxa de juro, risco de crédito, taxa de câmbio, índice de ações e outros.

- **Derivativos climáticos**: o ativo-objeto é fundamentado nos dados das condições climáticas, por exemplo, a temperatura.

O Quadro 3.1 resume as características dos tipos de derivativos e suas principais diferenças.

Quadro 3.1 Principais diferenças entre as modalidades de derivativos

	Mercado a termo	Mercado futuro	Mercado de opções	Mercado de *swap*
Onde se negocia	Balcão	Somente bolsa	Balcão ou bolsa	Balcão ou bolsa
O que se negocia	Compromisso de comprar ou vender um bem por preço fixado em data futura	Compromisso de comprar ou vender um bem por preço fixado em data futura	Os compradores adquirem o direito de comprar ou vender por preço fixo em data futura	Compromisso de troca de um bem por outro. Trocam-se fluxos financeiros
Posições[1]	Ausência de intercambialidade	Intercambialidade	Intercambialidade	Ausência de intercambialidade
Liquidação	A estrutura mais comum é a liquidação somente no vencimento. Há contratos em que o comprador pode antecipar a liquidação	Presença de ajuste diário. Compradores e vendedores têm suas posições ajustadas financeiramente todos os dias, com base no preço de fechamento da bolsa	Liquidam-se os prêmios na contratação da operação. No vencimento, apura-se o valor da liquidação a partir do exercício do direito dos compradores	Somente no vencimento ou antecipadamente, com a concordância das partes

Fonte: Adaptado de BM&F (2007, p. 19).

Os derivativos, podem ser usados para *hedge* (proteção), especulação ou arbitragem, pois têm a característica de transferência de uma variedade de riscos de uma entidade para outra. No *hedge*, o derivativo serve para reduzir o risco que determinada entidade enfrenta em razão de possíveis movimentações futuras em uma variável de mercado que esteja atrelada em algum item originado nas atividades operacionais, de investimento ou financiamento. Para os especuladores, os derivativos são usados para apostar em determinada direção futura de uma variável de mercado, sem haver lastro em alguma exposição à mesma variável. Arbitradores utilizam os derivativos para entrarem em posições correspondentes em dois ou mais instrumentos para garantir um lucro, ganhando na diferença de preços entre os mesmos ativos negociados, em mercados diferentes.

---

[1] Intercambialidade é a possibilidade de encerrar a posição antes da data de liquidação da operação, repassando seu compromisso a outro participante. Ela só existe quando se trata de uma operação de bolsa. Dificilmente uma operação feita sob medida no mercado de balcão terá intercambialidade, caso o detentor da operação queira liquidá-la antes do vencimento. Nesse caso, geralmente a contraparte irá cobrar um *penalty*, uma espécie de multa estipulada quando ocorre a liquidação antecipada de um derivativo de balcão, em detrimento do valor justo do derivativo, na mesma data.

Como este livro concentra-se no uso dos derivativos para fins de proteção, não serão apresentadas operações com derivativos para fins de especulação ou arbitragem.

Para fins de *hedge*, o derivativo sempre deverá possuir uma resposta inversa à variação do preço do ativo subjacente do contrato com relação à variação do ativo subjacente que está atrelado ao item protegido na relação de *hedge*. Ou seja, se o item protegido for uma compra futura de insumos em dólar, o risco é haver variação positiva na paridade cambial, que irá tornar o custo do insumo maior. Assim, neste caso, o derivativo deverá ter um resultado positivo, para compensar a perda no item protegido.

3.2 Swap

Um contrato de *swap* envolve a troca de fluxos de caixa diferentes entre duas partes.

A troca de fluxos de caixa representa a transferência de riscos entre as partes; assim, para transferir o risco de manter investimentos em dólar, por exemplo, uma entidade pagaria dólares em um contrato de *swap* e receberia fluxos de caixa em outra moeda, e para transferir o risco de manter captações pós-fixadas e ativos prefixados, uma entidade faria um *swap* no qual pagaria fluxos prefixados e receberia fluxos pós-fixados, de forma inversa ao risco que está sendo protegido. A remuneração paga em um contrato de *swap* é chamada de *leg* passiva, enquanto a remuneração recebida é chamada de *leg* ativa.

Um contrato de *swap* define as datas em que os fluxos de caixa devem ser trocados, assim como a maneira pela qual esses fluxos serão calculados, incluindo moedas, taxas de juros e sistemas de capitalização.

O nascimento do mercado de *swaps* de balcão remonta a um *swap* de moeda negociado entre a IBM e o Banco Mundial, em 1981. O Banco Mundial tinha empréstimos denominados em dólares americanos enquanto a IBM tinha empréstimos denominados em marcos alemães e francos suíços. O Banco Mundial, que tinha restrições em termos dos empréstimos em marcos alemães e francos suíços que poderia realizar diretamente, concordou em pagar os juros sobre os empréstimos da IBM enquanto a empresa concordou em pagar os juros dos empréstimos do Banco Mundial (HULL, 2016).

Uma empresa que possui uma dívida de longo prazo e paga juros periodicamente com taxas flutuantes pode utilizar o *swap* para converter a sua obrigação em taxa fixa, estabelecendo, assim, uma proteção contra o aumento na taxa de juros. Da mesma forma, uma empresa exportadora que possui dívidas em dólares pode utilizar-se de uma operação de *swap* para prefixar a variação do dólar ou mesmo de outro indexador.

Exemplo
Swap de taxa de juro

Neste exemplo, a ABC concorda com a contraparte XYZ em trocar os pagamentos de juros pelos quais recebe 5% de taxa fixa e paga CDI + 1% a.a. de taxa variável.

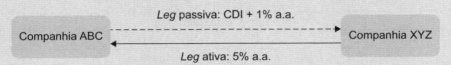

Supondo que a Companhia ABC estivesse utilizando este *swap* com a finalidade de proteção de uma dívida com taxa fixa de 5% a.a., teríamos a seguinte situação:

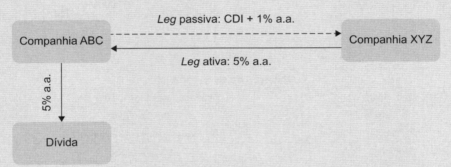

A partir da figura, é possível observar que os fluxos de caixa da taxa prefixada em 5% a.a. são eliminados, pois o *swap* possui uma *leg* idêntica à remuneração paga na dívida, mas com fluxo de caixa contrário, ou seja, na relação de *hedge* há um fluxo de entrada representado pela *leg* ativa do *swap*, de 5% a.a., e um fluxo de saída representado pela dívida, de 5% a.a., de forma que o fluxo remanescente dessa estrutura de *hedge* será o novo fluxo de caixa da operação, representado pela *leg* passiva do *swap*: CDI + 1% a.a.

As operações de *swap* podem ser consideradas como *bullet*, quando o principal das *legs* da operação é liquidado somente no vencimento, e pode existir também **fluxo de caixa** quando o principal da operação é amortizado ao longo do tempo. Geralmente, um *swap* de fluxo de caixa é contratado quando uma empresa irá proteger alguma dívida que possua amortização periódica do principal em vez da amortização integral no vencimento da operação.

Segundo a Resolução nº 2.688, de 26 de janeiro de 2000, do Banco Central, as operações de *swap* devem ser custodiadas na B3, antiga Central de Custódia e de Liquidação Financeira de Títulos (Cetip), ou em outros sistemas de registros devidamente autorizados pelo Banco Central ou pela CVM.

Exemplo[2]
Swap cambial

Imagine uma empresa que deseja proteger uma operação à vista tomando recursos indexados à variação cambial. Ela poderá realizar uma operação de swap entre variação de dólar mais cupom cambial e variação das taxas médias de DI.

Operação à vista (captação)	
Valor	US$ 5.524.861,88
Cupom	10% a.a.
Prazo	180 dias corridos
Taxa de câmbio	1,81
Cálculo da operação na liquidação	$5.524.861,88 \times \left[Ptaxn \times \left(\frac{10\%}{360} \times 180 + 1 \right) \right]$

Operação de swap cambial	
Leg ativa	Variação cambial + 10% a.a.
Leg passiva	100% do CDI
Prazo	180 dias corridos e 126 dias úteis
Nocional	R$ 10.000.000
Cálculo da liquidação da leg ativa	$10.000.000 \times \left[\frac{Ptaxn}{1,81} \left(\frac{10\%}{360} \times 180 + 1 \right) \right]$
Cálculo da liquidação da leg passiva	$10.000.000 \times \left(\frac{AcumuladoCDI}{100} + 1 \right)$

Caso a Ptax (taxa de câmbio divulgada pelo Banco Central) no dia anterior ao vencimento seja de R$ 1,98 e o acumulado do CDI no período seja de 8,166538%, o resultado das duas operações no vencimento será:

Operação à vista (captação)	
Valor da operação na liquidação	$10.000.000 \times \left[\frac{1,98}{1,81} \times \left(\frac{10\%}{360} \times 180 + 1 \right) \right] = 11.486.187$

---

[2] Exemplo extraído de Santos e Silva (2015, p. 154).

Operação de *swap* cambial	
Valor da *leg* ativa na liquidação	$5.524.861,88 \times \left[1,98 \left(\dfrac{10\%}{360} \times 180 + 1 \right) \right] = 11.486.187$
Valor da *leg* passiva na liquidação	$10.000.000 \times \left(\dfrac{8,166538}{100} + 1 \right) = 10.816.653$

Resultado do *swap* = 11.486.187 – 10.816.653 = 669.534

Operação à vista = – R$ 11.486.187

Total = – R$ 10.816.653

A operação de *swap* permitiu a proteção contra a variação cambial positiva e viabilizou a troca de indexador da operação à vista (de variação de cambial para a variação na taxa de juros em reais de DI). Portanto, no seguinte cenário de alta do dólar o *swap* compensou a perda ocorrida na variação cambial da operação à vista, relacionada com a captação de recursos em moeda estrangeira.

Na maioria dos casos, as operações de *swap* são operações de balcão. No entanto, a B3 possui um *swap* de bolsa com ajustes diários. Esses instrumentos, que foram concebidos especialmente pela BM&F para permitir a negociação da taxa de cupom cambial para datas específicas, são utilizados pelo Banco Central na rolagem do *hedge* cambial oferecido ao mercado. As ofertas do Banco Central ocorrem via leilão e podem ter a posição criada em data futura, quando ocorre o início de sua valorização (FORTUNA, 2013).

3.2.1 Apreçamento de *swap*

As taxas de um *swap* normalmente são definidas de forma que o valor presente do contrato de *swap* no início seja zero, ou seja, o valor presente dos pagamentos da ponta fixa é igual ao valor presente dos pagamentos da ponta flutuante no início do contrato (ABDEL-KHALIK, 2014).

No entanto, é importante ressaltar que geralmente as *legs* do *swap* não possuem uma equivalência perfeita na data da contratação, pois existe o componente de *spread* cobrado pelos bancos, o que normalmente é refletido em uma das *legs* da operação, consequentemente ocasionando um valor justo inicial. Embora não haja equivalência perfeita, o valor justo de um *swap* contratado em condições de mercado frequentemente é muito próximo de zero, na data da contratação. Por isso, o custo-benefício de avaliar um ativo ou passivo a valor justo na data do seu reconhecimento inicial pode não compensar esse esforço, mesmo que, conceitualmente, pareça a decisão mais adequada. Assim, exceto quando houver evidências de que o valor da transação seja significativamente divergente do seu valor justo, algum esforço nesse sentido valerá a pena (BARRETO, 2009).

A existência do valor justo inicial em uma operação de *swap* ocorre quando não se inclui em sua mensuração o componente de risco de crédito na taxa de desconto. Ao mensurarem o valor justo de um *swap* a mercado em sua contratação, em geral, as empresas descapitalizam os fluxos de caixa futuros por uma taxa livre de risco (no Brasil, normalmente o DI Futuro), o que é geralmente apresentado na teoria. Um motivo poderia ser que as variações do risco de crédito próprio ou da contraparte não influenciam significativamente o valor justo do instrumento.

O valor justo inicial ocorre também em casos nos quais a operação é contratada "**fora de mercado**", ou seja, quando as condições definidas no contrato derivativo fogem das curvas de mercado, para cima ou para baixo. Dessa forma, o contratante da operação irá receber ou pagar um prêmio, que dependerá de quais taxas foram negociadas na operação, sendo o prêmio o valor justo do *swap* na data da contratação.

O valor justo do *swap* é a composição da diferença entre o valor dos fluxos financeiros futuros descontados a valor presente da *leg* ativa e da *leg* passiva da operação:

$$Valor\ justo\ do\ swap = VJ\ leg\ ativa - VJ\ leg\ passiva$$

Leg CDI

Os *swaps* CDI são avaliados pelo valor do CDI histórico divulgado pela B3 e do CDI futuro divulgado pela B3 (curva pré DI), que é construído com base nos contratos futuros de DI. Essas curvas são geralmente utilizadas com base em 252 dias úteis, no regime de juros compostos. Apresentamos uma sugestão de metodologia de cálculo de valor justo para as *legs* (*bullet*) remuneradas pelo CDI:

$$VJ\ leg\ CDI = \frac{VF}{\left(1+CDI_f\right)^{\frac{du}{252}}} = \frac{accrual \times fator\ CDI_f}{\left(1+CDI_f\right)^{\frac{du}{252}}}$$

$accrual = nocional \times fator\ CDI_h$

$VF = nocional \times fator\ CDI_h \times fator\ CDI_f$

Onde:

CDI_f: taxa do CDI futuro entre a data da avaliação e a data de vencimento;

fator CDI_f: fator de correção (taxa contratada do CDI) entre a data de avaliação e a data vencimento;

fator CDI_h: fator de correção (taxa contratada do CDI) entre a data de início e a data de avaliação; e

VF: valor futuro dos fluxos de caixa projetados.

Leg pré (em reais)

A marcação a mercado à ponta prefixada é feita de maneira semelhante ao cálculo de outros ativos prefixados: utiliza-se a curva de juros pré, geralmente empregando base em 252 dias úteis, no regime de juros compostos. Para o cálculo do valor justo, primeiramente, projeta-se o valor futuro pela taxa prefixada contratada, desde o início da operação até a data de vencimento, e assim, calcula-se o valor presente dos fluxos utilizando-se uma taxa livre de risco.

$$VJ\ leg\ pré\ \left(em\ reais\right) = \frac{VF}{\left(1 + CDI_f\right)^{\frac{n}{252}}} = \frac{accrual \times \left(1 + tx\right)^{\frac{N}{252}}}{\left(1 + CDI_f\right)^{\frac{n}{252}}}$$

$accrual = nocional \times fator\ accrual_{tx}$

Onde:

fator accrual$_{tx}$: fator de correção (taxa prefixada contratada) entre a data de início e a data de avaliação;

CDI_f: taxa do CDI futuro entre a data da avaliação e a data de vencimento;

tx : taxa prefixada contratada;

N: número de dias úteis (d.u.) entre datas de avaliação e de vencimento;

n: número de dias úteis (d.u.) entre datas de avaliação e de vencimento; e

VF: valor futuro dos fluxos de caixa projetados.

Leg pré (em moeda estrangeira)

Para o cálculo do valor justo da ponta cambial do *swap*, é projetado o fluxo em dólar até o vencimento da operação e o fluxo projetado é convertido em reais por meio da curva futura do dólar para o mesmo vértice do fluxo de caixa, geralmente com base em 360 ou 365 dias corridos, no regime de juros simples. E esse fluxo de caixa futuro projetado em reais é descontado a valor presente por taxa livre de risco:

$$VJ\ leg\ pré\ \left(em\ moeda\ estrangeira\right) = \frac{nocional \times \left[\left(1 + tx\right) \times \dfrac{DC_t}{360}\right] \times Frd_f}{\left(1 + CDI_f\right)^{\frac{n}{252}}}$$

Onde:

CDI_f: *taxa* do CDI futuro entre a data da avaliação e a data de vencimento;

tx: taxa prefixada contratada;

N: número de dias úteis (d.u.) entre datas de registro e de vencimento;

DC_t: diferença de dias corridos entre a data de vencimento e a data de valorização;

Frd_j: paridade cambial futura para o vencimento da operação; e

n: número de dias úteis (d.u.) entre datas de avaliação e de vencimento.

Para *legs* atreladas ao dólar, também são bastante utilizadas as curvas de cupom sujo e dólar Ptax, cuja construção da curva futura de cupom sujo parte do dólar Ptax, e as curvas de cupom limpo e dólar *spot*, cuja construção da curva futura de cupom limpo parte do dólar *spot*.

É importante ressaltar que as metodologias podem variar entre as instituições financeiras, as quais geralmente estruturam essas operações. Portanto, ao mensurar o valor justo de um derivativo é importante conhecer a metodologia utilizada pela parte que estruturou a operação, pois será com base na metodologia dessa instituição que a operação será liquidada.

Swap de taxa de juros (*interest rate swap*)

Exemplo
Pré × CDI

Uma empresa contrata um *swap* de taxa de juros em 22/06/2020 com a *leg* ativa sendo remunerada por 130% do CDI e a *leg* passiva sendo remunerada por taxa pré-fixada de 2,70%, sendo o principal liquidado somente no vencimento. Considere as seguintes informações para o apreçamento:

Nocional em reais: 1.000.000

Data da contratação: 22/jun./2020

Data da avaliação: 31/jul./2020

Data do vencimento: 20/dez./2020

Dias úteis entre a data de contratação e a data de avaliação: 29

Dias úteis entre a data de contratação e a data de vencimento: 129

Dias úteis entre a data de avaliação e a data de vencimento: 100

Remuneração *leg* pré: 2,70% a.a.

Remuneração *leg* CDI: 130% do CDI

CDI futuro para o período entre a data de avaliação e a data de vencimento: 1,91%

Fator CDI histórico B3: 1,00318753

Solução proposta

Leg pré

$$accrual = 1.000.000 \times (1+0,027)^{\frac{29}{252}} = 1.003.071$$

$$\text{valor justo} = \frac{1.003.071 \times (1+0.027)^{\frac{100}{252}}}{(1+0.0191)^{\frac{100}{252}}} = \frac{1.013.732}{1,0075} = 1.006.149$$

Leg CDI

$$\text{accrual} = 1.000.000 \times 1.00318753 = 1.003.188$$

$$\text{fator CDI futuro} = \left\{ \left[(1+0,0191)^{\frac{1}{252}} - 1 \right] \times 130\% + 1 \right\}^{100} = 1,0098079$$

$$\text{valor justo} = \frac{1.003.188 \times 1,0098079}{(1+0,0191)^{\frac{100}{252}}} = \frac{1.013.027}{1,007536} = 1.005.450$$

$$\text{valor justo do swap} = 1.005.450 - 1.006.139 = (689)$$

Swap de câmbio (*cross currency swap*)

Exemplo
USD + Pré × Pré (BRL)

Uma empresa contrata um *swap* de câmbio em 22/06/2020 com a *leg* ativa sendo remunerada por dólar + 1% e a *leg* passiva sendo remunerada por taxa pré-fixada de 2,70%, sendo o principal liquidado somente no vencimento. Considere as seguintes informações para o apreçamento:

Nocional em reais: 5.220.000

Nocional em dólar: 1.000.000

Paridade inicial BRL/USD: 5,22

Data da contratação: 22/jun./2020

Data da avaliação: 31/jul./2020

Data do vencimento: 20/dez./2020

Dias úteis entre a data de contratação e a data de avaliação: 29

Dias úteis entre a data de contratação e a data de vencimento: 129

Dias úteis entre a data de avaliação e a data de vencimento: 100

Dias corridos entre a data de contratação e a data de avaliação: 39

Dias corridos entre a data de contratação e a data de vencimento: 181

Dias corridos entre a data de avaliação e a data de vencimento: 142

Remuneração *leg* pré: 2,70% a.a.

Remuneração *leg* dólar: dólar + 1% a.a.

CDI futuro para o período entre a data de avaliação e a data de vencimento: 1,91%

Dólar futuro para o período entre a data de avaliação e data de vencimento: 5,23

Solução proposta

Leg pré

$$accrual = 5.220.000 \times (1+0,027)^{\frac{29}{252}} = 5.236.029$$

$$valor\ justo = \frac{5.236.029 \times (1+0,027)^{\frac{100}{252}}}{(1+0,0191)^{\frac{100}{252}}} = \frac{5.291.679}{1,0075} = 5.252.098$$

Leg dólar + pré

$$valor\ justo = \frac{1.000.000 \times \left[1+0,01 \times \frac{181}{360}\right] \times 5,23}{(1+0,0191)^{\frac{100}{252}}} = \frac{5.256.295}{1,00754} = 5.216.979$$

$$valor\ justo\ do\ swap = 5.216.979 - 5.252.098 = (35.119)$$

Exemplo

CDI × USD + Pré

Uma empresa contrata um *swap* de câmbio em 22/06/2020 com a *leg* ativa sendo remunerada por dólar + 1% e a *leg* passiva sendo remunerada por 130% do CDI, sendo o principal liquidado somente no vencimento. Considere as seguintes informações para o apreçamento:

Nocional em reais: 5.220.000

Nocional em dólar: 1.000.000

Paridade inicial BRL/USD: 5,22

Data da contratação: 22/jun./2020

Data da avaliação: 31/jul./2020

Data do vencimento: 20/dez./2020

Dias úteis entre a data de contratação e a data de avaliação: 29

Dias úteis entre a data de contratação e a data de vencimento: 129

Dias úteis entre a data de avaliação e a data de vencimento: 100

Dias corridos entre a data de contratação e a data de avaliação: 39

Dias corridos entre a data de contratação e a data de vencimento: 181

Dias corridos entre a data de avaliação e a data de vencimento: 142

Fator CDI histórico B3: 1,00318753

Remuneração *leg* dólar: dólar + 1% a.a.

CDI futuro para o período entre a data de avaliação e a data de vencimento: 1,91%

Dólar futuro para o período entre a data de avaliação e data de vencimento: 5,23

Leg dólar + pré

$$valor\ justo = \frac{1.000.000 \times \left[1+0,01 \times \dfrac{181}{360}\right] \times 5,23}{\left(1+0,0191\right)^{\frac{100}{252}}} = \frac{5.256.295}{1,00754} = 5.216.979$$

Leg CDI

$$accrual = 5.220.000 \times 1.00318753 = 5.236.639$$

$$fator\ CDI\ futuro = \left\{\left[\left(1+0,0191\right)^{\frac{1}{252}}-1\right] \times 130\%+1\right\}^{100} = 1,0098079$$

$$valor\ justo = \frac{5.236.639 \times 1.0098079}{\left(1+0,0191\right)^{\frac{100}{252}}} = \frac{5.287.999}{1,007536} = 5.248.446$$

$$valor\ justo\ do\ swap = 5.216.979 - 5.248.446 = \left(31.467\right)$$

3.3   Futuros B3

Futuro é um tipo de derivativo, um contrato financeiro utilizado como referência para o preço de uma moeda ou *commodity*, taxa de juros, taxa de câmbio ou índice de ações em uma data futura. Por representarem uma referência de preços em datas futuras, os contratos futuros determinam a precificação de muitos derivativos, incluindo *swaps*, termos e opções.

As **curvas dos futuros** são construídas relacionando-se o preço futuro de cada ativo-objeto com a data de vencimento de cada contrato. Esses vencimentos variam de acordo com o ativo-objeto e podem variar de bolsa para bolsa.

Por exemplo: os vencimentos dos futuros de *commodities* agrícolas normalmente coincidem com a época de colheita e comercialização daquele produto nas principais regiões produtoras do planeta. Já os futuros de moedas normalmente possuem vencimentos mensais e sua liquidez tende a ser maior nos prazos mais curtos, pois atendem às necessidades de *hedge* (proteção), arbitragem e especulação dos diferentes agentes que atuam no mercado.

No caso de **commodities**, a data de vencimento dos contratos futuros pode implicar entrega física da mercadoria objeto do contrato, em um armazém credenciado pela bolsa de mercadorias e valores. Portanto, se o participante não deseja entregar seu produto para a bolsa (e seus participantes), precisa fazer uma liquidação financeira por diferença, saindo do contrato antes de este entrar em seu período de entrega física.

Cada contrato futuro tem regras específicas, e antes de começar a negociação é importante que o participante se informe e compreenda as regras definidas por cada bolsa, para cada contrato futuro. Aqui, destacaremos alguns futuros mais negociados tanto na B3 quanto em bolsas no exterior, mas esta lista não é exaustiva.

O **Dólar Futuro** é precificado de forma que a curva de futuros de BRL/USD seja sempre positivamente inclinada (crescente), enquanto a taxa de juros em reais for maior do que a taxa de juros em dólares, para um mesmo prazo.

O Dólar Futuro é cotado a partir do *spot*, também conhecido como Dólar Comercial, mas, alternativamente, pode ser precificado a partir da Ptax, que é a taxa de câmbio média divulgada pelo Banco Central. A Ptax de cada dia ("*d0*") é divulgada às 13h e sensibilizada apenas pelas negociações realizadas entre 10h e 13h. Por outro lado, o *spot* é negociado o dia inteiro, desde as 9h até as 18h. Portanto, o cálculo do dólar futuro referenciado no *spot* está menos sujeito a distorções em sua cotação.

Matematicamente, a fórmula utilizada para **precificação do Dólar Futuro** é idêntica à usada para precificação da taxa *forward* (a termo), conforme segue.

$$Taxa_{Forward} = Taxa_{spot} \frac{\left(1+CDI\right)^{\left(du/252\right)}}{\left(1+Cupom_{Limpo} \times \dfrac{dc}{360}\right)}$$

ou

$$Taxa_{Forward} = Ptax_{d-1} \frac{\left(1+CDI\right)^{\left(du/252\right)}}{\left(1+Cupom_{Sujo} \times \dfrac{dc}{360}\right)}$$

Onde:

$Taxa_{spot}$: taxa de câmbio BRL/USD para liquidação em até 2 dias úteis, também conhecida como "Dólar Comercial";

$Ptax_{d-1}$: taxa de câmbio Ptax BRL/USD, divulgada pelo Banco Central às 13h do dia útil anterior ("*d–1*") ao dia da cotação ("*d0*");

CDI: taxa do DI Futuro de prazo equivalente ao prazo da taxa *forward* que desejamos precificar;

$Cupom_{Limpo}$: também chamado FRC[3] (*Forward Rate Agreement* de Cupom), é um futuro de taxa de juros em dólar negociado na B3 e referenciado no *spot* BRL/USD. Veja mais detalhes a seguir;

$Cupom_{Sujo}$: também chamado DDI,[4] é um futuro de taxa de juros em dólar negociado na B3 e referenciado na Ptax BRL/USD de "d–1". Veja mais detalhes a seguir;

du: dias úteis desde o dia da cotação até o vencimento do futuro ou taxa *forward*; e

dc: dias corridos desde o dia da cotação até o vencimento do futuro ou taxa *forward*.

Dica: note que o CDI em reais é uma taxa de juros compostos (exponencial) e, portanto, ajustada ao período da operação dividindo-se o número de dias úteis pelo prazo de 252 dias úteis em um ano. Já o Cupom Cambial (Sujo ou Limpo) é uma taxa de juros simples (linear), em dólares, portanto, deve ser ajustado ao período da operação dividindo-se o número de dias corridos até o vencimento pelo prazo de 360 dias corridos em um ano.

Exemplo
Envolvendo Futuros de Dólar e Juros da B3

Em jun./20, em resposta à crise econômica decorrente da pandemia de Covid-19, a taxa de juros Selic chegou a 2,25% a.a., o nível mais baixo da história brasileira. Nesse patamar, a taxa de juros brasileira vem se aproximando da taxa de juros americana e, assim, a curva de dólar futuro vem reduzindo sua inclinação.

Vamos calcular a variação cambial implícita na curva de futuros, tendo por base o USD futuro com vencimento em 04/jan./21 e as taxas de fechamento da B3 em 19/jun./20, a seguir referidas:

- USD Futuro jan./21: 5,38 BRL/USD
- *Spot*: 5,35 BRL/USD
- DI Futuro jan./21: 2,03% a.a.
- Cupom Cambial Limpo jan./21: 1,17% a.a.
- Dias úteis a decorrer: 137
- Dias corridos a decorrer: 200

Fazendo:

(5,38 BRL/USD) / (5,35 BRL/USD) – 1 = 0,56% a.p., equivalente a 1,01% a.a. Na prática, esse é o custo de comprar o dólar futuro por meio de um NDF.

---

[3] Saiba mais em: http://www.b3.com.br/pt_br/produtos-e-servicos/negociacao/juros/operacoes-estruturadas-de-forward-rate-agreement-de-cupom-cambial.htm. Acesso em: 21 jun. 2021.

[4] Saiba mais em: http://www.b3.com.br/pt_br/produtos-e-servicos/negociacao/juros/futuro-de-cupom-cambial-de-depositos-interfinanceiros-de-um-dia.htm. Acesso em: 21 jun. 2021.

> Também poderíamos fazer:
>
> USD Fut. = 5,35 BRL/USD × (1 + 2,03%)$^{(137/252)}$ / (1 + 1,17% × 200 / 360)
>
> USD Fut. = 5,374 BRL/USD
>
> Alguma diferença entre o resultado calculado com base nas curvas de futuro usando a fórmula do USD *forward* e as taxas praticadas na B3 podem revelar oportunidades de arbitragem com contratos futuros.

"O **Cupom Cambial** pode ser interpretado como o rendimento em dólares para estrangeiros que assumem o risco de investir no Brasil", segundo a B3.[5]

O dólar DI (**DDI**), também conhecido como "Cupom Cambial Sujo", é a taxa de juros em dólares, calculada a partir da Ptax de "d–1", com base na mesma fórmula que apresentamos para o Dólar Futuro (taxa *forward*).

O **FRC** (*Forward Rate Agreement* de Cupom), também conhecido como "Cupom Cambial Limpo", é um futuro de taxa de juros em dólar negociado na B3 e referenciado no *spot* BRL/USD. É uma operação estruturada e não um contrato futuro propriamente dito. Segundo a B3,[6] "FRC é um produto estruturado, que combina a negociação de dois contratos futuros de Cupom Cambial, com naturezas opostas, de forma a expor o investidor a um Cupom Cambial a termo, ou seja, com início em uma data futura". O FRC é registrado como se fosse dois DDIs: um é o primeiro futuro de DDI em aberto ("ponta curta") e outro é o futuro de DDI da data equivalente ao vencimento do FRC ("ponta longa"). No penúltimo dia útil antes do vencimento do primeiro DDI, esta posição é rolada para o segundo futuro em aberto (que passará a ser o primeiro no dia seguinte) – e assim sucessivamente até o vencimento da operação.

O **DI Futuro** é a projeção das taxas de juros dos Depósitos Interbancários (DIs) para datas futuras, meses e anos a partir da taxa DI *over* de curto prazo, também chamada de *spot*.

A curva dos futuros de DI é muito importante para o mercado financeiro pois traz referência para o custo do capital, de empréstimos e financiamentos e de aplicações financeiras de longo prazo. Na contabilidade e nas áreas de gestão de riscos também é muito usada para fins de Marcação a Mercado (MtM) dos ativos e derivativos.

A inclinação dessa curva muda ao longo do tempo, tornando-se ora crescente, ora decrescente. Isso porque é determinada por fatores macroeconômicos e influenciada pelas expectativas dos agentes com relação ao futuro da taxa de juros brasileira, da economia e da política do país.

Como exemplo, a Figura 3.1 mostra a diferença entre a curva *spot* e a curva *forward*, calculadas por interpolação geométrica dos futuros de DI para prazos até jan./27, partindo

---

[5]   Saiba mais em: https://www.b3.com.br/pt_br/produtos-e-servicos/negociacao/juros/futuro-de-cupom-cambial-de-depositos-interfinanceiros-de-um-dia.htm. Acesso em: 21 jul. 2021.

[6]   Saiba mais em: https://www.b3.com.br/pt_br/produtos-e-servicos/negociacao/juros/operacoes-estruturadas-de-forward-rate-agreement-de-cupom-cambial.htm. Acesso em: 21 jul. 2021.

de 29/maio/20. A referida curva apresenta uma inclinação decrescente nos primeiros futuros, até janeiro de 2021, em função de uma expectativa de redução e manutenção de juros baixos, para viabilizar a retomada da economia das famílias e das empresas após a pandemia do Covid-19. Para prazos mais longos (após jan./2021), a curva é crescente, para remunerar adequadamente o risco Brasil e, assim, mostra expectativa de aumento de juros pelo Comitê de Política Monetária do Banco Central (Copom), após atingir o nível mais baixo da história do país, próximo de 2% a.a., conforme mostrado na Figura 3.1.

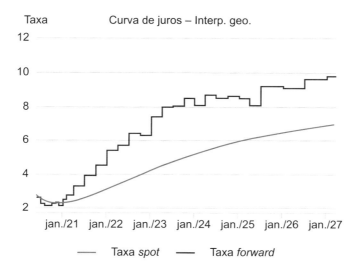

Figura 3.1 Curva de juros dos DIs Futuros na B3.
Fonte: Comdinheiro.

O DI Futuro é negociado em taxa de juros % a.a. mas é registrado na B3 e tem seu ajuste calculado com base em Preço Unitário (PU), referenciado em 100.000 de Valor Futuro no vencimento. Para se calcular o PU a Valor Presente, toma-se por base a taxa negociada e o prazo a decorrer, conforme exemplo a seguir.

 Exemplo

A instituição financeira FRR vende 500 contratos futuros de DI de 1 dia pela taxa de 13,25%, faltando 85 dias úteis para seu vencimento. Qual é o PU de registro da operação?

Como no vencimento o contrato futuro vale 100.000 pontos, esse valor de registro surge na resposta à pergunta: qual é o montante de dinheiro que, se aplicado à taxa de 13,25% a.a. por 85 dias úteis, permitiria obter R$ 100.000 no vencimento do contrato?

> **Resposta:**
>
> $$PU = \frac{100.000}{\left(1+0,1325\right)^{85/252}} = 95.889,89$$
>
> **Fonte: Comissão de Valores Mobiliários (2015, p. 93).**

3.4 Termos

Termos, também chamados em inglês de ***forwards***, são contratos negociados no mercado de balcão, fora das bolsas de valores, com condições de volume, vencimento e preço negociadas pelas partes. Tal preço é sempre referenciado no mercado futuro. Pois as curvas de futuros serão o custo do agente financeiro e, sobre tal custo, normalmente embute-se um *spread*.

O *spread* adicionado sobre a curva de futuros pode ser justificado especialmente porque: (i) termos possuem liquidação somente no vencimento (via de regra) e, assim, (ii) as partes correm o risco de crédito uma da outra, uma vez que a bolsa de valores não atua como contraparte central em operações de balcão e, portanto, não garante a liquidação, podendo haver inadimplência pelas partes sobre o ajuste (acerto financeiro por diferença) a pagar.

Normalmente, termos são fechados junto a bancos com os quais a empresa ou a instituição financeira possua relacionamento. Após fechada, a operação deve ser registrada no Mercado de Balcão da B3 (ou em algum mercado de balcão organizado) para ter validade jurídica e, via de regra, só terá um único ajuste financeiro por diferença no vencimento. É comum que as partes assinem um "contrato mãe" (em inglês, *master agreement*) de derivativos, seguindo o modelo da International Swaps and Derivatives Association (ISDA), e uma Carta de Confirmação a cada operação fechada.

Quadro 3.2 Comparação entre Termos e Futuros e suas principais características

Termos (*forwards*)	Futuros
Mercado de Balcão: contratos flexíveis, com vencimentos, volumes e taxas ou preços negociados livremente pelas partes	Bolsas de Valores: contratos padrão, com vencimentos, tamanho de lote e especificação do ativo-objeto previamente definidos pela bolsa
Negociados e fechados entre um banco e uma empresa não financeira ou entre duas instituições financeiras. Precisam ser registrados em mercado de balcão organizado[7] para terem validade jurídica	Negociados e fechados pelo preço do momento, entre todos os participantes do mercado (*hedgers*, arbitradores e especuladores), tendo a bolsa como contraparte central, que atua como garantidora e agente de liquidação

(Continua)

---

[7]   Em mar./17, foi aprovada pelo CADE a fusão da Cetip com a BM&FBovespa, surgindo a B3 (Brasil, Bolsa, Balcão). Hoje, a B3 é a bolsa e também o Mercado de Balcão brasileiro, em que se registram os Termos e se negociam os Futuros.

(Continuação)

Liquidez e liquidação antecipada depende da contraparte	Liquidez é diária e a liquidação antecipada pode ser feita a qualquer momento, mediante envio de ordem (de compra ou venda) à bolsa
Risco de inadimplência do ajuste, no vencimento, pelas contrapartes	Não há risco de contraparte, pois são fechados em bolsas, com depósito de margem de garantia para mitigar risco de crédito, em caso de uma contraparte não pagar o ajuste diário
Resultado final é o Ajuste Financeiro, calculado pela diferença entre o preço futuro negociado no início da operação e o preço do ativo-objeto no dia do vencimento da operação, normalmente referenciado na Ptax de $d0$ ou $d{-}1$	Imprevisibilidade do fluxo de caixa: ajustes diários calculados por diferença, entre o PU de Ajuste do dia anterior e o PU de Ajuste daquele dia. Assim, o resultado final é a soma dos ajustes diários

3.5   Apreçamento de contratos a termo

Non Deliverable Forward (**NDF**) **ou termo de moeda**

Termo de moeda é um contrato financeiro pelo qual uma empresa pode negociar a taxa de câmbio futura e se proteger da alta ou da baixa da taxa de câmbio. É um tipo de contrato muito usado por empresas não financeiras para se protegerem de efeitos adversos da variação cambial sobre seus negócios. Tais efeitos adversos podem ser tanto sobre o caixa quanto sobre o resultado da empresa.

O apreçamento dos NDFs segue a equação que apresentamos para precificação do dólar futuro, no item 3.3 (Futuros B3). A única diferença é que há um *spread* sobre a taxa do futuro, que aumenta (se empresa compra) ou diminui (se a empresa vende) a taxa *forward*, quando comparado ao futuro de mesmo prazo negociado na B3. Conforme comentamos, esse spread é **função** do custo de carregamento do contrato futuro na bolsa pela instituição financeira (incidindo em depósito de margens e ajustes diários) e dos riscos incorridos (especialmente descasamento de prazos e risco de crédito da contraparte).

Liquidação do NDF no vencimento:

Calcula-se o **Ajuste do NDF – Compra** da seguinte forma:

Ajuste NDF Compra = $(Ptax_{d-1} - Taxa\ NDF) \times Nocional\ em\ USD$

Onde:

Taxa NDF: taxa *forward*, em BRL/USD;

Nocional em USD: valor base da operação, cotado em USD.

Assim:

- Se $Ptax_{d-1} > Taxa\ forward$:

A empresa recebe a diferença e o ajuste é positivo.

- Se $Ptax_{d-1} < Taxa\ forward$:

A empresa paga a diferença e o ajuste é negativo.

Calcula-se o **Ajuste do NDF – Venda** da seguinte forma:

$Ajuste\ NDF\ BRL = (Taxa\ NDF - Ptax_{d-1}) \times Nocional\ em\ USD$

Onde:

Taxa NDF: taxa *forward*, em BRL/USD;

Nocional em USD: valor base da operação, cotado em USD.

Assim:

- Se $Ptax_{d-1} < Taxa\ forward$:

A empresa recebe a diferença e o ajuste é positivo.

- Se $Ptax_{d-1} > Taxa\ forward$:

A empresa paga a diferença e o ajuste é negativo.

Exemplo 1

NDF de Dólar – Empresa Compra

- **Situação problema:** a empresa Tizim importa US$ 1 MM em insumos para produção, a pagar em 90 dias. Precisa definir seus custos em reais.
- **Risco:** variação cambial BRL/USD em 90 dias. Se o real se desvalorizar (aumenta Ptax BRL/USD), seu custo em reais aumenta.
- **Solução: comprar** um NDF para 90 dias a 4,50 BRL/USD.
- **Objetivo:** definir custos em reais, tendo por base a taxa de câmbio futura contratada.

Calcule o ajuste do NDF em cada cenário:

Cenário 1: Ptax a 4,00 BRL/USD

Ajuste = (4,00 – 4,50) BRL/USD × US$ 1.000.000

Ajuste = – R$ 500.000

Na prática, isto significa que o custo das mercadorias em reais ficou **mais alto ou mais baixo** do que se previa?

Resposta: mais alto e, aqui, o ajuste negativo no NDF "compensa" a redução no custo da matéria-prima importada (objeto do *hedge*). Embora a contratação de NDF tenha ficado mais cara com relação à ausência de *hedge*, a principal função do NDF, que era tornar o fluxo de caixa mais previsível no período de compra, cumpriu o seu papel ao definir um preço de dólar aceitável para o custo dos insumos, independentemente de queda ou alta na taxa de câmbio.

Cenário 2: Ptax a 5,00 BRL/USD

Ajuste = (5,00 – 4,50) BRL/USD × US$ 1.000.000

Ajuste = + R$ 500.000

Na prática, isto significa que o custo das mercadorias em reais ficou **mais alto ou mais baixo** do que se previa?

Resposta: mais alto e, aqui, o ajuste positivo no NDF "compensa" o aumento no custo da matéria-prima importada (objeto do *hedge*).

Exemplo 2
NDF de Euro – Empresa Vende

- **Situação problema:** empresa Tulum exporta € 1 MM em mercadorias, a receber em 90 dias. Precisa definir sua receita esperada em reais, para planejar seu fluxo de caixa e novas compras de matérias-primas.
- **Risco:** variação cambial BRL/EUR em 90 dias. Se o real se valorizar (diminui Ptax BRL/EUR), suas receitas caem.
- **Solução:** vender um NDF de € 1 MM para 90 dias a 5,0 BRL/EUR.
- **Objetivo:** definir a receita futura em reais, tendo por base este preço travado.

Saiba que: a taxa de câmbio de BRL/EUR é formada multiplicando-se a taxa BRL/USD pela paridade de USD/EUR.

Calcule o ajuste do NDF em cada cenário:

Situação 1: Ptax a 4,0 BRL/EUR no vencimento

Ajuste = (5,0 – 4,0) BRL/EUR × € 1.000.000

Ajuste = + R$ 1.000.000

Na prática, isto significa que as mercadorias exportadas estão gerando **mais ou menos** reais do que se previa?

Resposta: as mercadorias exportadas pela Tulum estão gerando menos reais do que o previsto (4, em vez de 5 BRL/EUR). Assim, o ajuste positivo no NDF "recompõe" a receita esperada em reais da empresa.

Situação 2: Ptax a 6,0 BRL/EUR no vencimento

Ajuste = (5,0 – 6,0) BRL/EUR × € 1.000.000

Ajuste = – R$ 1.000.000

Na prática, isto significa que as mercadorias exportadas estão gerando **mais ou menos** reais do que se previa?

> **Resposta:** as mercadorias exportadas pela Tulum estão gerando mais reais do que o previsto (6, em vez de 5 BRL/EUR). Assim, o ajuste negativo no NDF diminui a receita esperada em reais da empresa, alinhando-a com o esperado (5 BRL/EUR).

3.5.1   *Non deliverable Forward* (NDF) ou termo de *commodities*

Termo de *commodities* é um contrato financeiro pelo qual uma empresa pode negociar o preço futuro de uma *commodity* agrícola ou mineral e se proteger da alta ou da baixa do preço desse ativo-objeto. É um tipo de contrato muito usado por empresas não financeiras para se protegerem de efeitos adversos da variação dos preços de suas receitas ou suas matérias-primas (conforme o caso) sobre seus negócios. Tais efeitos adversos podem incidir tanto sobre o caixa quanto sobre o resultado da empresa. Normalmente, esta operação é fechada com bancos com os quais a empresa possua relacionamento.

Nas *commodities*, por ser um bem físico, há alguns **componentes que afetam o *hedge*** e precisam ser levados em consideração, além do preço futuro nas bolsas de valores, especialmente:

1. O **custo de carregamento** da mercadoria no armazém, se decidirmos comercializá-la em uma data futura, após a colheita.

   Exemplo: vender a soja na safra, em maio, ou guardar a soja no armazém para comercializá-la em outubro, na entressafra brasileira? Só valerá a pena carregar a soja se o preço futuro for tão mais alto, mas o suficiente para pagar os custos envolvidos em manter a *commodity* no armazém, tais como: aluguel, seguro, transporte, comissões e o próprio custo do dinheiro no período.

2. O ***basis***, que é a diferença entre o preço da localidade em que se comercializa o produto e a praça (local) em que se forma o preço que referência do contrato futuro.

   Exemplo: a soja no Mato Grosso possui um preço *spot* e um custo de comercialização diferente de soja comercializada em Chicago (ou proximidades), local de formação do preço futuro da soja CME e B3. O principal elemento de custo aqui será o transporte, desde o local de produção até a localidade em que o produto será comercializado.

3. A **especificação do produto**, que pode **não** ser exatamente a mesma do ativo-objeto do contrato futuro usado para fins de *hedge*. Aqui, surge o chamado "*hedge* de correlação", em que a proteção é feita em um ativo-objeto similar, mas não idêntico ao encontrado na situação operacional da empresa.

   Exemplo 1: *hedge* de combustível de navio ou aeronaves (custo operacional para algumas companhias) feito usando derivativos de petróleo Brent.

   Exemplo 2: produtor de café robusta fazendo *hedge* com uso de futuros ou termos cujo ativo-objeto é o café arábica.

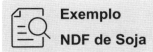

Exemplo
NDF de Soja

A empresa Soja Verde irá vender sua soja em mar./21 e quer garantir sua receita futura em reais. Possui dois fatores de risco que podem afetar adversamente seu recebimento futuro: o preço da soja no mercado internacional (Chicago) e a taxa de câmbio BRL/USD. Para se proteger, negociou com o Banco AgroBrasil um NDF de soja em reais. A empresa vendeu um NDF a R$ 100 por saca para 15/mar./21, no valor (*notional*) de R$ 100.000 (receita estimada neste nível de preço). Assim, mitigou o risco de mercado, trouxe previsibilidade às suas receitas e travou sua margem.

Vale comentar que o Banco AgroBrasil precificou este NDF tomando por base o preço futuro da soja CME para mar./2021 e o dólar futuro B3 para o mesmo vencimento.

No vencimento do NDF, quando deve ser feito ajuste financeiro por diferença, haverá dois cenários possíveis: alta ou baixa do preço da soja em reais.

O NDF de *commodities* segue a mesma lógica que exemplificamos para o NDF de dólar e seus respectivos ajustes, em cada cenário. Porém, será referenciado e precificado com base em bolsas no exterior. Adicionalmente, se for em reais, protege a Soja Verde de dois fatores de risco ao mesmo tempo (câmbio e soja), mitigando a volatilidade sobre o caixa e os resultados futuros da empresa.

Exercícios de fixação
(referentes às Seções 3.3, 3.4 e 3.5)

Questão 1

Tomando por base os conhecimentos que você obteve após ler este capítulo, marque V (Verdadeiro) ou F (Falso) nas afirmativas a seguir.

1. ( ) Os futuros de açúcar ("*Sugar* #11"), café arábica ("*Coffee* C") e petróleo ("*Brent Crude*") negociados na ICE têm vencimentos em meses diferentes, pois tais vencimentos estão ligados às safras e à comercialização de cada produto pelos principais países produtores.

2. ( ) O futuro de petróleo ("*Brent Crude*") negociado na ICE tem vencimentos mensais, em todos os meses do ano, uma vez que essa *commodity* é constantemente extraída e comercializada ao redor do mundo e não possui safra ou sazonalidade.

3. ( ) O dólar futuro (BRL/USD) negociado na B3, assim como o DI Futuro, não possui vencimento disponível para negociação em todos os meses do ano.

Questão 2

A empresa Cotton Brazil é exportadora de algodão e pretende exportar 1.700 toneladas de algodão durante o mês de agosto de 2021. Esta empresa tomou um financiamento à exportação de US$ 1 milhão, para vencimento em 30/nov./21, objetivando financiar seus custos de produção.

Com base na situação da empresa Cotton Brazil, responda:

- A que riscos esta empresa está exposta?

- Suponha que a empresa Cotton Brazil negocie seu algodão hoje e deseje garantir um recebimento futuro de R$ 5,50 milhões, para 30/nov./21, usando NDF ou futuros. O que a empresa pode fazer para assegurar seu faturamento **em reais** e se proteger da variação cambial?

- Se a empresa fixar hoje um preço **em reais** por tonelada, para a entrega de seu algodão em 30/nov./21, o que ela deve fazer com seu financiamento à exportação (que é um empréstimo dolarizado), para não ficar exposta à variação cambial? Explique.

Questão 3

A Companhia Aparatos importa insumos de produção e teme que o real se desvalorize perante o dólar e isso prejudique seu negócio. Para se proteger desse risco, faz uma operação de NDF no valor de US$ 1 milhão, para vencimento em 180 dias, a 5,00 BRL/USD. Pergunta-se:

a. Esta empresa deve comprar ou vender o NDF?

b. Calcule o ajuste do NDF no vencimento, considerando a Ptax a 6,0 BRL/USD (Cenário 1) e a 4,0 BRL/USD (Cenário 2).

c. Explique o que cada ajuste calculado representa, do ponto de vista do negócio.

Resolução

Questão 1

1. Verdadeiro.

2. Verdadeiro.[8]

3. Falso, porque o dólar futuro é, sim, negociado para todos os meses do ano, ainda que os futuros mais longos tenham baixa liquidez. O DI Futuro não possui vencimentos em todos os meses do ano.

---

[8] Saiba mais em: https://www.theice.com/products/219/Brent-Crude-Futures/expiry. Acesso em: 21 jul. 2021.

Questão 2

a. A empresa Cotton Brazil possui dois fatores de risco em suas receitas: o preço futuro do algodão nos mercados internacionais e a taxa de câmbio BRL/USD nas datas de recebimento dos dólares oriundos da exportação.

b. A empresa pode vender NDF e vender futuros de câmbio de forma combinada, para a data em que receberá suas exportações. Pode fechar o algodão em um bolsa internacional (ex.: ICE) e o BRL/USD na B3. Ideal seria fazer tudo em NDF, no balcão, para não ter ajustes diários.

c. Não, pois, ao travar o preço futuro **em reais**, a Cotton Brazil abre mão do "*hedge* natural" entre o financiamento em dólares e o recebimento de exportação. Poderia fazer um *swap* para trocar a taxa da dívida para reais – mas isso a obrigaria a fazer mais derivativos do que precisaria de fato contratar.

Questão 3

a. A Companhia Aparatos deve comprar um NDF de dólar para se proteger da alta do câmbio BRL/USD.

b. Cenário 1: + R$ 1.000.000.

c. Cenário 2: – R$ 1.000.000.

d. Cenário 1: custos maiores do que o previsto, compensados por um ajuste positivo no NDF. Cenário 2: custos menores do que o previsto, compensados por um ajuste negativo no NDF.

3.6 Opções listadas e não listadas

3.6.1 Tipos e características das opções

As opções são instrumentos financeiros derivativos que podem ser negociados em bolsas de valores ou em balcão organizado. No Brasil, esses dois ambientes são parte da B3 desde mar./17.

Opções funcionam como um "seguro" contra variações adversas no preço futuro do ativo-objeto. Ao comprar (titular da opção) uma opção, paga-se um prêmio, para se ter o direto de:

- comprar ou vender determinado ativo-objeto;
- em uma data pré-acordada (no vencimento ou durante a vigência do contrato);
- por um preço ou taxa predefinido.

Existem dois tipos de opção: *call* e *put*. Uma **opção de compra (*call*)** é um contrato que dá ao titular o direito de comprar um ativo até (ou em) determinada data por um preço previamente especificado, conhecido por **preço de exercício** ou *strike*. Uma **opção de venda (*put*)** dá ao titular o direito de vender um ativo, nos mesmos termos.

De modo geral há três categorias de opção:

- **Opção europeia:** pode ser exercida somente na data de vencimento do contrato.

- **Opção americana:** pode ser exercida em qualquer momento até a data de vencimento.

- **Opção asiática:** seu resultado depende da **média** do preço do ativo subjacente durante a vida da opção ou em determinado intervalo de tempo previamente acertado entre as partes (ex.: últimos 30 dias com relação à data de vencimento).

O titular (que compra) a opção normalmente paga um prêmio logo após o fechamento do contrato, no d0 (no mesmo dia útil) ou no máximo em d+1 (um dia útil após comprar a opção).

O Quadro 3.3 apresenta de maneira resumida os direitos e obrigações dos titulares e lançadores de opções.

Quadro 3.3 Características de opções de compra (*call*) e de venda (*put*)

Posição	Call	Put
Titular/comprador	Direito, mas não a obrigação, de comprar	Direito, mas não a obrigação, de vender
Lançador/vendedor	Obrigação de vender	Obrigação de comprar

Fonte: Comissão de Valores Mobiliários (2015, p. 61).

Ao se decidir pela compra de uma *call*, o *hedger* espera beneficiar-se de uma alta no preço do ativo subjacente, com a consequente valorização do valor justo da opção. Já ao se decidir pela compra de uma *put*, o *hedger* espera se beneficiar de uma queda do preço do ativo subjacente, com a consequente valorização do valor justo da opção. Esses ganhos esperados da operação devem revelar um comportamento contrário ao do risco do item protegido, para que a operação possa ser interpretada como uma relação de *hedge*.

Vale comentar que, nas relações de *hedge*, há uma diferença substancial entre o resultado econômico de termos e futuros em comparação às opções. Termos e futuros são projetados para externalizar o risco, ou seja, fixar o preço que será pago ou recebido pela variação do valor do ativo em determinado período. Por outro lado, as opções oferecem um seguro contra a variação do preço de determinado ativo, limitando as perdas, sendo que esse limite é o próprio prêmio pago para adquirir o direito de exercício da opção.

Portanto, termos, futuros e opções são bons instrumentos para gestão de riscos. Porém, somente quando compramos opções limitamos a perda ou o ajuste a pagar (e algumas vezes o ganho) de um item protegido.

Exemplo 1
Compra de *call* de dólar

- **Situação problema:** empresa importa US$ 1 MM em insumos para produção, a pagar em 90 dias. Precisa definir seus custos em reais.
- **Risco:** variação cambial BRL/USD em 90 dias. Se o real se desvalorizar (aumenta Ptax BRL/USD), suas despesas aumentam.
- **Solução:** comprar US$ 1 MM em opção de compra (*call*) para 90 dias, com preço de exercício (*strike*) a 5,40 BRL/USD, pagando R$ 40/US$ 1.000, ou R$ 40.000.
- **Objetivo:** proteger suas despesas futuras em reais de uma taxa de câmbio acima de 5,40 BRL/USD.
- **Liquidação:**

  – Se $Ptax_{d-1}$ > *Strike*: exerce opção => ajuste (+).
  – Se $Ptax_{d-1}$ < *Strike*: não exerce opção => não exerce => opção "vira pó".

- Nas opções, **o prêmio pago pelo titular é o custo máximo da operação**. No vencimento, para o comprador (titular) da opção, só há um cenário possível: receber o ajuste – ou zero (quando não exerce a opção).
- Para o vendedor (lançador) da opção, pode haver ajuste a pagar, se for exercido.

Calcule o **pay-off** (resultado no vencimento, incluindo prêmio) do ponto de vista de quem **compra a *call*** a 5,40 BRL/USD, pagando prêmio de R$ 40/US$ 1.000.

Cenários BRL/USD	5,20	5,30	5,40	5,50	5,60
Prêmio R$ em d0	–40.000	–40.000	–40.000	–40.000	–40.000
Ajuste	0	0	0	100.000	200.000
Resultado R$	–40.000	–40.000	–40.000	60.000	160.000

Desenhe o gráfico no vencimento dessa *call*.

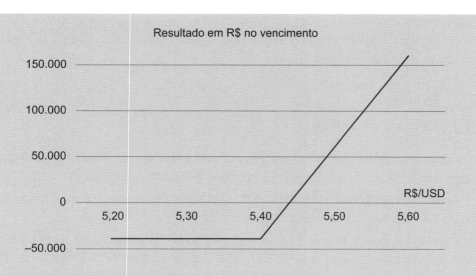

Figura 3.2   Resultado em R$ no vencimento de compra de *call*.

Aqui, o ponto de equilíbrio é atingido quando o câmbio sobe acima de 5,40 BRL/USD (*strike*), até pagar o prêmio de R$ 40/US$. Ou seja, a 5,44 BRL/USD.

 Exemplo 2

Compra de *put* de dólar

- **Situação problema:** empresa exporta US$ 1 MM em mercadorias, a receber em 90 dias. Precisa definir sua receita esperada em reais, para planejar seu fluxo de caixa e novas compras de matérias-primas.
- **Risco:** variação cambial BRL/US$ em 90 dias. Se o real se valoriza (diminui Ptax BRL/US$), suas receitas caem.
- **Solução:** comprar uma opção de venda (*put*) de US$ 1 MM para 90 dias, com preço de exercício a 5,40 BRL/USD, pagando R$ 40,00/US$ 1.000, ou R$ 40.000.
- **Objetivo:** proteger sua receita futura de uma taxa de câmbio abaixo de 5,40 BRL/USD.

- **Liquidação:**

– Se $Ptax_{d-1}$ < *Strike*: exerce opção => ajuste (+).
– Se $Ptax_{d-1}$ > *Strike*: não exerce opção => não exerce => opção "vira pó".

- Nas opções, o **prêmio, pago pelo titular, é o custo máximo da operação**. No vencimento, para o comprador (titular) da opção, só há um cenário possível: receber o ajuste – ou zero (quando não exerce a opção).
- Para o vendedor da opção, pode haver ajuste a pagar, se for exercido.

Calcule o *pay-off* (resultado no vencimento, incluindo prêmio) de **compra de put** a 5,40 BRL/USD, pagando prêmio de R$ 40/US$ 1.000.

Cenários BRL/USD	5,20	5,30	5,40	5,50	5,60
Prêmio R$	–40.000	–40.000	–40.000	–40.000	–40.000
Ajuste	200.000	100.000	0	0	0
Resultado R$	160.000	60.000	–40.000	–40.000	–40.000

Desenhe o gráfico no vencimento dessa *put*.

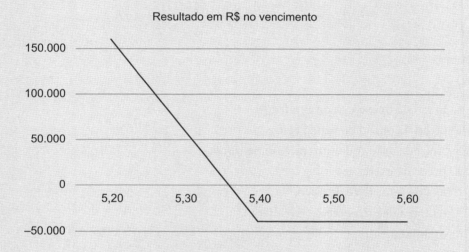

Figura 3.3 Resultado em R$ no vencimento compra de *put*.

Aqui, o ponto de equilíbrio é atingido quando o câmbio cai abaixo de 5,40 BRL/USD (*strike*), até pagar o prêmio de R$ 40 /US$. Ou seja, a 5,36 BRL/USD.

3.6.2 Prêmio das opções

São **variáveis que influenciam o prêmio das opções**:

- Preço de exercício (*strike*), com relação ao *forward*.
- Prazo (da opção até sua data de vencimento).
- Taxa de juros da economia.
- Preço à vista do ativo-objeto (ex.: dólar *spot*).
- Volatilidade do ativo-objeto (desvio-padrão).
- O modelo mais conhecido e utilizado para se calcular o prêmio das opções é o **Black & Scholes** e suas modificações.

As fórmulas de cálculo do prêmio das opções envolvidas no modelo **Black & Scholes** são as que seguem:

$$c = SN(d_1) - Xe^{-rT}N(d_2)$$
$$P = Xe^{-rT}N(-d_2) - SN(-d_1)$$

onde:

$$d_1 = \frac{In(S/X) + (r + \sigma^2/2)T}{\sigma\sqrt{T}}$$

$$d_2 = \frac{In(S/X) + (r - \sigma^2/2)T}{\sigma\sqrt{T}} = d_1 - \sigma\sqrt{T}$$

Fonte: Hull (1995, p. 275).

Em que:

C: preço da opção de compra (*call*);

P: preço da opção de venda (*put*);

S: preço da ação (ou outro ativo-objeto *spot*);

X: preço de exercício;

r: taxa de juros livre de risco;

T: tempo a decorrer até o vencimento;

σ: volatilidade do preço do ativo-objeto; e

N: representa distribuição normal.

3.6.3   Relação Futuro ou *spot* × *strike* em opções

A relação entre o Futuro ou *spot* e o *strike* em opções influencia seu custo (prêmio) conforme explicitamos a seguir, dependendo de ser uma *call* ou uma *put*.

Se *call* **(opção de compra):**

- *Strike > Forward ou spot*: OTM => diminui custo do prêmio => menor probabilidade de exercício (compra acima do preço de mercado).
- *Strike < Forward ou spot*: ITM => aumenta custo do prêmio => maior probabilidade de exercício.

Se *put* **(opção de venda):**

- *Strike < Forward ou spot*: OTM => diminui custo do prêmio => menor probabilidade de exercício (vende abaixo do preço de mercado).
- *Strike > Forward ou spot*: ITM => aumenta custo do prêmio => maior probabilidade de exercício.

Onde:

ATM: *at the money*;

OTM: *out of the money*; e

ITM: *in the money.*

Figura 3.4 Preço do 1º Futuro de açúcar em Nova York.
Fonte: https://br.investing.com/commodities/us-sugar-no11. Acesso em: jan. 2022.

Exemplo prático: relação entre o Futuro e o *strike* da opção, tomando por base o preço do 1º Futuro de açúcar em Nova York, cotado a US$ 12,75 naquele momento.

Call	Preço de exercício (*strike*)	Put
Dentro do dinheiro (ITMF)	10,00	Fora do dinheiro (OTMF)
ITMF	11,00	OTMF
ITMF	12,00	OTMF
No dinheiro (ATMF)	12,50	No dinheiro (ATMF)
ATMF	12,75 (Futuro ou *forward*)	ATMF
ATMF	13,00	ATMF
Fora do dinheiro (OTMF)	14,00	Dentro do dinheiro (ITMF)
OTMF	15,00	ITMF
OTMF	16,00	ITMF

Esta relação é de suma importância na montagem e negociação de **Estratégias com Opções**, largamente usadas em operações de *hedge*, normalmente visando baratear o custo do prêmio a pagar pela estratégia para proteção.

Há várias estratégias com opções que podem ser usadas para fins de *hedge*, tais como *Call spread* (ou Trava de alta), *Put spread* (ou Trava de baixa) e *Collar*.

- **Collar:** compra/vende uma *call* e vende/compra uma *put* em torno da taxa *forward* (ou Futuro), ambas ATMF, de mesmo prazo e volume financeiro. É chamada de *Zero Cost Collar* (ZCC) quando o prêmio resultante da estratégia é zero.
- **Call spread** ou **Trava de alta:** compra uma *call* ATMF e vende outra *call* OTMF, de mesmo prazo e volume financeiro.
- **Put spread** ou **Trava de baixa:** compra uma *put* ATMF e vende outra *put* OTMF, de mesmo prazo e volume financeiro.

Entre essas estratégias, o *Collar* ganhou destaque nas demonstrações financeiras de companhias listadas na B3 em 2020. Explicaremos o porquê a seguir.

3.7 *Hedge* com *collar*

Em 2020, companhias listadas na B3, tais como BRF, Suzano e Tupy, apresentaram suas demonstrações financeiras trazendo o *Zero Cost Collar* como alternativa de *hedge* contra a queda da taxa de câmbio sobre suas receitas de exportações. Chamou atenção de investidores e especialistas o uso dessa estratégia, a qual não costumava ser usada com tanta frequência pelas companhias não financeiras. Para compreendermos o porquê, vamos primeiro detalhar a estratégia.

A estratégia consiste em negociar uma *call* e uma *put* de mesmo nocional e para o mesmo vencimento. O operador busca *strikes* de *calls* e *puts* cuja soma seja zero, quando uma opção é comprada e outra é vendida e, assim, forma-se o *Zero Cost Collar*.

Isso se torna possível deslocando os *strikes* para dentro ou fora do dinheiro com relação ao *forward*, e ocorre em função de assimetrias na curva de volatilidade capturada no cálculo do prêmio das opções (geralmente, via modelo de Black & Scholes).

A empresa pode comprar ou vender o *collar*, dependendo se deseja se proteger contra alta ou baixa da taxa de câmbio ou outro ativo-objeto. Assim, deve negociar as opções seguindo o Quadro 3.4.

Quadro 3.4 Quadro resumo de operação de *collar*

Collar	Call	Put	Objetivo: proteção
Comprado	Compra	Vende	Contra **alta** do ativo-objeto
Vendido	Vende	Compra	Contra a **baixa** do ativo-objeto

Exemplo 1: Compra de *collar*

Empresa Import Brazil comprou uma *call* a 5,50 e vendeu uma *put* a 5,30 BRL/USD, ambas as opções para 90 dias e com nocional de US$ 1.000.000. O prêmio da *call* era igual ao prêmio da *put*, de forma que a operação não teve custo inicial para empresa.

No vencimento, devemos analisar se alguma das opções deu exercício e/ou foi exercida, de forma que o resultado dessa estratégia resulte na Figura 3.5.

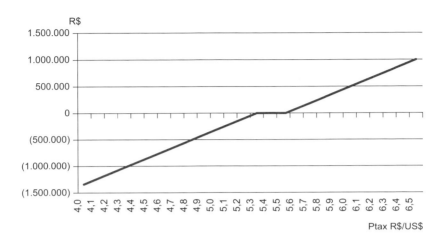

Figura 3.5 *Zero Cost Collar* comprado: resultado no vencimento.

Exemplo 2: Venda de *collar*

Empresa Export Brazil comprou uma *put* a 3,87 e vendeu uma *call* a 4,20 BRL/USD, ambas as opções para 90 dias e com nocional de US$ 1.000.000. O prêmio da *call* era igual ao prêmio da *put*, de forma que a operação não teve custo inicial para empresa.

No vencimento, devemos analisar se alguma das opções deu exercício e/ou foi exercida, de forma que o resultado desta estratégia resulte no gráfico da Figura 3.6.

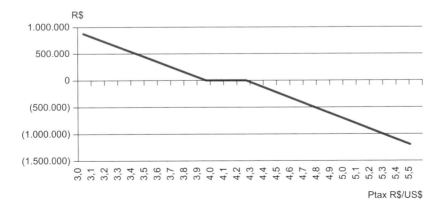

Figura 3.6 *Zero Cost Collar* vendido: resultado no vencimento.

Analisando o gráfico e o *pay-off* resultante, vemos que há uma área do gráfico, entre os dois *strikes* das opções, em que o resultado é zero, e a empresa nem paga nem recebe. Fora desses *strikes*, o resultado lembra o que ocorre em um NDF, tanto quando a empresa compra quanto quando ela vende o BRL/USD para uma data futura.

Esse intervalo entre os dois *strikes* é visto pelos CFOs como positivo em tempos de muita volatilidade no mercado financeiro, como ocorreu em 2020, com a crise do coronavírus. Por isso, muitas empresas escolheram essa como sua alternativa de *hedge* de curto prazo.

Exercício de fixação

Sobre Opções, marque **Verdadeiro ou Falso** nas afirmativas.

1. (   ) Lançador é o comprador da opção, aquele que recebe prêmios.
2. (   ) Titular é o vendedor da opção, aquele que paga prêmios.
3. (   ) A volatilidade do ativo-objeto afeta diretamente o prêmio das opções, aumentando-o em períodos de crise.
4. (   ) *Collar* pode ser uma estratégia de *hedge*, assim como o *call* e o *put spread*.
5. (   ) Quanto mais dentro do dinheiro (ITM), mais barata fica uma opção, pois aumenta sua probabilidade de dar exercício.

Respostas:

1. Falso, pois lançador é o vendedor (e não o comprador) da opção, aquele que recebe prêmios.
2. Falso, pois titular é o comprador (e não o vendedor) da opção, aquele que paga prêmios.
3. Verdadeiro, pois a volatilidade aumenta o grau de incerteza com relação ao nível de preço do ativo-objeto, logo aumenta o prêmio da opção.
4. Verdadeiro, pois são operações que amenizam a distribuição dos fluxos de caixa das exposições protegidas.
5. Falso, porque quanto mais dentro do dinheiro (ITM), mais cara (e não mais barata) fica uma opção, pois aumenta sua probabilidade de dar exercício.

PARTE II

CONTABILIDADE DE DERIVATIVOS
E *HEDGE ACCOUNTING*

CAPÍTULO 4 – CONTABILIDADE DE INSTRUMENTOS FINANCEIROS

CAPÍTULO 5 – *HEDGE ACCOUNTING*

4

CONTABILIDADE DE INSTRUMENTOS FINANCEIROS

Eric Barreto/Wesley Carvalho

4.1 Categorias de ativos e passivos financeiros e critérios de mensuração

Os instrumentos financeiros são contratos que dão origem a um ativo financeiro para uma entidade e um passivo financeiro ou instrumento patrimonial para outra entidade. Os ativos e passivos financeiros são instrumentos financeiros originados a partir de contratos relacionados com as atividades operacionais, de investimento e de financiamento, que podem estar presentes em qualquer empresa de qualquer setor da economia.

A entidade deve reconhecer um ativo financeiro ou um passivo financeiro em seu balanço patrimonial assim que se tornar parte das disposições contratuais do instrumento. No reconhecimento inicial, deve mensurar o ativo financeiro ou o passivo financeiro ao seu valor justo, mais ou menos, no caso de instrumento financeiro que não seja mensurado ao valor justo por meio do resultado, e os custos de transação que sejam diretamente atribuíveis à sua aquisição ou à sua emissão.

O valor justo de um instrumento financeiro no reconhecimento inicial é normalmente o preço da transação, exceto quando existe favorecimento sobre alguma das partes, ou seja, quando as condições negociadas diferem daquelas usuais de mercado (IFRS 9/CPC 48.B5.1.2). Desta forma, uma operação subsidiada deveria ser reconhecida inicialmente pelo seu valor justo, ou seja, pelo valor presente dos seus fluxos de caixa futuros, trazidos por uma taxa de mercado, e não pela taxa da operação (GALDI; BARRETO; FLORES, 2018, p. 21).

Ativos financeiros

Os ativos financeiros podem ser classificados, após o reconhecimento inicial, em três distintas categorias (ver a Figura 4.1):

- custo amortizado;
- valor justo por meio do resultado; e
- valor justo por meio de outros resultados abrangentes.

Figura 4.1 Classificação para ativos financeiros.
Fonte: Galdi, Barreto e Flores (2018, p. 53).

Segundo IFRS 9/CPC 48, para definir a classificação contábil dos ativos financeiros é necessário efetuar análise acerca das características dos fluxos de caixa contratuais dos ativos financeiros e do modelo de negócio a partir do qual esses ativos são geridos.

O estudo dos fluxos de caixa contratuais objetiva avaliar se os termos contratuais do ativo financeiro originam, em datas específicas, fluxos de caixa que sejam formados **somente por pagamento de principal e juros (SPPJ)**. Um ativo financeiro que não atender aos critérios de SPPJ é obrigatoriamente classificado como valor justo por meio do resultado, a menos que seja um instrumento patrimonial designado no reconhecimento inicial irrevogavelmente ao valor justo por meio de outros resultados abrangentes (VJORA).

Os contratos remunerados por SPPJ são consistentes com um acordo de empréstimo básico, em que a contraprestação pelo valor do dinheiro no tempo e o risco de crédito são os elementos mais significativos da remuneração. No entanto, pode haver outros componentes embutidos nos juros contratuais, como:

- compensação para outros riscos (por exemplo, risco de liquidez);
- custos (por exemplo, custos administrativos); e
- margem de lucro.

O que chamamos de "principal" é, geralmente, o valor justo do ativo financeiro no reconhecimento inicial, podendo ser modificado ao longo do tempo – por exemplo, quando ocorrem amortizações.

A alavancagem é uma característica de fluxo de caixa contratual de alguns ativos financeiros que aumenta a variabilidade dos fluxos de caixa contratuais. Ativos que contenham essa característica não atendem aos critérios de SPPJ. Contratos de opção, termo e *swap* são exemplos de ativos financeiros que incluem essa alavancagem, de forma que esses contratos não atendem à condição de SPPJ, e não podem ser subsequentemente mensurados ao custo amortizado ou ao VJORA.

4.2 Contabilidade de derivativos

Derivativos são instrumentos financeiros que estabelecem direitos e obrigações, e que têm o efeito de transferir um ou mais riscos financeiros entre as partes do contrato, sendo este um dos motivos que os tornam ferramentas eficientes para gestão de riscos, em estruturas conhecidas por *hedge*.

Como visto nos capítulos anteriores, os derivativos mais conhecidos são *swaps*, futuros, termos e opções. Normalmente, esses contratos não geram desembolso de caixa inicial, desde que sejam vendidos a um preço de mercado, porém, grande parte das opções, na data da contratação, gera uma entrada ou saída de caixa, conhecida como **prêmio** da opção, o que representa o valor justo da opção no início da operação. Esse prêmio deve ser contabilizado como ativo ou passivo financeiro no reconhecimento inicial.

Os derivativos também podem ser classificados de acordo com os seus ativos subjacentes. São encontrados em diversos segmentos, os quais muitas vezes são utilizados para proteção de suas atividades operacionais. Por exemplo, uma mineradora de estanho que possui como moeda funcional o real e que exporta seus produtos fica exposta à variação do preço do estanho e à variação cambial do preço da moeda dependendo das condições comerciais da exportação. Assim, utiliza derivativos de estanho e de moeda com a finalidade de proteção. Já os derivativos financeiros são instrumentos que podem ser encontrados em todos os tipos de negócio, pois muitas entidades podem captar recursos ou fazer investimentos em outros negócios, no exterior. Por exemplo, o investimento em uma coligada em um país que não seja o país da entidade investidora e a emissão de uma dívida no mercado internacional.

Os derivativos são, por força normativa, mensurados e contabilizados ao valor justo (valor de mercado) por meio do resultado (VJPR).

Os derivativos podem ser utilizados, basicamente, para três finalidades: especulação, arbitragem e *hedge*. Independentemente dessa finalidade, tais instrumentos devem ser mensurados ao valor justo por meio do resultado (VJPR), porém, os derivativos utilizados para proteção efetiva podem ser designados para a contabilidade de *hedge*, situação em que a contabilização poderá ser diferente, a depender do modelo de *hedge accounting* designado, conforme ilustrado na Figura 4.2.

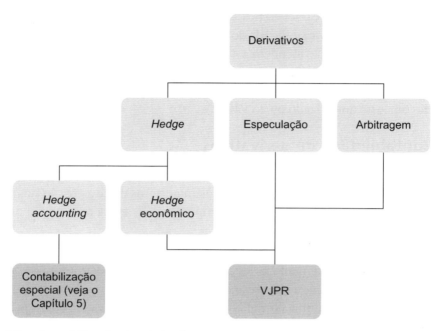

Figura 4.2 Contabilização dos derivativos.

Outro tipo de instrumento que deve receber o tratamento contábil ao VJPR é o chamado **derivativo embutido**. Trata-se de um componente de um contrato híbrido que contém contrato hospedeiro não derivativo, de modo que alguns dos fluxos de caixa do contrato híbrido sejam semelhantes ao comportamento de um derivado isolado. Um derivativo embutido causa modificações em alguns ou todos os fluxos de caixa que seriam exigidos pelo contrato, de acordo com uma variável de mercado ou variável não financeira que não seja específica de uma parte do contrato.

Quando o contrato principal, que é componente do contrato híbrido, for um ativo financeiro sob o escopo do IFRS 9/CPC 48, o contrato inteiro deve ser mensurado ao valor justo por meio do resultado, e quando não for um ativo sob o escopo do IFRS 9/CPC 48, a entidade deverá avaliar se a características do contrato requerem separação (ver a Figura 4.3).

Geralmente os derivativos embutidos são componentes de contratos principais como:

- contratos de compra ou venda a termo de item não financeiro;
- títulos de dívida; e
- recebíveis de arrendamentos.

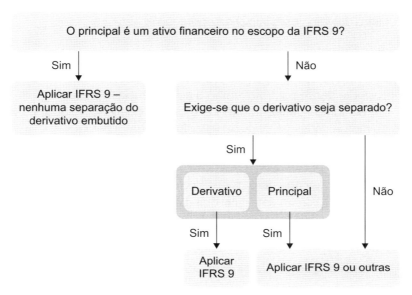

Figura 4.3 Critério de contabilização de derivativo embutido.
Fonte: KPMG (2016, p. 41).

Idealmente, na data da contratação, o valor justo de um derivativo é zero, porém, havendo custos incorridos, como o *spread* cobrado pela instituição financeira que estruturou a operação, o valor justo inicial pode ter valor diferente. Considerando que esses custos geralmente são pequenos, o custo-benefício de avaliar o valor justo na data do seu reconhecimento inicial pode não compensar esse esforço, mesmo que, conceitualmente, pareça a decisão mais adequada (BARRETO, 2009, p. 29). No entanto, as operações de balcão, principalmente aquelas mais exóticas e operações fechadas fora de mercado, tendem a possuir valor justo inicial um pouco mais relevante, situação em que o reconhecimento do valor justo na data da contratação, muito provavelmente, será a decisão mais adequada.

Um derivativo que represente direito para uma entidade qualquer, financeira ou não financeira, será apresentado no ativo, enquanto um derivativo que represente obrigação será apresentado no seu passivo.

 Exercício

Contabilização de um *collar* de opções

A Companhia XYZ assinou um contrato de derivativo de *zero cost collar* cambial, cuja operação representa a combinação de duas opções, uma compra de *call* e uma venda de *put*. Esse derivativo foi contratado para proteção de uma dívida em dólar. O resultado do prêmio inicial dessa combinação de opções é zero, porém, as opções isoladas possuem prêmios no valor de $ 1.000 e – $ 1.000, respectivamente.

Há registro do valor justo inicial da operação?

Solução proposta

Não, pois como se trata de um contrato único, não seria possível liquidar somente um componente desse contrato, embora por essência represente duas operações distintas, em conjunto. Dessa forma, deve-se considerar o valor justo integral da operação no momento inicial, ou seja, valor justo igual a zero.

Como os derivativos são recorrentemente mensurados a valor justo, a cada balanço seus valores serão novamente mensurados, reconhecidos e evidenciados, tendo o resultado do exercício (DRE) como contrapartida das suas variações positivas ou negativas.

Exemplo

Contabilização de um *swap*

Supondo que uma entidade contrate um *swap* com valor justo inicial igual a zero, e no fim do mês esse *swap* resulte em um diferencial a receber de $ 100, essa entidade deveria reconhecer um ativo de $ 100, em contrapartida de receita (DRE).

No mês seguinte, o valor justo do mesmo instrumento resultou em um diferencial a receber de $ 60. Então, teríamos uma redução no ativo, que agora teria saldo de apenas $ 60, e uma despesa de $ 40 no resultado do exercício (DRE).

O efeito no balanço e na DRE dos resultados acumulados desta operação, sem considerar efeitos tributários, seria o que se apresenta na Figura 4.4.

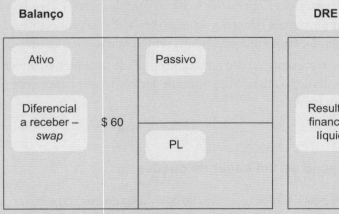

Figura 4.4   Balanço e DRE de contabilização de um *swap*.

Uma das grandes dificuldades da contabilidade de derivativos é que esses instrumentos são sempre mensurados a valor justo, enquanto os itens protegidos podem estar mensurados ao custo histórico, ao custo amortizado ou outros critérios, inclusive fora do balanço, de forma que a marcação a mercado dos derivativos gera uma volatilidade indesejada no resultado contábil. Essa incompatibilidade da mensuração contábil é o que chamamos de descasamentos contábeis, a qual normalmente é mitigada com uso da contabilidade de *hedge* (*hedge accounting*).

A contabilização de derivativos é um tema complexo e muitas vezes ocasiona discussões entre os diversos usuários da informação, principalmente pelo tratar de instrumentos relativamente novos e ainda em processo de evolução, pois, à medida que a necessidade das empresas se altera, o ambiente econômico se torna mais complexo, e surgem novos produtos financeiros (inclusive derivativos), ocasionando novas discussões e até possíveis alterações das normas contábeis, já que a contabilidade é uma ciência que se desenvolve a partir da ocorrência de novos eventos econômicos. Como diria o Professor Nelson Carvalho: *accounting follows economics*.

4.3   Contabilidade a valor justo

Valor justo é definido como o preço que seria recebido pela venda de um ativo ou que seria pago pela transferência de um passivo em uma transação não forçada entre participantes do mercado na data de mensuração (IFRS 13/CPC 46.9). Essa definição incorpora expectativas presentes sobre fluxos de entrada futuros, associados com o ativo, e fluxos de saída, associados com o passivo, sob a perspectiva dos participantes do mercado (BARRETO; ALMEIDA, 2012, p. 7).

Acredita-se que a mensuração a valor justo tenha maior relevância com relação ao custo histórico, uma vez que o valor justo refletiria mais precisamente a expectativa dos investidores sobre os fluxos de caixa futuros do que outros métodos de mensuração, embora uma das grandes preocupações seja o erro na estimação do valor justo (BARTH, 1994).

Uma parte importante do reconhecimento da relevância do valor justo na contabilidade está relacionada com as operações com derivativos, que antes eram tratadas como operações fora de balanço, e somente contabilizadas com base no regime de caixa. Ou seja, só eram reconhecidas na contabilidade no momento da sua liquidação, omitindo os seus efeitos nas demonstrações financeiras durante o prazo contratual. Na prática atual, os instrumentos derivativos são contabilizados a valor justo a partir do momento em que as entidades se tornam parte contratual dessas operações.

Na realidade, o valor justo é uma representação do valor de mercado, porém, o valor negociado deve ser condizente com preços praticados no mercado, pois nem sempre o valor de uma transação representa o valor justo.

Há casos em que a mensuração do valor justo não exige técnicas de apreçamento, quando se trata de um ativo com mercado líquido – por exemplo, uma ação líquida de uma companhia aberta, caso em que é possível obter a cotação do ativo, um preço de mercado confiável e observável.

Já nos casos em que não há um mercado ativo, é necessária utilização de técnicas de apreçamento, que devem sempre buscar a maximização da utilização de dados observáveis, ou seja, dados de mercado, como curvas de juros, para o cálculo. Nesse caso, podemos tomar como exemplo uma debênture com pouca negociação no mercado secundário.

Mercado ativo é um mercado no qual transações para o ativo ou passivo ocorrem com frequência e volume suficientes para fornecer informações de precificação de forma contínua.

O IFRS 13/CPC 46 não apresenta critérios específicos com relação a qual técnica deve ser usada na mensuração, a menos que exista preço cotado em mercado ativo, devendo ser ativo ou passivo idêntico ao que será mensurado.

4.3.1 Técnicas de avaliação

A orientação da norma é que a entidade utilize técnicas de avaliação adequadas para estimar o preço da transação e que existam informações suficientes para mensurar o valor justo, à medida que se trata de uma transação não forçada entre participantes do mercado em questão, para venda de um ativo ou a transferência de um passivo, consideradas as condições atuais de mercado.

Segundo IFRS 13/CPC 46.65, as técnicas de avaliação utilizadas para mensurar o valor justo devem ser aplicadas de forma consistente. Contudo, uma mudança na técnica de avaliação ou em sua aplicação é apropriada se resultar em uma mensuração que seja igualmente ou mais representativa do valor justo nas circunstâncias. Esse pode ser o caso, por exemplo, se qualquer dos eventos seguintes ocorrer:

- Novos mercados surgirem.
- Novas informações se tornarem disponíveis.
- Informações utilizadas anteriormente não mais estiverem disponíveis.
- Houver uma melhora nas técnicas de avaliação.
- Houver mudanças nas condições de mercado.

As técnicas de avaliação para mensuração do valor justo podem ser classificadas em três tipos de abordagem:

1. Abordagem de mercado

As técnicas de avaliação com base na abordagem de mercado utilizam premissas de transações de mercados ativos, os quais apresentam uma evidência mais confiável do valor justo para determinado ativo ou passivo. Dessa forma, o uso de cotações é consistente com essa abordagem.

2. Abordagem de renda

A abordagem de renda considera a projeção de valores futuros de fluxos de caixa, receitas e despesas descapitalizados, sendo que essa abordagem leva em conta condições atuais de mercado para a data de avaliação.

De acordo com a IFRS 13/CPC 46.B11, essas técnicas de avaliação incluem, por exemplo:

a. técnicas de valor presente;
b. modelos de precificação de opções, como a fórmula de Black-Sholes-Merton ou modelo binomial, que incorporem técnicas de valor presente e reflitam tanto o valor temporal quanto o valor intrínseco da opção; e
c. o método de ganhos excedentes em múltiplos períodos, utilizado para mensurar o valor justo de alguns ativos intangíveis.

3. Abordagem de custo.

4.3.2 Hierarquia do valor justo

Para aumentar a consistência e a comparabilidade da mensuração a valor justo e divulgações relacionadas, foram definidos três grandes níveis de entradas para técnicas de avaliação, conforme indicado na Figura 4.5 (BARRETO; ALMEIDA, 2012, p. 75). O acesso a informações relevantes para o apreçamento a valor justo pode influenciar a escolha da técnica de mensuração, no entanto, a hierarquia de valor justo dá prioridade às informações que serão usadas no apreçamento e não às técnicas de mensuração.

Figura 4.5   Hierarquia do valor justo.
Fonte: Barreto e Almeida (2012, p. 76).

As informações de Nível 1 são preços cotados em mercados ativos para ativos ou passivos idênticos aos quais a entidade possa ter acesso na data de mensuração. O preço cotado é a evidência mais confiável do valor justo. Podem ser classificados no Nível 1, entre outros itens:

- ações em bolsas;
- derivativos padronizados; e
- cotação de uma *commodity*.

No Nível 2 encontram-se informações que são observáveis para o ativo ou passivo, seja direta ou indiretamente, exceto preços cotados incluídos no Nível 1. Caso o ativo ou passivo possua prazo contratual, deverá ser considerado como base para captura das informações observáveis, uma vez que o valor do dinheiro no tempo é componente relevante para o apreçamento de qualquer ativo ou passivo.

Segundo o IFRS 13/CPC 46.82, as informações de Nível 2 incluem:

(a) preços cotados para ativos ou passivos similares em mercados ativos;

(b) preços cotados para ativos ou passivos idênticos ou similares em mercados que não sejam ativos;

(c) informações, exceto preços cotados, que sejam observáveis para o ativo ou passivo, como, por exemplo:

(i) taxas de juros e curvas de rendimento observáveis em intervalos comumente cotados;

(ii) volatilidades implícitas; e

(iii) *spreads* de crédito;

(d) informações corroboradas pelo mercado.

As informações de Nível 3 são dados não observáveis para o apreçamento do ativo ou passivo, ou seja, nesse caso há pouca ou nenhuma atividade de mercado para o ativo ou passivo na data de mensuração. A entidade deve desenvolver dados não observáveis utilizando as melhores informações disponíveis nas circunstâncias, que podem incluir dados próprios da entidade.

4.4   Descasamentos contábeis

Iniciaremos este tópico falando sobre o que seriam os tais descasamentos contábeis, mas faremos isso a partir de um exemplo simples. Imagine que você (ou sua empresa) tomou um empréstimo de $ 10.000 à taxa de 10% a.a., pelo prazo de 2 anos, e aplicou esses $ 10.000 em um título que rende os mesmos 10% a.a. e que será resgatado em 2 anos. Não precisa ser matemático (ou contador) para entender que, se o empréstimo for pago na data estipulada e a aplicação financeira for mantida até o vencimento, seu resultado será de exatos "zero dinheiro". No entanto, se essa aplicação fosse mensurada ao valor justo (valor de mercado) e o empréstimo fosse mensurado ao custo amortizado (*accrual*), ao longo do tempo, o valor do ativo estaria diferente do valor do passivo e, consequentemente, o resultado ao longo do tempo seria diferente de zero.

De acordo com as práticas contábeis geralmente aceitas (GAAPs) no Brasil e no mundo, existem diversas formas de mensurar ativos e passivos financeiros, assim como outros ativos e passivos. Se colocarmos o foco somente nos ativos financeiros, veremos que existem ativos mensurados ao custo amortizado e ativos mensurados ao valor justo, sendo que alguns têm contrapartida da sua valorização no PL e outros têm contrapartida da sua valorização na DRE. De outro lado, os passivos financeiros, na maioria das vezes, são mensurados ao custo amortizado e os derivativos, sempre ao valor justo. Complicou? A ideia deste parágrafo é lembrar que existem ativos e passivos relacionados, como os derivativos para *hedge* e os itens protegidos por esses derivativos, e que esses podem estar contabilizados por critérios de mensuração distintos, já que os derivativos estarão sempre ao valor justo. Pior: algumas vezes, temos instrumentos de *hedge* protegendo itens que estão fora do balanço, como compromissos firmes assumidos ou fluxos de caixa previstos, desde que altamente prováveis.

A prática de *hedge accounting* trata de um fundamento da contabilidade que permite a uma companhia relacionar um instrumento de *hedge* com um item que esteja sendo protegido pelo mesmo. O propósito da contabilidade de *hedge* é evidenciar, nas demonstrações financeiras, o efeito das práticas de gestão de risco destinadas à redução das exposições que possam impactar o resultado e o patrimônio líquido das empresas.

A estruturação de um *hedge* econômico com a ausência de uma designação formal do *hedge accounting* poderia causar equívocos na avaliação do lucro contábil, bem como ocasionar volatilidades temporais nos resultados, provenientes dos descasamentos contábeis entre as relações de *hedge*, como nos exemplos do Quadro 4.1.

Quadro 4.1 Exemplos de descasamentos contábeis

Instrumentos de *hedge*			Item protegido			
Tipo de instrumento	Contrapartida	Base de mensuração	Tipo de objeto	Contrapartida	Base de mensuração	Descasamento contábil
NDF Cambial	Resultado financeiro	Valor justo	Exportações futuras	Resultado operacional	*Off balance*	Descasamento entre períodos de reconhecimento e entre linhas de resultado
Empréstimo *offshore*	Resultado financeiro	Custo amortizado	Exportações futuras	Resultado operacional	*Off balance*	Descasamento entre períodos de reconhecimento e entre linhas de resultado
Swap cambial	Resultado financeiro	Valor justo	Empréstimo *offshore*	Resultado financeiro	Custo amortizado	Descasamento entre bases de mensuração

Hedge accounting é uma técnica que altera critérios de mensuração ou classificação contábil de instrumentos ou objetos de *hedge*. Os exemplos apresentados no Quadro 4.1 poderiam ser designados para *hedge accounting* e contabilizados de maneira que os descasamentos contábeis fossem eliminados. Em muitos casos, os descasamentos contábeis são originados por diferenças entre critérios de mensuração, pois grande parte dos instrumentos de *hedge* são derivativos, que originalmente são mensurados ao valor justo, e itens protegidos que são *off balance* ou mensurados ao custo amortizado, durante o período de proteção.

Ainda acerca do contexto dos descasamentos contábeis, devemos lembrar que contabilidade é uma linguagem. Como em qualquer idioma, a contabilidade precisa atingir níveis adequados de compreensibilidade para garantir eficácia na comunicação (BELKAOUI, 1995). Assim, poderíamos dizer que o *hedge accounting* é um instrumento opcional, de aperfeiçoamento da linguagem contábil, que tem como objetivo adequar a compreensão, para produzir e transmitir informações mais assertivas a respeito do efeito das práticas de *hedge* nas demonstrações financeiras.

O conceito do custo de *hedge*, implementado pelo IFRS 9, também trouxe benefícios em comparação à norma antiga (IAS 39) no que tange aos descasamentos contábeis. Nesse caso, o que poderia gerar um descasamento contábil seriam os componentes excluídos nas relações de *hedge*, algo que será mais bem explorado mais à frente.

5

HEDGE ACCOUNTING

Eric Barreto/Wesley Carvalho/Marcelo Glina Levi Bianchini/
Fabio Bassi/Saulo Miyahara

5.1 Introdução

Em uma tradução literal do inglês para o português, um dos significados da palavra *hedge* é **barreira**.

Muitas empresas tomam empréstimos em moeda estrangeira, seja com suas matrizes, com bancos ou mesmo com investidores no exterior. Na maioria das vezes, essa moeda estrangeira é o dólar. E o que acontece se o dólar sobe e as receitas e recebíveis da empresa são denominados na sua moeda local, diferente do dólar? Sim, ela perde dinheiro, compromete suas margens, sua rentabilidade e, em alguns casos, até sua continuidade. O *hedge* é a barreira para conter essa avalanche causada por uma alta do dólar.

Outras empresas, por outro lado, exportam parte da sua produção ou dos seus serviços. Nesse caso, uma queda no valor da moeda estrangeira recebida pela entidade pode comprometer sua capacidade de pagar salários e insumos na moeda local. Mais uma vez, a empresa precisa de proteção.

E as empresas que operam com *commodities*, como café, milho, soja, cobre, minério de ferro ou petróleo, por exemplo? Sejam compradoras ou vendedoras, elas sofrem com a volatilidade (variação) no preço das *commodities*, que pode afetar sua riqueza e até representar um risco de insolvência, se elas não contratarem algum tipo de proteção.

No geral, as empresas negociam contratos derivativos, como futuros, *swaps*, termos e opções, para mitigar esse risco de volatilidade nos preços de moedas, índices e *commodities*, e engana-se quem acha que os derivativos são instrumentos que aumentam o risco de uma empresa. Se bem utilizados, o efeito é justamente o contrário: o derivativo fará o papel da barreira que conterá um possível desastre.

Quando uma empresa contrata derivativos com finalidade de proteção, dizemos que ela está fazendo *hedge* econômico, ou simplesmente *hedge*.

Uma empresa pode perder dinheiro operando com derivativos? Partindo do princípio de que a entidade foi bem assessorada e que negocia derivativos somente para *hedge*, quando ela perde dinheiro no derivativo, ela ganha no item protegido. Explicamos por meio de dois exemplos: aquela empresa que tomou empréstimo em dólar, no caso de uma queda na cotação da moeda americana, deve perder dinheiro nos derivativos contratados para *hedge*, no entanto, essa perda será compensada por uma queda no valor que pagaria pela dívida. Na empresa exportadora, uma alta no dólar deve causar perda no derivativo contratado para *hedge*, porém, o prejuízo será compensado por ganhos nas receitas de exportação, que serão maiores quando convertidas para a moeda local.

E *hedge* sem derivativo, é possível? Como uma empresa poderia proteger-se do risco de mercado sem os instrumentos financeiros derivativos? Em alguns casos, uma empresa exportadora pode se proteger tomando empréstimos em dólar, em vez de contratá-los na sua moeda local, ou, ainda, uma importadora poderia manter aplicações financeiras em dólar. Tendo ativos e passivos em moeda estrangeira, os fluxos de caixa positivos compensarão os fluxos de caixa negativos, produzindo o que chamamos de *hedge* natural. A Petrobras, que tem uma parcela significativa de receitas provenientes de exportação ou atreladas à cotação da moeda americana, construiu um *hedge* natural ao contratar dívidas em dólar.

E derivativo sem finalidade de *hedge*? Isso também pode acontecer, ou seja, um derivativo pode ser usado como estratégia para potencializar os ganhos de uma aplicação financeira. Nesses casos, recomenda-se que o aplicador trabalhe somente com bons especialistas e que entenda os riscos da operação contratada. Normalmente, chamamos esses derivativos de especulativos. Como eles não são o objeto principal deste capítulo, não vamos discorrer sobre eles, mas você deve encontrar material na internet sobre a combinação de derivativos com outros instrumentos financeiros se pesquisar pelos chamados Certificados de Operações Estruturadas (COE).

Por que as empresas não deveriam operar com derivativos especulativos? Ora, o derivativo é como um seguro, então, se eu contratar um derivativo para um risco que não possuo, será quase como contratar um seguro para um carro que não é meu. Em outras palavras: eu posso até ganhar dinheiro com esse contrato, mas não estou usando como proteção, e sim especulando com a probabilidade de ocorrer um sinistro com o tal carro. Ao investir recursos em uma empresa, o credor ou acionista aposta no sucesso da entidade atuando em determinado setor, não no seu sucesso investindo no mercado financeiro. Se eu, como investidor, quero ganhar dinheiro com derivativos, posso fazer isso sozinho, por meio de um assessor ou aplicar em um fundo de investimentos mais agressivo, ao passo que, se colocar meu dinheiro em uma empresa de construção, espero que ela invista no setor de construção, e se eu investir em uma empresa que exporta celulose, espero que ela invista no setor de celulose.

Em torno do conceito de *hedge*, e como fundamento principal para o entendimento de sua magnitude com relação aos seus efeitos financeiros e contábeis, é preciso distinguir claramente a diferença entre um *hedge* econômico e um *hedge* contábil (*hedge accounting*).

A teoria tradicional do *hedge* objetiva a redução de um risco específico, como se o *hedge* possuísse configuração equivalente a um seguro. Nessa perspectiva, o *hedge* consiste em uma estratégia defensiva, que tem como alicerce a proteção das variações nos parâmetros de mercado, tais como taxa de juros, taxa de câmbio, preço de *commodities*, risco de crédito etc.

Na prática, uma operação de *hedge* é realizada, geralmente, pela contratação de um instrumento financeiro derivativo, cuja resposta aos fatores de risco é simétrica à resposta aos mesmos fatores de risco sofridos pelo item objeto de *hedge*; caso contrário, tal estratégia financeira poderia não resultar em uma proteção. Assim, não haveria fundamento econômico para defendê-la como tal.

Então como é possível defender que uma estratégia financeira é *hedge*?

Uma alternativa seria efetuar a comparação entre os resultados do item que gera exposição com o resultado da estratégia financeira (item que gera exposição + instrumento destinado a proteção) e avaliar se, em diversos cenários, inclusive (e, talvez, principalmente) nos de estresses, a volatilidade dos fluxos de caixa da estratégia financeira seria menor do que as do item que gera exposição, isoladamente.

Assim, pode-se afirmar que um dos motivos de se implementar a prática de *hedge* é concentrar os esforços da administração nas atividades operacionais da empresa, uma vez que os riscos financeiros foram externalizados.

Até este ponto do livro, ainda não falamos sobre a contabilidade de *hedge*. As normas contábeis fazem com que os derivativos sejam sempre mensurados ao valor justo (um conceito próximo de "valor de mercado"), e como os itens protegidos (empréstimos tomados, aplicações, contas a pagar, contas a receber, estoques, fluxos de caixa previstos etc.) geralmente não são mensurados ao valor justo, cria-se uma volatilidade terrível no resultado da empresa, preocupando, por vezes desnecessariamente, os usuários das suas demonstrações contábeis. Para aplicar corretamente o regime de competência nas estratégias de *hedge*, existe um dispositivo, um critério contábil opcional: o chamado *hedge accounting*. Ele é o astro deste livro.

O *hedge* econômico resulta em registros contábeis, os quais são baseados na natureza das contas patrimoniais e de resultado, que são afetadas tanto pelo instrumento de *hedge* quanto pelo item protegido. Assim, em muitos casos ocorre o fenômeno conhecido por "descasamento contábil" (*accounting mismatch*), sendo um dos principais motivos da necessidade de designação dessas relações para o modelo de *hedge accounting*, o qual deve reduzir ou eliminar tais descasamentos.

No *hedge* econômico, geralmente o instrumento de proteção é mensurado ao Valor Justo por Meio do Resultado (VJPR), pois na maioria dos casos se trata de um instrumento derivativo. No *hedge accounting* há três tipos de relações de *hedge*, as quais possuem um tratamento específico de contabilização, o que é mostrado na Figura 5.1.

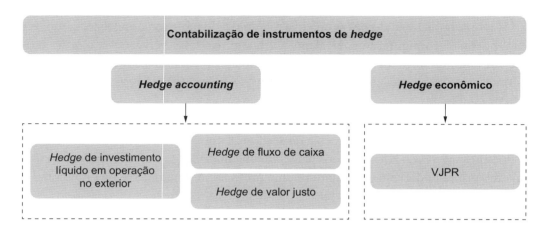

Figura 5.1 Contabilização geral de instrumentos de *hedge*.
Fonte: os autores.

Com este livro, pretendemos oferecer à comunidade financeira e contábil um material detalhado, que cubra os principais aspectos da norma e diferentes cenários de negócio.

Os capítulos que antecedem este são fundamentais para compreender os principais derivativos, riscos e técnicas de mensuração, além do básico sobre classificação e mensuração de instrumentos financeiros.

Este capítulo traz muito da nossa experiência na implantação de estratégias de *hedge accounting* e do nosso conhecimento sobre a normatização contábil dos instrumentos financeiros e dos itens protegidos por eles. Sem a troca de ideias com colegas, sem os clientes que nos contrataram para entender e esquematizar suas estratégias, sem as críticas dos auditores ou as publicações de empresas como PwC, EY, KPMG e Deloitte, este livro não seria possível.

5.2 *Hedge accounting* IAS 39 × IFRS 9

O IFRS 9/CPC 48 entrou em vigor em 1º de janeiro de 2018 e estabeleceu um novo modelo de *hedge accounting* que busca reduzir a complexidade de sua aplicação, bem como alinhá-lo à prática de gestão de risco das empresas, para que o reflexo dos controles contábeis seja mais transparente e eficaz nas demonstrações financeiras.

A norma começou a ser desenvolvida em março de 2008, quando o IASB publicou m relatório com título "*Reducing Complexity in Reporting Financial Instruments*", cuja necessidade era reduzir a complexidade do tratamento dos instrumentos financeiros, inclusive das relações de *hedge* designadas como *hedge accounting*, as quais seguiam tratamento exclusivo do IAS 39/CPC 38.

Em linhas gerais, o novo modelo é mais flexível do que o previsto no IAS 39/CPC 38, cuja norma foi respaldada com uma abordagem baseada em regras, sendo que essa foi uma crítica constante por parte dos preparadores de demonstrações financeiras, uma vez que algumas estratégias de *hedge* não eram elegíveis para o enquadramento do *hedge accounting*, em razão do engessamento dos critérios de qualificação. Neste sentido, as novas exigências permitem que um número maior de estratégias de *hedge* se enquadre nos novos critérios para adoção do *hedge accounting*, visto que seu padrão é fundamentado em princípios, bem como traz uma racionalidade econômica maior para designação das estruturas de proteção.

Embora o IFRS 9/CPC 48 estabeleça novos critérios de aplicação, ainda é possível manter o enquadramento das estruturas de *hedge accounting* sob o escopo do IAS 39/CPC 38. No entanto, essa deve ser uma prática consistente para todas as relações de *hedge*. Importante lembrar que, caso a entidade opte por manter a aplicação do IAS 39/CPC 38, deverá também aplicar os critérios do ICPC 06 para as relações de *hedge* de investimento líquido em operação no exterior.

O novo modelo de *hedge accounting* refere-se à contabilização de relações de *hedge* que incluem um único item protegido ou um portfólio fechado de um grupo de itens que constituem uma posição bruta ou líquida (KPMG, 2013). Esse modelo de *hedge* também é conhecido por "*general hedge accounting*", no qual um item individual ou um conjunto de itens protegidos não podem ser adicionados, removidos ou substituídos sem tratar cada alteração com uma nova camada.

Partindo de uma ótica mais ampla das estratégias de *hedge accounting*, podemos dividi-las de maneira alinhada à forma pela qual o IASB segregou os projetos para mudanças nos critérios de contabilização de *hedge* (*hedge accounting*):

- contabilização geral de *hedge* (*general hedge accounting*), para relações de *hedge* individuais ou estáticas; e

- relações dinâmicas de *hedge* (*macro hedge*) de carteiras de ativos e passivos financeiros cujo item protegido se altera constantemente. Essas relações de *hedge* também são conhecidas por "*portfolio fair value hedge*" e são encontradas geralmente em instituições financeiras. Até o momento, esse modelo só admite a designação do risco de taxa de juros e também a sua classificação como uma relação de *hedge* de valor justo.

Dessa forma, podemos apresentar a conjuntura normativa da prática de *hedge accounting* atual e futura, considerando os projetos em andamento do IASB como mostrado na Figura 5.2.

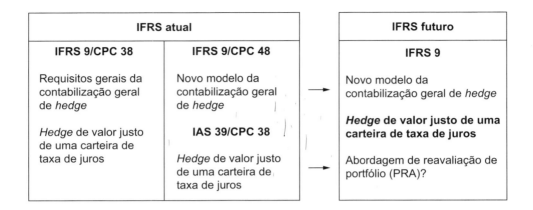

Figura 5.2 Comparação IFRS atual e IFRS futuro para aplicação do *hedge accounting*.
Fonte: Adaptada de KPMG (2014).

A abordagem de reavaliação de portfólio (em inglês, *porfolio revaluation approach* – PRA) é a abordagem sugerida, que está em discussão para o um novo tratamento da contabilização de *hedge* de estratégias dinâmicas. Tal abordagem deverá ser aplicável a diversos setores, permitindo a designação de novos riscos, como preço de *commodities* e câmbio, os quais, nos moldes atuais, não são permitidos. Essa discussão foi formalizada pelo IASB com a publicação do *Discussion Paper* (DP) divulgado em abril de 2014, cujo objetivo é estimular o debate sobre a nova abordagem sugerida.

De acordo com BDO (2014), embora existam algumas mudanças fundamentais no modelo de contabilidade de *hedge*, a mecânica contábil geral da contabilidade de *hedge*, segundo a IAS 39/CPC 38, permanece praticamente inalterada, mais especificamente:

- O novo modelo mantém os modelos de *hedge* de fluxos de caixa, *hedge* de valor justo e *hedge* de investimento líquido em operação no exterior.
- As entidades ainda precisam medir a eficácia do *hedge* e reconhecer qualquer ineficácia no resultado, embora em alguns casos não haja mais a necessidade de um teste quantitativo.
- A documentação de *hedge* ainda é necessária.
- A contabilização de *hedge* permanece opcional.

Os autores deste livro discordam parcialmente da avaliação contida no parágrafo anterior, uma vez que, a partir do IFRS 9/CPC 48, os testes de efetividade retrospectivos deixaram de ser obrigatórios, e mesmo os prospectivos podem ser somente qualitativos sempre que for possível comprovar a eficácia do *hedge* de forma qualitativa. Além disso, a norma permitiu o uso de mais instrumentos de *hedge* e introduziu alguns conceitos novos, que serão abordados ao longo deste capítulo.

Enquanto o projeto de contabilidade de macro *hedge* conduzido pelo IASB não é finalizado, o modelo de contabilidade de *hedge* do IFRS 9/CPC 48 mantém as orientações do IAS 39/CPC 38 sobre o *hedge* de valor justo de exposição à taxa de juros de carteira de ativos financeiros ou passivos financeiros, permitindo à entidade continuar aplicando todos os requisitos e orientações do IAS 39/CPC 38.

No Quadro 5.1 são apresentadas algumas das principais mudanças, não exaustivas, dos critérios de *hedge accounting*.

Quadro 5.1   Principais alterações do IFRS 9/CPC 48

Requerimento	Resumo alto nível das principais alterações
Teste de efetividade	É possível aplicar somente o teste prospectivo e pode ser qualitativo, dependendo da complexidade do *hedge*. A faixa de 80% a 125% foi substituída por um teste baseado em objetivos, que busca avaliar a relação econômica de *hedge*
Componente de risco	Um componente de risco pode ser designado como o item protegido, não apenas para itens financeiros, mas também para itens não financeiros, desde que o componente de risco seja identificável separadamente e mensurável com confiabilidade
Custo de *hedge*	O valor no tempo de uma opção, o elemento a termo de um derivativo e qualquer *spread* com base em moeda estrangeira podem ser excluídos da designação de um instrumento financeiro como instrumento de *hedge* e contabilizados como custo de *hedge*. Isso significa que, em vez das mudanças no componente excluído afetarem imediatamente o resultado, são alocados em Outros Resultados Abrangentes (ORA), em conta destacada de custo de *hedge*
Grupo de itens	São possíveis mais designações de grupos de itens como objeto de *hedge*, incluindo designações de "camadas", como trataremos mais adiante, e algumas posições líquidas

Fonte: Adaptado de EY (2014).

Um dos novos requisitos, não menos importante que os que foram apresentados anteriormente, está relacionado com a descontinuação do *hedge*:

- As relações de *hedge* podem necessitar de reequilíbrio no índice de *hedge* (tema que será abordado na seção 5.9.3), o qual não representa o encerramento da relação.
- É proibida a descontinuação voluntária das relações de *hedge*.

5.3   Alinhamento da gestão de riscos com a prática contábil e critérios de qualificação para designação do *hedge accounting*

Toda entidade está exposta a riscos comerciais nas operações diárias. Muitos desses riscos têm impacto no fluxo de caixa ou no valor de ativos e passivos e, portanto, afetam, em última análise, os resultados (EY, 2014).

Para fazer a gestão dessas exposições, as entidades geralmente contratam instrumentos derivativos para eliminar ou mitigar os riscos, e dessa maneira o *hedge* deve ser visto como uma das atividades de gerenciamento de riscos, com o intuito de alterar o perfil de risco perante a exposição protegida.

Algumas entidades possuem estruturas robustas, com comitês de riscos e pessoas dedicadas integralmente à gestão de riscos, enquanto em outras o tesoureiro ou o diretor financeiro (*Chief Financial Officer* – CFO) toma as decisões relativas à proteção (ou não) das exposições, muitas vezes com a assessoria de uma instituição financeira, com o objetivo de proteção (GALDI; BARRETO; FLORES, 2018, p. 170).

Podemos afirmar que o *hedge* reduz a distribuição de probabilidade nos fluxos de caixa das empresas, e por consequência, elimina ou, ao menos, reduz as exposições aos riscos de mercado, como observado no gráfico da Figura 5.3.

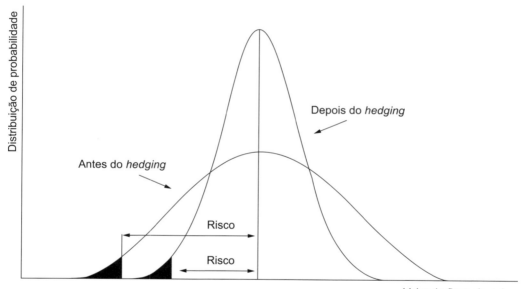

Figura 5.3   Comparação do risco com e sem *hedging*.
Fonte: Carmona *et al.* (2014, p. 32).

Em outras palavras, as atividades de *hedge* consistem, fundamentalmente, em assumir um instrumento com posição oposta à do item que origina a exposição. Geralmente, as estratégias de *hedge* geram descasamentos contábeis. Podem, então, receber um tratamento contábil específico, conhecido por *hedge accounting* ou contabilização de *hedge*, para que esses descasamentos contábeis sejam eliminados ou reduzidos, bem como – se não principalmente – podem apresentar de forma mais clara os efeitos das atividades de gestão de risco, nas demonstrações contábeis.

A contabilização de *hedge* (*hedge accounting*), diferentemente da aplicação pura de um *hedge* econômico, necessita de aspectos de avaliação e de formalização que são exigidos pelo IFRS 9/CPC 48, ou seja, na data da designação deve haver uma documentação formal do *hedge*, que precisa incluir basicamente:

- identificação do instrumento de *hedge*;
- identificação do item protegido;
- identificação do risco protegido; e
- método de avaliação da relação econômica do *hedge*.

É importante ressaltar que toda prática de *hedge accounting* deve espelhar o **objetivo e a estratégia de gerenciamento de risco**, caso contrário, uma revisão técnica feita por uma equipe de auditoria poderia colocar em questão a relação de *hedge*. Instrumentos e objetos de *hedge* só devem ser designados se forem itens elegíveis para a contabilização de *hedge*, ou seja, há instrumentos e objetos que não são qualificáveis.

O **objetivo de gerenciamento de risco** para relação de proteção deve ser aplicado ao nível de relação de proteção específica. Isso diz respeito ao modo como um instrumento de *hedge* específico que foi designado deve ser utilizado para proteger a exposição específica, que foi designada como item protegido. Já a **estratégia de gerenciamento de risco** normalmente existe para um período mais longo e pode incluir alguma flexibilidade para reagir a alterações em circunstâncias que ocorrem enquanto existir essa estratégia (por exemplo, diferentes taxas de juros ou níveis de preços de *commodities* que resultam na extensão diferente de *hedge*) (IFRS 9/CPC 48.B6.5.24).

Dois exemplos de estratégia de gerenciamento de riscos com um objetivo relacionado de gerenciamento de riscos são ilustrados no Quadro 5.2.

Quadro 5.2 Estratégias e objetivos de gerenciamento de risco

Estratégia de gerenciamento de risco	Objetivo de gerenciamento de risco
Manter 40% da dívida financeira a taxa de juros flutuantes	Designar um *swap* de taxa de juros como um *hedge* de valor justo de um passivo de taxa fixa de 100 milhões de libras esterlinas
Hedge de risco em moeda estrangeira de até 70% das vendas previstas em dólares americanos em até 12 meses	Designar um contrato de câmbio a termo para proteger o risco cambial das primeiras vendas de 100 milhões de dólares americanos em março de 2013

Fonte: EY (2014, p. 5).

Embora em alguns casos não seja mais obrigatório um teste de efetividade quantitativo, a relação de *hedge* deve atender a todos os seguintes requisitos para comprovação da efetividade:

- existência de relação econômica entre o item protegido e o instrumento de *hedge*;
- o risco de crédito não deve ser predominante com relação às variações do valor justo do instrumento ou do objeto; e
- o índice de *hedge* deve representar uma relação nocional de compensação integral do instrumento no que concerne ao objeto.

Na designação do *hedge accounting*, devem-se analisar as fontes de inefetividade que se espera que afetem a relação de *hedge* durante a sua vigência. Essa análise serve como base para avaliação de cumprimento dos requisitos de efetividade, inclusive para uma apuração melhor na avaliação das compensações do instrumento de *hedge* com relação ao risco protegido. Ou seja, a entidade deve utilizar o método que capture as características relevantes da relação de proteção, a qual deve incluir as fontes de inefetividade de *hedge*.

A avaliação da relação econômica inclui a análise do possível comportamento da relação de proteção, e para determinar se esta atende ao objetivo de gerenciamento de risco, é importante ressaltar que a mera existência de correlação estatística entre as variáveis não suporta, por si só, uma conclusão válida de que a relação de proteção possua relação econômica.

Por fim, um teste quantitativo provavelmente será exigido se, na designação do *hedge*, a sua documentação não deixar totalmente explícito o cumprimento dos requisitos mencionados neste capítulo.

5.4 Instrumentos de *hedge*

O instrumento de *hedge* é o item utilizado com o objetivo de mitigação da exposição de risco ao qual a empresa está exposta. Na maioria das situações, o instrumento de *hedge* é um derivativo, mas há a possibilidade de instrumentos financeiros não derivativos serem designados como instrumentos de *hedge* (GALDI; BARRETO; FLORES, 2018, p. 172).

Um ativo financeiro não derivativo e um passivo financeiro não derivativo mensurado ao valor justo por meio do resultado podem ser designados como instrumentos de *hedge*, exceto quando a variação do risco de crédito atribuível à variação do valor justo de um passivo financeiro ao valor justo por meio do resultado seja reconhecida em outros resultados abrangentes.

Ativos e passivos financeiros não derivativos que possuam componente de risco de moeda estrangeira podem também ser designados como instrumentos de *hedge* para *hedge* de risco de moeda estrangeira.

Assim, entende-se que, em casos de risco de variação cambial, pode-se designar o componente de câmbio de um passivo ou ativo financeiro não derivativo classificado como instrumento financeiro ao custo amortizado com instrumento de *hedge* de uma exposição de risco de moeda estrangeira (GALDI; BARRETO; FLORES, 2018, p. 172).

De acordo com o IFRS 9/CPC 48.6.2.3, para fins de contabilização de *hedge*, somente contratos com partes externas ao grupo podem ser designados como instrumentos de *hedge*. Pois, em operações de *hedge* entre empresas do mesmo grupo, não existiria a externalização do risco protegido, o que é requisito para a contabilidade de *hedge*.

O Quadro 5.3 mostra exemplos de instrumentos de *hedge* elegíveis.

Quadro 5.3 Instrumento de *hedge* elegíveis

Instrumento de *hedge*	Exemplo
Derivativos	*Swap*
	Futuros
	Opções
	Termos
Não derivativos	Empréstimos
	Aplicações financeiras
Um ou mais derivativos	(Termo de moeda + Termo de *commodity*)
Uma combinação de instrumentos	*Collar* com opções

Fonte: os autores.

Com relação aos derivativos, é interessante ressaltar que, de acordo com o IFRS 9/CPC 48, todo derivativo mensurado ao valor justo pode ser designado, exceto:

- opções lançadas líquidas; e
- derivativos embutidos em contratos híbridos não contabilizados separadamente.

É possível também que um único instrumento seja designado como instrumento de *hedge* de mais de um tipo de risco, e esses itens podem estar em relações de *hedge* distintas ou não.

Exercício[1]

Instrumento de *hedge* que protege dois itens e dois riscos distintos

A moeda funcional da empresa S é o rand. S emitiu um *bond* (título de dívida) denominado em ienes e possui contas a receber em dólar, sendo que ambos os instrumentos possuem valor nocional equivalente e o mesmo vencimento.

Para proteger as exposições ao dólar do seu contas a receber e ao iene da sua dívida, S contrata uma operação de *swap*, por meio da qual recebe fluxos de caixa em iene e paga fluxos de caixa em dólar, conforme visto na Figura 5.4.

---

[1] Exercício inspirado no material de KPMG (2018).

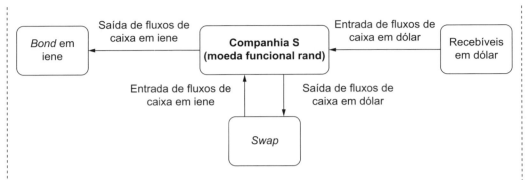

Figura 5.4   *Hedge* de dois itens e dois riscos cambiais distintos.

Esse instrumento de *hedge* pode ser designado para *hedge accounting*?

Solução proposta

Sim. Um *swap* mensurado ao valor justo por meio do resultado pode ser designado como instrumento de *hedge*. No entanto, a documentação de *hedge* deve especificar quais são os itens protegidos e os respectivos riscos cobertos, bem como o método de avaliação da efetividade do *hedge*, ou seja, é possível designar desde que todos os critérios para qualificação sejam atendidos.

Caso S tivesse emitido a dívida e não tivesse um contas a receber em dólar, o contrato de *swap* não se qualificaria para contabilização de *hedge*, porque apenas mudaria uma exposição cambial por outra, dado que a moeda funcional da empresa S é o rand.

Ou seja, um derivativo que não reduz o risco no nível da transação não pode ser um instrumento de *hedge*. Um relacionamento dessa natureza normalmente não se qualificaria para a contabilidade de *hedge*, porque o instrumento de *hedge* não reduz nem elimina riscos de maneira significativa, simplesmente converte um risco em outro risco (EY, 2019).

Embora o exercício apresentado pouco represente a maioria das relações de *hedge* atuais no Brasil, é fundamental enfatizar que a norma preserva a racionalidade econômica do *hedge* e, assim, permite que um gestor financeiro tenha maior autonomia para escolher os instrumentos de proteção, bem como gerencie seus riscos e tenha a possibilidade de designar grande parte dessas relações como *hedge accounting*.

Não há exigência de designar um instrumento de *hedge* apenas no seu reconhecimento inicial. A designação de um instrumento de *hedge* algum tempo após o seu reconhecimento inicial é permitida, embora nesse caso alguma ineficácia adicional possa surgir (EY, 2019). Nessa mesma linha de raciocínio, como já mencionado, uma opção lançada isoladamente (*stand alone*) ou uma combinação de opções que resulte em uma opção lançada não podem ser um instrumento de *hedge* designado, assim é necessário avaliar, na data da designação, o valor justo do instrumento de *hedge* e determinar se resulta em uma opção lançada.

Segundo KPMG (2018), os fatores considerados para determinar se uma combinação de derivativos é efetivamente uma opção líquida lançada são:

- se qualquer prêmio líquido é recebido no início ou durante a vida do instrumento combinado;
- se a opção vendida e a opção comprada têm termos e condições contratuais semelhantes, com exceção aos preços de exercício (*strike*); e
- se o valor nocional da opção vendida é maior que o valor nocional da opção comprada.

Qualquer instrumento de *hedge* é designado, em regra, para variação do seu valor justo integral, sendo as únicas exceções:

- A **variação do valor intrínseco de opções** deve ser o componente designado na relação de *hedge*, e a variação temporal de opções (*time value*) deve ser excluída.
- O **elemento a termo** (*forward*), de contratos a termo, pode ser um componente excluído da relação de *hedge*. Nesse caso, o componente designado na relação será somente a variação do elemento à vista (*spot*).
- O *spread* **com base em moeda estrangeira** também pode ser um elemento excluído da relação de *hedge*. Basicamente, ele representa o risco de crédito embutido na taxa contratual do derivativo. Esse caso é o menos visto nas empresas atualmente, pois, na maioria dos casos, quando se designa um *hedge accounting* de câmbio utilizando um contrato a termo, na avaliação da efetividade parte-se do princípio de que o instrumento foi contratado a valor de mercado (quando de fato foi) e a mesma taxa a termo utilizada para mensurar o instrumento é considerada para mensuração de um derivativo hipotético (representante do item protegido na avaliação da efetividade), também por se tratar, muitas vezes, de um componente pouco relevante no valor justo do instrumento.

O pronunciamento contábil também permite a designação de uma proporção do instrumento de *hedge*, por exemplo, 50% do valor nocional. Entretanto, o instrumento de *hedge* não pode ser designado em uma relação de *hedge* somente por uma parte do seu período de vida (IFRS 9/CPC 48.6.2.5C).

Algumas relações de *hedge* possuem itens protegidos com prazo de liquidação indeterminado ou muito longo. Exemplo é o caso de um *hedge* de variação cambial de investimento em coligadas ou controladas – nessa estratégia de proteção, o instrumento de *hedge* geralmente possui um prazo de vencimento, no entanto, o instrumento de *hedge* pode ser renovado (conhecido também pode rolagem) ao longo da vigência do *hedge*. Nesse caso, o instrumento de *hedge* pode ser considerado um instrumento elegível, desde que atenda aos critérios de qualificação de *hedge accounting*.

Assim, conforme ilustra a Figura 5.5, há inúmeras configurações em que os instrumentos de *hedge* podem se enquadrar para designação de *hedge accounting*.

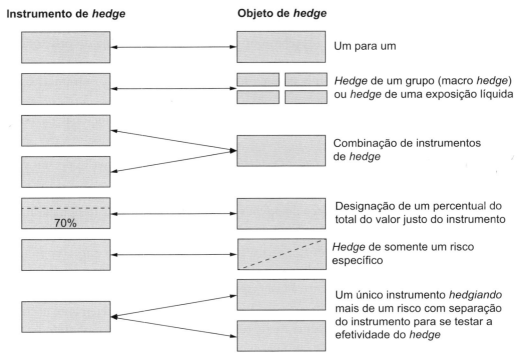

Figura 5.5 Relações de *hedge accounting* permitidas.
Fonte: Adaptada de Lopes, Galdi e Lima (2011).

5.5 Objetos de *hedge*

Em uma relação de *hedge*, há dois elementos principais, os itens protegidos e os instrumentos de *hedge*. Os itens protegidos, também conhecidos como "objetos de *hedge*", são os elementos que originam as exposições aos fatores de risco, geralmente identificados por meio de um mapeamento de riscos. É importante ressaltar que a compreensão do tipo de item protegido é fundamental, uma vez que a sua identificação faz parte do primeiro passo para avaliar a estruturação de uma relação de *hedge*. Por isso, empresas que estão expostas a diversos fatores de risco, como instituições financeiras, geralmente possuem uma área específica para a gestão de riscos, sendo que algumas instituições financeiras com maior nível de governança, tanto no exterior como no Brasil, já possuem profissionais em nível de diretoria responsáveis exclusivamente pela gestão de riscos da entidade, os chamados *Chief Risk Officers* (CROs).

O profundo entendimento do item protegido permite uma escolha mais adequada de instrumento de *hedge*, que pode resultar em uma relação de *hedge* otimizada, o que reduziria possíveis inefetividades causadas durante a execução da estratégia.

Os riscos dos objetos de *hedge* podem ser originados de diversas maneiras, mediante atividades operacionais, de financiamento ou de investimento.

Geralmente, os riscos oriundos dos itens que geram as exposições referem-se a variações nos preços de *commodities*, paridades cambiais ou taxas de juros, que podem originar simultaneamente mais que um tipo de risco – por exemplo, uma entidade no Brasil que investe em *bond* emitido em dólar, remunerado à taxa Libor acrescido de uma taxa pré. Esse instrumento financeiro acarreta, entre outros, risco de cambial (variação no preço da moeda), risco de taxa de juros e risco de crédito, os quais poderiam ser designados em uma relação de *hedge*.

Segundo a normatização contábil, de modo geral, podem ser itens protegidos elegíveis à contabilidade de *hedge*:

- ativo ou passivo reconhecido;
- compromisso firme não reconhecido;
- transação futura altamente provável; e
- investimento líquido em operação no exterior.

Para se qualificar como *hedge accounting*, qualquer item protegido deve envolver uma parte externa à entidade, ou seja, o risco deve ser transferido para fora da entidade. O *hedge accounting* pode ser aplicado a transações entre entidades do mesmo grupo apenas nas demonstrações financeiras individuais ou separadas dessas entidades, mas não nas demonstrações financeiras consolidadas do grupo.

No entanto, o risco de moeda estrangeira de um item monetário intragrupo pode ser designado como item protegido. Por exemplo, um pagamento ou recebimento em moeda estrangeira entre duas entidades do mesmo grupo pode se qualificar como item protegido nas demonstrações financeiras consolidadas, se resultar em uma exposição a ganhos ou perdas cambiais que não sejam totalmente eliminados na consolidação.

O IFRS 9/CPC 48.6.3.6 destaca que, de acordo com o CPC 02, os ganhos e as perdas de taxa de câmbio em itens monetários intragrupo não são totalmente eliminados na consolidação quando o item monetário intragrupo é transacionado entre duas entidades do grupo que possuem diferentes moedas funcionais.

Além disso, podemos designar como item protegido apenas parte de um item, como um percentual do valor nocional de uma dívida, os primeiros fluxos de caixa de um valor parcelado a pagar ou a receber ou apenas um risco específico, desde que seja possível mensurá-lo confiavelmente de forma separada.

Por exemplo: um contas a receber em dólar está exposto a diversos riscos, como o risco de crédito, o risco de moeda, o risco de taxa de juros e o risco de liquidez, e uma entidade pode optar por proteger em uma relação de *hedge* somente o risco de moeda ou algum outro risco específico, ficando exposta aos demais.

Na Figura 5.6, apresentamos um fluxograma com o resumo de uma abordagem sugerida, para avaliar se o risco é identificável e mensurável com confiabilidade.

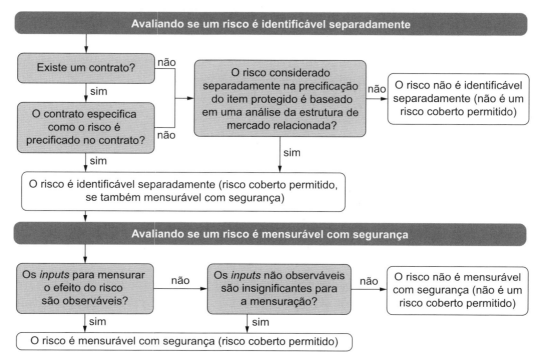

Figura 5.6 Avaliação da elegibilidade de risco protegido.
Fonte: Adaptada de KPMG (2018).

Um compromisso firme não reconhecido também é elegível como item protegido. Um compromisso firme é um contrato de venda fechado, para a troca de uma quantidade determinada de recursos, a preço determinado, em uma data ou datas futuras determinadas. Segundo Galdi, Barreto e Flores (2018, p. 177), para se determinar a existência de um compromisso firme, as seguintes características devem ser consideradas:

- o objeto do contrato é um item não financeiro com suas características claramente especificadas;
- há uma multa estabelecida em caso de descumprimento ou um *enforcement* legal para que o contrato seja cumprido;
- há um preço predeterminado pelo item;
- há uma quantidade preestabelecida do item a ser negociado;
- há uma data de liquidação do contrato.

Exemplo de compromisso firme é um contrato de compra de 500 toneladas de alumínio a ser utilizado na produção de uma indústria. O contrato estabelece que o alumínio deve ter pureza mínima de 99,5% e que seu preço será de US$ 1.700 por tonelada para entrega em dezembro de 2022 (GALDI; BARRETO; FLORES, 2018, p. 177).

A designação do objeto de *hedge* e dos riscos protegidos deve ser específica o suficiente para facilitar a comprovação de uma relação econômica com o instrumento de *hedge* ou mesmo uma medição de efetividade. Muitos *hedges* são bem montados sob o aspecto financeiro, porém, sua documentação induz a análises errôneas, o que pode fazer um auditor ou um analista acreditar que a entidade não está fazendo um *hedge* efetivo, o que inibiria a aplicação da contabilização de *hedge*.

Em última análise, o risco protegido deve ser capaz de afetar o resultado ou outros resultados abrangentes.

No Quadro 5.4, apresentamos exemplos, não exaustivos, de itens que podem ser designados como objetos de *hedge*.

Quadro 5.4 Exemplos de objeto de *hedge* elegíveis

Item protegido	Exemplo
Passivo reconhecido	Dívida em moeda estrangeira
Transação futura altamente provável	Projeção de vendas futuras para uma data esperada
Compromisso firme	Contrato de compra e venda de *commodity*
Exposição agregada	Exposição resultante de um *swap* de dólar × %CDI + uma dívida em dólar. A exposição agregada passa a ser uma dívida em %CDI
Ativo reconhecido	Carteira de crédito prefixada
Exposição líquida	Exposição líquida de vendas e compras futuras em dólar
Investimento líquido em operação no exterior	Investimento em uma controlada com moeda funcional diferente da entidade investidora

Transação futura altamente provável

No caso de transação altamente provável, a norma não especifica claramente o conceito de "altamente provável", no entanto, a KPMG (2018) entende que, para que a transação seja considerada altamente provável, deve haver pelo menos 90% de probabilidade de sua ocorrência; apresenta também os seguintes fatos e circunstâncias que devem ser considerados na avaliação:

- qualidade dos processos orçamentários;
- extensão e a frequência de transações semelhantes no passado;
- se fluxos de caixa semelhantes anteriormente esperados realmente ocorreram;
- disponibilidade de recursos adequados para concluir a transação;

- impacto nas operações se a transação não ocorrer;
- possibilidade de diferentes transações serem usadas para atingir mesmo objetivo;
- até que ponto a transação deverá ocorrer no futuro;
- quantidade de transações antecipadas.

Na prática, é bastante difícil atribuir uma probabilidade à ocorrência dessas transações altamente prováveis, o que torna a análise muito mais qualitativa.

Alguns indícios de que a transação não é altamente provável são: venda de um produto ilíquido, número baixo de transações, nenhuma experiência passada da entidade com as transações ou uma experiência histórica de que tais transações não ocorrem com frequência. Por exemplo, segundo o IFRS 9/CPC 48.B6.5.27, se não é apresentado histórico de *hedges* designados de transações previstas e há subsequente determinação de que não se espera mais que as transações previstas ocorram, a capacidade de previsão da entidade é colocada em dúvida ao projetar transações similares.

Não existe um procedimento de auditoria específico para comprovação de que o item protegido é altamente provável. Dado que, para muitas indústrias, esse tipo de transação se refere a um item relevante, o tema poderia ser mais discutido no âmbito do *hedge accounting*.

Exemplo
Hedge de transação futura altamente provável

Uma Usina prevê a exportação de 10.000 toneladas de açúcar para os próximos 12 meses. A Usina possui um histórico médio de vendas realizadas que representa cerca de 95% do volume orçado, de forma que essa companhia poderia designar suas projeções de vendas futuras como item protegido em uma relação de *hedge*.

Suponhamos que, um mês após a aprovação do orçamento, surja uma crise global com impacto direto na atividade econômica de muitos setores. Poderia ainda ser considerado que a exportação projetada de 10.000 toneladas possui probabilidade de 90% de ocorrência?

Solução proposta

Nesse caso, a companhia deveria avaliar se o seu setor foi ou será afetado. Embora em uma crise possa haver alta volatilidade nos preços das *commodities*, o que deve ser colocado em questão é o volume de produção e de vendas esperados. Para reduzirem a chance de erro, muitas entidades preferem designar para a contabilidade de *hedge* apenas uma porção das suas transações altamente prováveis. Assim, mesmo quando há queda de demanda, o *hedge* permanece efetivo.

Além disso, o risco de moeda estrangeira de transação prevista altamente provável pode ser qualificar como item protegido nas demonstrações contábeis consolidadas, desde que a transação seja denominada em moeda que não seja a moeda funcional da entidade que realiza essa transação e o risco de moeda estrangeira afete o resultado consolidado (IFRS 9/CPC 48.6.3.6).

Grupos de itens

Segundo o IFRS 9/CPC 48.6.6.1, um grupo de itens (incluindo um grupo de itens que constitui posição líquida) é um item protegido elegível somente se:

> a. consiste de itens (incluindo componentes de itens) que são, individualmente, itens elegíveis;
>
> b. os itens no grupo são gerenciados em conjunto na base de grupo para fins de gerenciamento de risco; e
>
> c. no caso de *hedge* de fluxo de caixa de grupo de itens, cujas variabilidades de fluxo de caixa não se espera que sejam aproximadamente proporcionais à variabilidade geral de fluxos de caixa do grupo de modo a surgirem posições de risco que se compensam:
>
>> i. for *hedge* de risco de moeda estrangeira; e
>>
>> ii. a designação dessa posição líquida especificar o período contábil, em que se espera que as transações previstas afetem o resultado, bem como sua natureza e volume.

A posição líquida será elegível como item protegido em uma relação de *hedge* somente se a entidade se proteger em base líquida para fins de gerenciamento de risco. Ou seja, a entidade não pode aplicar *hedge accounting* em base líquida somente para alcançar um resultado contábil específico, caso não seja uma prática de gestão de risco da entidade.

Quando o grupo de itens que constitui a posição líquida é designado como item protegido, a entidade deve designar o grupo geral de itens, que inclui os itens que podem compor a posição líquida. A entidade não tem permissão de designar um valor abstrato não específico de posição líquida (IFRS 9/CPC 48.B6.6.4).

Exemplo

Designação de posição líquida

Uma entidade tem uma série de compromissos firmes de venda em moeda estrangeira, ao longo de noves meses, no valor de R$ 1.000 cada, e uma série de compromissos firmes de compra em moeda estrangeira, dentro do período de 18 meses, por R$ 1.200 cada fluxo.

Mês	Fluxo de caixa		Exposição líquida teórica	
	Entrada	Saída		
0	1.000	–	1.200	–	200
1	1.000	–	1.200	–	200
2	1.000	–	1.200	–	200
3	1.000	–	1.200	–	200
4	1.000	–	1.200	–	200
5	1.000	–	1.200	–	200
6	1.000	–	1.200	–	200
7	1.000	–	1.200	–	200
8	1.000	–	1.200	–	200
9	1.000	–	1.200	–	200
10	–	–	1.200	–	1.200
11	–	–	1.200	–	1.200
12	–	–	1.200	–	1.200
13	–	–	1.200	–	1.200
14	–	–	1.200	–	1.200
15	–	–	1.200	–	1.200
16	–	–	1.200	–	1.200
17	–	–	1.200	–	1.200
18	–	–	1.200	–	1.200
19	–	–	–	–	–

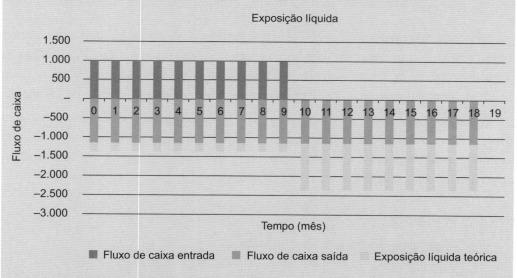

Figura 5.7   Exposição líquida cambial.

Fonte: os autores.

A entidade poderia designar na documentação de *hedge* somente a exposição líquida (diferença entre as entradas e saídas de caixa)?

> **Solução proposta**
>
> Não, pois a entidade não pode designar o valor abstrato de posições líquidas.
>
> Em vez disso, a entidade deve designar o valor bruto de compras e o valor bruto de vendas que, juntos, dão origem à posição líquida protegida. A entidade deve designar posições brutas que dão origem à posição líquida, de modo que seja capaz de cumprir os requisitos para a contabilização de *hedge*. Ou seja, na designação, devem ser formalizados os dois itens protegidos que resultam em exposição líquida.

É importante ressaltar que, se o *hedge* de posição líquida for um *hedge* de valor justo, a posição líquida pode ser elegível como item protegido. No entanto, se for um *hedge* de fluxo de caixa, a posição líquida somente pode ser elegível como item protegido nos casos de *hedge* do risco de moeda estrangeira, e a designação dessa posição líquida deve especificar o período em que se espera que as transações afetem o resultado, além de especificar sua natureza e volume.

Exposições agregadas

O IFRS 9/CPC 48 introduziu um novo conceito de contabilidade de *hedge*, conhecido como "exposição agregada", cujo objetivo foi facilitar as estratégias de *hedge* que incluem um derivativo como item protegido.

Uma exposição agregada é uma exposição líquida composta por um item não derivativo (que pode ser uma transação futura altamente provável ou um item patrimonial, por exemplo) e um de um instrumento derivativo, que representam uma relação de *hedge* em seu nível de análise.

Essa combinação pode criar nova exposição que é gerenciada como uma única exposição para um ou mais riscos específicos. Exemplo pode ser visto na Figura 5.8.

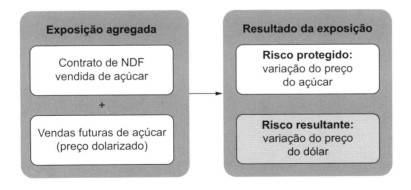

Figura 5.8   Exemplo de exposição agregada.

Fonte: os autores.

No exemplo da Figura 5.8, é possível verificar o risco protegido da relação de *hedge* e também o risco resultante do *hedge*, caso a entidade que estivesse fazendo *hedge* possuísse moeda funcional diferente de dólar. Assim, o risco resultante seria o da exposição agregada elegível como item protegido – nesse caso, o risco de moeda estrangeira.

Ademais, o IFRS 9/CPC 48 não exige que seja praticado *hedge accounting* no **hedge de primeiro nível (exposição agregada)** para aplicação de *hedge accounting* da relação de *hedge* de segundo nível. Ou seja, mesmo que uma entidade não designe para *hedge accounting* o *hedge* de primeiro nível ou opte por não designá-lo, o *hedge* de segundo nível pode qualificar-se para *hedge accounting*.

Porção estável de uma carteira de taxa de juros

As instituições financeiras buscam proteger-se contra o risco de variação nas taxas de juros para garantirem a margem de suas operações (diferença dos juros recebidos e juros pagos sobre as operações de crédito e de captação), o que geralmente é feito com base em um portfólio, por exemplo, uma carteira de empréstimos prefixados. Nesse caso, a parte coberta pelo *hedge* pode ser designada em termos de quantia de moeda, em vez de ativos ou passivos individuais.

Exemplo
Designação de carteira de taxa de juro

Uma instituição financeira realiza suas captações de recursos a taxas pós-fixadas (%CDI) e empresta crédito a taxas prefixadas:

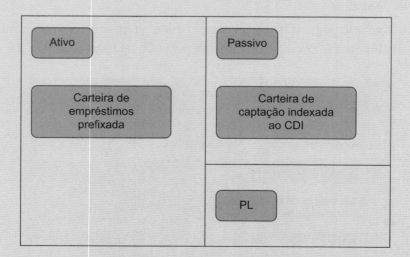

A instituição verificou que possui diferenças de remuneração entre as operações financeiras ativas e passivas, então, para se proteger de uma possível alta do CDI, o que tornaria o custo de captação maior e, consequentemente, reduziria a margem do banco, contratou derivativos que protegeriam uma porção estável da carteira de captação.

Essa carteira de captação poderia ser designada como item protegido de uma relação de *hedge accounting*?

Solução proposta

Sim, no entanto, é importante ressaltar que, diferentemente de outros modelos de *hedge accounting*, a entidade deverá determinar o volume protegido (e não item individual específico como nos outros modelos de *hedge accounting*) o qual deve possuir um acompanhamento periódico, pois geralmente essas carteiras possuem risco de pagamento antecipado. Então, nesses casos a entidade deve substituir o item protegido liquidado/extinto por outro instrumento com características semelhantes.

Para *hedge* de valor justo da exposição à taxa de juros de carteira de ativos financeiros ou passivos financeiros, a entidade pode aplicar os requisitos de contabilização de *hedge* do CPC 38 (IAS 39) em vez daqueles contidos no novo pronunciamento (IFRS 9/CPC 48.6.1.3).

Assim, é importante ressaltar que a norma não permite a designação de carteira de taxa de juros nos seguintes moldes:

- Designação de outro risco que não seja **somente risco de taxa de juros**.
- Designação da carteira como item protegido de uma relação de *hedge* de fluxo de caixa.
- Designação de quantia líquida de carteira de ativos e passivos.

Embora a carteira possa, para finalidades de gestão do risco, incluir ativos e passivos, a quantia designada é uma quantia de ativos ou de passivos, ou seja, caso determinada instituição financeira tenha o desejo de proteger uma carteira de ativos e passivos, deverá designá-los em relações de *hedge* distintas.

O item protegido (volume de uma carteira de risco de taxa de juros) pode ser designado em períodos de reprecificação com base nas datas de liquidação esperada, e não contratuais, em um mecanismo que capture o efeito dos pré-pagamentos que reduz a necessidade de avaliar separadamente o impacto do risco desses pré-pagamentos no valor justo da carteira.

Para KPMG (2018), caso os itens pré-pagos protegidos estejam sujeitos a uma penalidade na ocorrência de evento de pagamento antecipado, que represente uma diferença entre o valor justo do item protegido e seu valor contábil, é aceitável agendar os itens protegidos por *hedge* com base nos dados contratuais de reprecificação, pois a penalidade tem o efeito de eliminar todas as exposições ao valor justo permitido pelo risco de pré-pagamento.

A troca de componente de item protegido (por exemplo, novo contrato de captação) não representa descontinuidade da relação e não representa uma nova designação, ou seja, é uma estratégia dinâmica, que tem como objetivo principal proteger as variações do valor justo de um volume especificado de uma carteira.

Como nesse modelo de *hedge* o item protegido é designado como um volume em moeda, todos os ativos ou passivos dos quais o item coberto é derivado devem ser itens que poderiam se qualificar para *hedge* de valor justo se tivessem sido designados como itens protegidos individualmente.

Componentes de risco

Em vez de protegerem a mudança total da variação do valor justo ou do fluxo de caixa, algumas empresas costumam contratar derivativos para protegerem apenas componentes de risco específicos.

O gerenciamento de um componente de risco específico geralmente ocorre quando, devido à ausência de instrumentos que possuam riscos idênticos aos itens protegidos, a designação integral do valor justo ou fluxos de caixa do item protegido não teria relação econômica facilmente comprovável.

Alguns riscos protegidos podem não estar explícitos em contratos. Assim, a norma permite que uma entidade proteja um risco específico ou um componente de risco de um item financeiro ou não financeiro, desde que o componente de risco seja identificável e mensurado com confiabilidade.

Os componentes de risco podem ser **especificados contratualmente** ou **não especificados contratualmente**, ou seja, o componente de risco pode estar implícito ou explícito no valor justo ou fluxos de caixa de um item específico. Exemplos podem ser vistos no Quadro 5.5.

Quadro 5.5 Exemplos de componentes de risco

Componente de risco	Exemplo	Tipo de item	Risco especificado em contrato?
Risco cambial	Risco cambial sobre o valor principal de um empréstimo em moeda estrangeira	Financeiro	Sim
Risco de taxa de juros	Risco de taxa de juros em um investimento em títulos prefixados	Financeiro	Sim
Risco de inflação	Risco de inflação de um passivo financeiro	Financeiro	Nem sempre
Risco cambial sobre juros	Risco cambial de moeda estrangeira nos fluxos de caixa de juros, mas não sobre o valor do principal, de um empréstimo em moeda estrangeira	Financeiro	Sim

(Continua)

(Continuação)

| Risco de preço de *commodity* | Risco de referência do preço do petróleo bruto nas compras futuras de combustível de aviação | Não financeiro | Não |
| Risco de preço de *commodity* | Risco de preço do gás de petróleo | Não financeiro | Sim |

Fonte: Adaptado de KPMG (2018).

Vale ressaltar que atenção maior deve ser dada aos componentes de risco não contratualmente especificados, pois, nesse caso, será necessário determinar se o risco é possível de ser avaliado separadamente. Uma informação que pode auxiliar na conclusão de que a mensuração do risco é confiável e identificada separadamente é a existência de transações observáveis.

Não há obrigatoriedade de que o componente de risco designado seja o principal componente de contrato, ou que as variações do valor justo do componente tenham a mesma correlação que as alterações do valor justo do todo o item.

Outro ponto importante de se destacar é que o fato de um item não financeiro estar vinculado a um ativo físico não significa que o componente seja elegível para ser designado como um risco protegido.

Exemplo[2]
Componente de risco

Uma empresa de logística realiza aquisições de veículos anualmente, e deseja fazer *hedge* do componente de aço dos veículos, dado que o aço é um componente relevante para a construção dos veículos.

Essa empresa pode designar o componente de aço como risco protegido em uma relação de *hedge accounting*?

Solução proposta

Não, pois os preços dos veículos podem estar relacionados apenas indiretamente com o preço do aço. Geralmente, quanto maior o grau de transformação mediante o valor adicionado na produção de um item não financeiro, mais difícil é identificar um efeito distinguível de um componente de risco no preço desse item não financeiro.

5.6 *Hedge* de valor justo

O *hedge* de valor justo é a relação de *hedge* que tem por objetivo reduzir a exposição às variações no valor justo de um ativo ou passivo reconhecido no balanço, de

---

[2] Exercício inspirado no material presente em KPMG (2018).

compromisso firme não reconhecido, ou de um componente de quaisquer desses itens, que seja atribuível a um ou mais riscos específicos e que possa afetar:

- o resultado; ou

- outros resultados abrangentes, caso o item protegido seja instrumento patrimonial no qual a entidade optou por apresentar as variações no valor justo irrevogavelmente em ORA.

Portanto, o objetivo do *hedge* de valor justo é compensar no resultado a alteração no valor justo do item protegido (objeto de *hedge*) com a alteração no valor justo do instrumento de *hedge*.

Exemplo
Hedge de valor justo de uma dívida

Um exemplo de *hedge* de valor justo seria uma captação com taxa de juros fixa, cuja exposição ao risco de taxa de juros pode ser mitigada pela conversão desse passivo à taxa CDI por um *swap* de taxa de juros.

	Swap	
Dívida	Ponta ativa	Ponta passiva
taxa prefixada	taxa prefixada	% do CDI

Ao contrário do *hedge* de fluxo de caixa, que normalmente "trava" os fluxos de caixa de uma estrutura de *hedge*, no exemplo em questão, o *swap* transforma uma dívida que tinha fluxos de caixa conhecidos em uma exposição pós-fixada, ou seja, os fluxos deixam de estar travados. Consideramos, nesse caso, que o *swap* faz parte de uma estratégia que protege o valor justo da taxa de juros.

Partindo do pressuposto de que as características tanto do instrumento (*swap*) quanto do objeto de *hedge* (dívida) são idênticas, a exposição resultante do *hedge* será exatamente a ponta passiva do *swap*.

Já sob o ponto de vista contábil, há um descasamento que surge pela diferença entre bases de mensuração.

	Dívida	Swap	
		Ponta ativa	Ponta passiva
Base de mensuração	Custo amortizado	Valor justo	Valor justo

Esse descasamento gera volatilidade no resultado contábil por causa das diferenças nas bases de mensuração. Se designarmos essa relação como um *hedge* de valor justo, teremos os seguintes efeitos teóricos no resultado contábil:

Relação de hedge	Dívida	Swap		Efeito teórico no resultado contábil
		Ponta ativa	Ponta passiva	
Hedge de valor justo	Valor justo por meio do resultado (VJPR)	Valor justo por meio do resultado (VJPR)	Valor justo por meio do resultado (VJPR)	Valor justo da ponta passiva do *swap*

Não se pode confundir o *hedge* de valor justo com a *fair value option*. A *fair value option* (em português, opção pelo valor justo) pode ser utilizada como uma simplificação do *hedge* de valor justo, sem que sejam satisfeitas as condições restritivas impostas pelas normas contábeis para adoção do *hedge accounting*, tais como testes de eficácia e documentação suporte sobre a relação de *hedge* (CHIQUETO, 2014, p. 26). A principal diferença, à luz dos efeitos contábeis, entre o *hedge* de valor justo e a opção de valor justo (*fair value option*) é que, no *hedge* de valor justo, é possível excluir da designação os riscos não cobertos pela relação de *hedge*, como o risco de crédito, algo que na *fair value option* não é permitido, uma vez que todos os componentes do valor justo devem ser mensurados em conjunto.

Caso o item protegido seja instrumento patrimonial contabilizado ao VJORA, os ganhos ou perdas nos instrumentos de *hedge* atribuíveis à parcela efetiva devem ser contabilizados em ORA, e a parcela ineficaz deve também ser contabilizada em ORA. Como instrumentos patrimoniais designados ao VJORA não possuem reciclagem para o resultado, o valor será represado em ORA (tanto do instrumento quanto do item protegido) sem baixa para resultado, mesmo quando houver alienação do item protegido.

Caso o item protegido seja um ativo financeiro (que não seja instrumento patrimonial) mensurado ao valor justo por meio de outros resultados abrangentes (VJORA), o ganho ou a perda deve ser ajustado no resultado do exercício.

Um investimento pelo método da equivalência patrimonial não pode ser designado como item protegido em *hedge* de valor justo. Isso ocorre porque o método da equivalência patrimonial reconhece no resultado a participação do investidor no resultado da investida, em vez de alterações no valor justo do investimento. Por motivo similar, o investimento em controlada consolidada não pode ser item protegido em *hedge* de valor justo. Isso ocorre porque a consolidação reconhece no resultado o resultado da controlada, em vez de alterações no valor justo do investimento. O *hedge* de investimento líquido em operação no exterior é diferente, porque é o *hedge* da exposição em moeda estrangeira, não o *hedge* de valor justo da alteração no valor do investimento (IFRS 9/CPC 48.B6.3.2).

No entanto, supondo que o investimento a ser protegido seja mantido ao custo ou valor justo por meio de outros resultados abrangentes (VJORA), é possível designar o risco cambial no valor contábil desse investimento denominado em moeda estrangeira nas demonstrações financeiras separadas da entidade controladora. É possível, também, proteger a mudança em todo o valor justo do investimento, mesmo que o valor justo não seja refletido nas demonstrações financeiras separadas da entidade controladora. Essa relação de *hedge* provavelmente seria tratada como *hedge* de valor justo e exigiria um ajuste no valor contábil do investimento (EY, 2019).

O *hedge* de valor justo, no âmbito do conjunto de itens protegidos que representam vendas ou compras futuras, pode ser aplicado apenas se houver um compromisso firme. Consequentemente, se uma transação prevista altamente provável existir antes que uma entidade entre em um compromisso firme, o *hedge* deve ser designado como um *hedge* de fluxo de caixa até que a entidade entre em um compromisso firme, a partir do qual pode ser contabilizada como um *hedge* de valor justo (KPMG, 2018).

Quando o item protegido em uma relação de *hedge* de valor justo for um compromisso firme não reconhecido, a variação acumulada no valor justo do item protegido, após a sua designação, deverá ser reconhecida como ativo ou passivo ao mesmo tempo em que os ganhos ou perdas correspondentes foram reconhecidos no resultado.

Se o item protegido no *hedge* de valor justo for um compromisso firme (ou componente dele) de aquisição de um ativo ou assunção de um passivo, o valor referente à parcela efetiva deve ser incorporado no reconhecimento inicial do ativo ou passivo decorrente da liquidação do compromisso firme.

Exemplo
Hedge de valor justo de compromisso firme

A empresa ABC, exportadora de produtos industrializados, tem o real como sua moeda funcional e, em jan./2020, possuía contratos de venda no mercado externo no valor de US$ 1.000.000 para dez./2020, com preço do dólar fixado em BRL 3,90.

Ainda em jan./2020, para se proteger da variação cambial do dólar, a empresa ABC firmou um contrato de NDF vendido de dólar, com vencimento em dez./2020.

A área contábil da empresa ABC verificou que haveria descasamento contábil da relação de *hedge*, pois o derivativo seria mensurado ao valor justo por meio do resultado, enquanto o contrato estaria fora do balanço, e seria registrado somente no momento da venda efetiva. Assim, decidiu designar essa relação como um *hedge* de valor justo, na data da contratação do derivativo.

Com base nos dados a seguir, quais são os efeitos contábeis da relação de *hedge* em jun./2020?

- Taxa de juros em jun./2020 para o vértice de dez./2020: 5% a.a.
- Dólar futuro em jun./2020 para o vértice de dez./2020: R$ 3,90 para dez./2020.

- Valor a termo da NDF vendida: R$ 3,95 para dez./2020.
- Dias úteis até o vencimento: 132.

Solução proposta

i. Cálculo de valor justo do instrumento e objeto de *hedge* em junho/2020

Valor justo do instrumento de *hedge*				
Taxa a termo	Dólar futuro	Taxa de juros futura	Nocional US$	Dias úteis até o vcto.
3,95	3,92	5%	1.000.000	132
VF – ponta ativa (US$)	VF – ponta passiva (BRL)	VJ – ponta ativa (US$)	VJ – ponta passiva (BRL)	VJ – NDF
3.920.000	3.950.000	3.821.087	3.850.330	−29.243

VF Ponta ativa (US$) = 1.000.000 × 3,92 = 3.920.000

VF Ponta passiva (BRL) = 1.000.000 × 3,95 = 3.950.000

VJ Ponta ativa (US$) = 3.920.000 / (1 + 0,05)$^{(132/252)}$ = 3.821.087

VJ Ponta passiva (BRL) = 3.950.000 / (1 + 0,05)$^{(132/252)}$ = 3.850.330

VJ NDF = 3.801.592 − 3.850.30 = − 29.243

Valor justo do contrato de venda (objeto de *hedge*)				
Dólar futuro	Dólar fixado no contrato (direito de receber)	Taxa de juros futura	Nocional US$	Dias úteis até o vcto.
3,92	3,95	5%	1.000.000	132
VF – direito de receber (BRL)	VF – obrigação de pagar (US$)	VJ – direito de receber (BRL)	VJ – obrigação de pagar (US$)	VJ – contrato de venda
3.950.000	3.920.000	3.850.330	3.821.087	29.243

VF direito de receber fixo (BRL) = 1.000.000 × 3,95 = 3.950.000

VF obrigação de pagar variável (US$) = 1.000.000 × 3,92 = 3.920.000

VJ direito de receber fixo (BRL) = 3.950.000 / (1 + 0,05)$^{(132/252)}$ = 3.850.330

VJ obrigação de pagar variável = 3.920.000 / (1 + 0,05)$^{(132/252)}$ = 3.821.087

VJ do Contrato de venda = 3.850.330 − 3.821.087 = 29.243

É importante ressaltar que a métrica de mensuração do valor justo de um compromisso firme não pode conter o componente de principal do contrato, pois, no caso, não houve a transferência dos riscos e benefícios para haver o registro contábil do principal no ativo da empresa em contrapartida no resultado operacional. Segundo o CPC 00.4.3, **um ativo é um recurso presente controlado pela entidade como resultado de eventos passados.** Portanto, podemos conjecturar que o resultado de eventos passados representa a entrega do produto físico ao cliente.

Quando o produto é entregue ao cliente, há a transferência dos riscos e benefícios, em contrapartida, há o direito de receber caixa para a empresa que realizou a venda de um produto.

Nesse sentido, para que consigamos mensurar somente o efeito da variação do valor justo do contrato, consideramos uma ponta hipotética a mercado (obrigação de pagar) para avaliar por quanto o contrato seria vendido caso fosse liquidado na respectiva data de avaliação, pelo seu valor líquido de mercado, sem o componente de principal.

ii. Contabilização do *hedge* de valor justo

a) Registro contábil em jan./2020. No momento inicial, consideramos como premissa que o valor justo do instrumento e do objeto de *hedge* é zero.

b) Registro contábil em jun./2020

Débito – Resultado (DRE)   29.243

Crédito – Diferencial a pagar NDF (passivo)

Histórico: Pelo registro do valor justo do instrumento de *hedge* NDF

Débito – Compromisso firme (ativo)   29.243

Crédito – Resultado (DRE)

Histórico: Pelo registro do valor justo do contrato de venda

De modo geral, no *hedge* de valor justo, o instrumento de *hedge* é reconhecido ao valor justo por meio do resultado, da mesma forma que o item protegido, de modo que o efeito contábil do *hedge* seja a exposição resultante do *hedge* mensurada ao valor justo por meio do resultado, embora haja exceções:

- Se o item protegido for um instrumento patrimonial ao VJORA, o ganho ou perda do instrumento de *hedge* passará a ser reconhecido em ORA e não sofrerá reclassificação para o resultado (inclusive, a parcela ineficaz).

- Se o item protegido for um ativo financeiro ao VJORA (que não é instrumento patrimonial), o item protegido passará a ter suas variações no seu valor justo reconhecidas no resultado do exercício.

5.7   *Hedge* de fluxo de caixa

O *hedge* de fluxo de caixa é o *hedge* da exposição à variabilidade nos fluxos de caixa que seja atribuível ao risco específico associado à totalidade de um ativo ou de um passivo reconhecido no balanço, ou a um componente desse item patrimonial – por exemplo, a totalidade ou parte dos pagamentos de juros futuros sobre uma dívida de taxa variável, ou a uma transação prevista altamente provável e que possa afetar o resultado.

A normatização contábil também lista como item protegido elegível o risco de variação cambial de compromissos firmes não reconhecidos.

São exemplos de *hedge* de fluxos de caixa:

- *hedge* de *commodity* referente às vendas futuras projetadas, protegido por instrumento derivativo NDF;
- *hedge* de câmbio referente à dívida emitida no exterior, protegido por instrumento derivativo *swap* com ponta ativa em moeda estrangeira e ponta passiva em moeda funcional com taxa prefixada;
- *hedge* de juros referente a empréstimos concedidos com taxa pós-fixada, protegido por instrumento derivativo *swap* com ponta ativa prefixada e ponta passiva com taxa pós-fixada.

Note que, nesses exemplos, estamos trocando exposições a itens variáveis por fluxos de caixa fixos. Nas relações de *hedge* de fluxo de caixa, as variações do valor justo do instrumento de *hedge* atribuíveis ao risco protegido são inicialmente reconhecidas no patrimônio líquido, mais especificamente em outros resultados abrangentes, e transferidas para o resultado no mesmo momento em que o item protegido afetar o resultado. O item protegido não muda sua base de mensuração e a parcela ineficaz do instrumento de *hedge*, assim que identificada, deve ser reconhecida imediatamente no resultado. Esse tratamento permite que a volatilidade causada pelas variações do valor justo do instrumento de *hedge* fique armazenada no PL por um tempo, não afetando o resultado do exercício enquanto os fluxos de caixa do item protegido não sejam realizados.

Exemplo

Hedge de uma venda projetada de estoques

A empresa ABC deseja proteger possíveis mudanças de fluxo de caixa decorrentes de vendas futuras altamente prováveis de 1.000.000 de barris de uma *commodity*, que serão realizadas após dois meses.

O valor contábil dos estoques, pelo custo, é de R$ 10 milhões, e o seu valor de mercado próximo de R$ 12 milhões ($ 12/unidade). A empresa firma neste momento um contrato a termo de venda de 1.000.000 de barris da *commodity* por R$ 12 milhões com um prazo de vencimento de dois meses junto a um banco com *rating* AAA. Na data de assinatura do contrato a termo, seu valor justo é zero. Os principais termos contratuais do derivativo e da *commodity* são iguais (montante, data de liquidação e ativo-objeto), assim, a empresa prepara a documentação necessária e avalia que a transação atende aos requisitos para o tratamento como contabilidade de *hedge*. Os principais aspectos da transação são:

- *Hedge* de fluxo de caixa
- Instrumento de *hedge*: contrato a termo de venda da *commodity*

- Preço a termo contratado: R$ 12/barril
- Quantidade contratada: 1.000.000 barris
- Vencimento: 2 meses
- Contraparte: banco (*rating* AAA)

■ Item protegido: receita futura altamente provável da venda de 1.000.000 de barris da *commodity*

■ Risco protegido: risco de variabilidade no preço da *commodity*

■ Objetivo: proteção da receita futura decorrente da venda de 1.000.00 de barris da *commodity*

Ao final do primeiro mês, o preço futuro descapitalizado da *commodity* passa para R$ 12,50/barril e o valor presente da taxa a termo estava em R$ 11,50. Neste momento, a empresa reconhece a perda de R$ 1.000.000 com o derivativo diretamente no patrimônio líquido, na conta de ajustes de avaliação patrimonial (reserva de *hedge* de fluxo de caixa). Essa perda faz parte do grupo contábil de outros resultados abrangentes, reconhecidos na conta de ajustes de avaliação patrimonial (AAP).

Contabilização no final do primeiro mês:

D – Ajustes de avaliação patrimonial – AAP (PL)   1.000.000
C – Contrato a termo (Passivo)

Histórico: registro da variação do valor justo do contrato a termo

Ao final do segundo mês, no vencimento do termo, o preço futuro passa para R$ 11,75/barril (que é o mesmo valor do preço à vista), resultando em um ganho de R$ 250.000 na posição do derivativo da empresa. Na data de vencimento, a transação é liquidada junto ao banco que é contraparte da operação. Assim, a empresa reconhece a seguinte contabilização:

Contabilização no final do segundo mês (vencimento do contrato):

D – Contrato a termo (Passivo)   1.000.000
D – Contrato a termo (Ativo)   250.000
C – Ajustes de avaliação patrimonial – AAP (PL)   1.250.000

Histórico: registro da variação do valor justo do contrato a termo

D – Caixa e Equivalentes (Ativo)   250.000
C – Contrato a termo (Ativo)

Histórico: registro do recebimento da liquidação do contrato a termo

Assim, resta o saldo de R$ 250.000 na conta de AAP, que será reclassificado para o resultado do exercício no momento em que a receita de venda da *commodity* referente à transação protegida for reconhecida.

Considerando que a venda foi realizada no final do segundo mês pelo valor de mercado da *commodity* e recebida à vista, tem-se:

D – Caixa (Ativo)	11.750.000
D – Custo dos Produtos Vendidos (DRE)	10.000.000
C – Receita de vendas (DRE)	11.750.000
C – Estoques (Ativo)	10.000.000

Histórico: pelo registro da venda

D – Ajustes de avaliação patrimonial – AAP (PL)	250.000
C – Receita de vendas (DRE)	

Histórico: pelo ajuste de reclassificação da reserva de *hedge* de fluxo de caixa decorrente da realização do item protegido, a contrapartida foi considerada na mesma rubrica do item protegido, conforme sugerido no item B6.6.14 do IFRS 9/CPC 48.

Ao final da transação, a contabilização com o uso do mecanismo do *hedge* de fluxo de caixa ajusta o reconhecimento do instrumento de proteção e do item protegido ao regime de competência, pois ambos impactam o resultado no mesmo momento, ou seja, no momento da venda protegida. Ademais, o *hedge* é eficaz, pois atingiu seu objetivo de proteger a variabilidade dos fluxos de caixa futuros esperados pela entidade. O seguinte quadro demonstra o resultado:

Fluxo de caixa projetado:	R$ 12.000.000
Fluxo de caixa realizado:	
Contrato a termo	R$ 250.000
Venda do estoque	R$ 11.750.000
Total	**R$ 12.000.000**

Geralmente, um *swap* de taxa de juros com pagamento flutuante e recebimento fixo pode ser designado como um *hedge* de valor justo de um passivo de juros fixos ou como um *hedge* de fluxo de caixa de um ativo de juros variáveis. No entanto, o *swap* de taxa de juros não pode ser designado como *hedge* de fluxo de caixa de um passivo de juros fixos porque converte saídas de caixa de juros conhecidas (fixas), para as quais não há exposição à variabilidade nos fluxos de caixa, em saídas de caixa de juros desconhecidas (variáveis) (KPMG, 2018).

Apesar da explicação anterior, entendemos que é possível designar uma relação de *hedge* de fluxo de caixa que não necessariamente transforme fluxos de caixa variáveis em fluxos de caixa fixos, mas que resulte na redução da volatilidade dos fluxos de caixa protegidos.

Exemplo

Hedge de uma exposição agregada

A empresa ABC contraiu uma dívida em dólar para financiar algumas das suas atividades operacionais, e, com o objetivo de proteger o risco de variação cambial do dólar, contratou uma operação de *swap* que troca a remuneração em dólares por uma remuneração em reais, com juros equivalentes a 130% do CDI.

Em uma primeira análise, o *swap* mencionado, que não fixa a remuneração em reais, pode ser entendido como um *hedge* de valor justo; no entanto, mesmo sem transformar os fluxos de caixa em valores fixos, ele reduz a potencial variabilidade dos fluxos de caixa, uma vez que a taxa de juros varia muito menos do que a taxa de câmbio. Desta forma, algumas empresas classificam esse tipo de estrutura como um *swap* de fluxo de caixa. Ok. Vamos adiante com esse exemplo, sem definir se esse primeiro *swap* seria designado para *hedge accounting* ou não.

Suponhamos que, após alguns meses, a área de tesouraria da empresa ABC decidiu não ficar exposta a uma taxa de juros alavancada (130% do CDI) e preferiu ceifar essa sobretaxa de 30% contratando outro *swap*, o qual trocaria o risco de 130% do CDI por 100% do CDI + uma taxa prefixada de 2%.

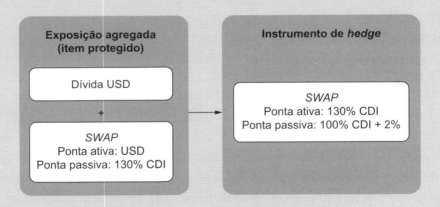

Figura 5.9 *Hedge* de exposição agregada de risco de taxa de juros flutuante de dívida e *swap*.

Poderia essa relação de *hedge* ser designada como *hedge* de fluxo de caixa?

Solução proposta

Embora o risco do *hedge* resultante não torne os fluxos de caixa 100% previstos, ou seja, não resulte em um risco 100% prefixado, há a redução da exposição à variabilidade de fluxos pós-fixados.

Em um cenário de alta do CDI, a exposição já não seria mais com relação a 130% do CDI mas, somente 100%, pois os 2% de taxa prefixada não são afetados pela alta do CDI.

> É importante ressaltar que a norma não define de forma exaustiva todas possibilidades de uma designação de um *hedge* de fluxos de caixa, mas nos permite avaliar a relação de *hedge* sob sua ótica econômica, e é nela onde deve haver a justificativa a comprovar que tal relação de *hed*ge reduz o risco de variabilidade nos fluxos de caixa de um risco protegido.

Enquanto o *hedge* de fluxo de caixa atender aos critérios de qualificação de *hedge accounting*, a relação de proteção deve ser contabilizada da seguinte forma:

a. O componente separado do patrimônio líquido associado ao item protegido (reserva de *hedge* de fluxo de caixa) deve ser ajustado ao menor valor entre:

    i.   o ganho ou perda acumulado do instrumento de *hedge* desde o início do *hedge*; e

    ii. a alteração acumulada no valor justo do item protegido desde o início do *hedge*.

O esquema contábil mencionado preocupa-se com a **parcela *overhedge***, que surge quando a variação do valor justo ou dos fluxos de caixa do instrumento de *hedge* é maior do que a variação do valor justo ou dos fluxos de caixa do item protegido. Por outro lado, quando a variação do valor justo do instrumento de *hedge* é menor do que a variação do valor justo ou dos fluxos de caixa do item protegido, chamamos de **parcela *underhedge***, e nesse caso não há parcela ineficaz a ser contabilizada. Essas informações quantitativas devem ser obtidas com os testes de efetividade.

a. A parcela de ganho ou perda no instrumento de *hedge* que for determinada como *hedge* efetivo deve ser reconhecida em outros resultados abrangentes.

b. Qualquer ganho ou perda remanescente no instrumento de *hedge* (ou qualquer ganho ou perda requerida para equilibrar a alteração na reserva de *hedge* de fluxo de caixa calculada) deve ser reconhecido no resultado.

c. O valor acumulado na reserva de *hedge* de fluxo de caixa deve ser contabilizado, conforme segue:

    i.   Se a transação prevista protegida resultar subsequentemente no reconhecimento de ativo não financeiro ou passivo não financeiro, ou a transação prevista protegida para ativo não financeiro ou passivo não financeiro tornar-se um compromisso firme para o qual a contabilização de *hedge* valor justo deva ser aplicada, a entidade deve transferir esse valor da reserva de *hedge* de fluxo de caixa e incluí-la diretamente no custo inicial ou em outro valor contábil do ativo ou do passivo.

    ii. Para *hedge*s de fluxo de caixa que não sejam aqueles cobertos pelo inciso *i*, esse valor deve ser reclassificado da reserva de *hedge* de fluxo de caixa para o resultado como ajuste de reclassificação no mesmo período ou períodos durante os quais os fluxos de caixa futuros esperados protegidos afetem o resultado.

    iii. Contudo, se esse valor for uma perda e a entidade espera que a totalidade ou qualquer parcela dessa perda não deva ser recuperada em um ou mais períodos futuros, ela imediatamente deve reclassificar o valor, que não se espera que seja recuperado, no resultado como ajuste de reclassificação.

A compra de instrumento patrimonial prevista que, uma vez realizada, enseja a contabilização do item ao valor justo por meio do resultado é um exemplo de item que não pode ser objeto de *hedge* de fluxo de caixa, porque qualquer ganho ou perda no instrumento de *hedge* que seria diferido não pode ser reclassificado adequadamente para o resultado durante o período em que obteria a compensação. Pelo mesmo motivo, a compra prevista de instrumento patrimonial que, uma vez adquirido, deve ser contabilizado ao valor justo, com alterações no valor justo apresentadas em outros resultados abrangentes, também não pode ser o item protegido no *hedge* de fluxo de caixa (IFRS 9/CPC 48.B6.5.2).

5.8 *Hedge* de investimento líquido em operação no exterior

Conforme o IAS 21/CPC 02, investimento líquido em operação no exterior é o montante que representa interesse – participação societária, na maior parte das vezes – da entidade que reporta a informação nos ativos líquidos de uma entidade localizada em outro país. Ou seja, essa participação geralmente é uma controlada, coligada ou *joint venture*, cuja moeda funcional difere da entidade investidora. Dessa forma, o único risco possível de ser designado para essa relação de *hedge* é o risco cambial.

Para melhor entendimento, elaboramos o exemplo da Figura 5.10.

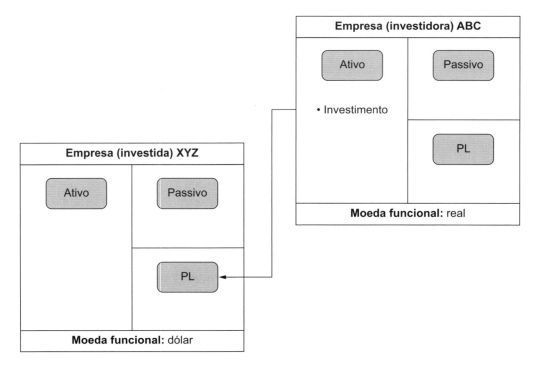

Figura 5.10 Exemplo de *hedge* de investimento líquido em operação no exterior.

Como podemos observar na Figura 5.10, a empresa ABC possui participação na empresa XYZ, e a unidade monetária de referência (moeda funcional) da ABC é o real, enquanto a da XYZ é o dólar.

Segundo o IAS 21/CPC 02, na conversão das demonstrações financeiras, os ajustes do investimento atribuíveis à variação cambial devem ser registrados no patrimônio líquido.

Assim, para fins de elaboração das demonstrações financeiras, o efeito da variação cambial do investimento na XYZ é reconhecido em rubricas do patrimônio líquido (PL) no balanço patrimonial da empresa ABC e deve ser baixado para resultado somente quando houver alienação parcial ou total do investimento.

A empresa ABC utiliza um empréstimo em dólar como instrumento de proteção de variação cambial do investimento na XYZ. A variação cambial à vista de empréstimos é registrada no resultado do exercício. Dessa forma, haveria um descasamento contábil, pois há diferenças temporais no reconhecimento contábil da variação cambial no resultado, entre o empréstimo e o investimento.

Um dos maiores desafios nesse tipo de contabilidade de *hedge* é o monitoramento das mutações no PL da empresa investida, pois cada alteração no patrimônio líquido ocasiona mudança da exposição e, em muitos casos, um reequilíbrio pode ser necessário.

O tratamento contábil do *hedge* de investimento líquido em operação no exterior é semelhante ao de *hedge* de fluxo de caixa, ou seja, as variações no valor do instrumento de *hedge* provenientes da parcela efetiva são reconhecidas no patrimônio líquido e baixadas para o resultado somente no momento da alienação do investimento. A parcela ineficaz do *hedge* é reconhecida imediatamente no resultado e o item protegido não muda sua base de mensuração.

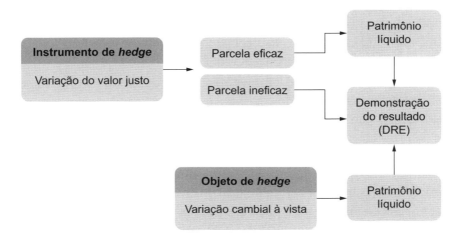

Figura 5.11 Contabilização de *hedge* de investimento líquido em operação no exterior.

Exercício

A empresa ABC tem o real (BRL) como moeda funcional e tem uma subsidiária na Alemanha, cuja moeda funcional é o euro (EUR). Para financiar as operações da sua subsidiária europeia, a empresa ABC contrata um empréstimo de 8 milhões de euros em um banco. As duas empresas fecham as suas demonstrações financeiras em 31/12.

Os ativos líquidos da subsidiária, tanto em 31/12/20X0 como em 31/12/20X1, eram de 10 milhões de euros. O empréstimo é designado pela empresa ABC como instrumento de *hedge* dos primeiros 8 milhões de euros dos ativos líquidos da subsidiária, e o risco designado é o risco de variação das taxas de câmbio à vista. As taxas de câmbio EUR/BRL eram de 2,5 em 31/12/20X0 e 2,2 em 31/12/20X1.

Efetue os lançamentos contábeis do instrumento de *hedge*, sabendo que o *hedge* foi 100% efetivo no período.

Solução proposta

Variação cambial do empréstimo = 8.000.000 × (2,5 − 2,2) = 2.240.000

D − Empréstimo (passivo) − 2.240.000

C − Reserva de *hedge* (PL) − 2.240.000

É importante ressaltar que a parcela efetiva contabilizada no patrimônio líquido deve ser baixada para resultado somente no momento da alienação do investimento, independentemente do fluxo de pagamentos do empréstimo.

Também podem ser considerados como parte do investimento líquido no exterior e, portanto, componentes do *hedge* de investimento líquido no exterior itens monetários que sejam contabilizados como parte do investimento líquido.

Referidos itens monetários podem contemplar contas a receber de longo prazo e empréstimos de longo prazo. Eles não contemplam contas a receber e contas a pagar relacionados com operações comerciais normais.

Segundo o IFRS 9/CPC 48.B6.3.2, investimento pelo método de equivalência patrimonial não pode ser item protegido em *hedge* de valor justo. Isso ocorre porque o método da equivalência patrimonial reconhece no resultado a participação do investidor no resultado da investida, em vez de alterações no valor justo do investimento. Por motivo similar, investimento em controlada consolidada não pode ser item protegido em *hedge* de valor justo. Isso ocorre porque, no resultado, a consolidação reconhece o resultado da controlada, em vez de alterações no valor justo do investimento. O *hedge* de investimento líquido em operação no exterior é diferente, porque é o *hedge* da exposição em moeda estrangeira e não o *hedge* de valor justo da alteração no valor do investimento.

É importante ressaltar que a conversão para moeda funcional da investidora é aplicada mediante a taxa de câmbio à vista na data de elaboração das demonstrações financeiras. Portanto, ao utilizar um derivativo como instrumento de *hedge* para um *hedge* de investimento líquido em operação no exterior, faz mais sentido designar somente a variação cambial à vista do derivativo e excluir da relação de *hedge* o elemento a termo, tema que é discutido na seção 5.9.2.

A justificativa para separação dos elementos do valor justo está próxima da base de mensuração do item protegido, pois, se por um lado este modelo de *hedge accounting* não altera a base de mensuração do item protegido, por outro, na avaliação da relação econômica do *hedge* geralmente são metrificadas as variações dos valores do instrumento e item protegido, sob bases de mensuração iguais.

Um grande problema desse tipo de *hedge*, principalmente para instituições financeiras (observar a Medida Provisória (MP) nº 930, de 2020, do governo federal) é a assimetria tributária sobre a variação cambial dos itens. Investimentos em operações no exterior não são tributados, enquanto os instrumentos financeiros utilizados para proteção possuem a tributação sobre variação cambial.

Segundo o BC,[3] diante dessa distorção, o banco tem que contratar 1,90 dólar de *hedge* para cada 1 dólar em participações no exterior. Esse volume excedente de operações de *hedge* com relação ao valor do próprio investimento (objeto de *hedge*) é conhecido por **overhedge**.

De acordo com o Banco Central, "o risco de liquidez das instituições em questão é potencializado", sendo que esse risco pode "retroalimentar a volatilidade no mercado de câmbio", já que a instituição financeira pode, em algum momento, decidir se desfazer de seus investimentos no exterior, o que provocaria um desmonte das posições cambiais no Brasil.[4] As posições cambiais neste capítulo referem-se a derivativos geralmente utilizados para proteção do risco de variação cambial.

Nesse sentido, foi editada em 30 de março de 2020 a citada MP nº 930, que determinou novo tratamento tributário à variação cambial dos investimentos, a fim de reduzir a necessidade de *overhedge*.

Um dos fatores motivantes da MP, segundo o Banco Central, é que a assimetria de tratamento tributário produz diversos efeitos indesejados, com aumento dos custos de transação e impacto na arrecadação tributária, e esses efeitos se acentuam em momentos de maior volatilidade no mercado cambial.

O tratamento determinado pela MP nº 930 está em seu capítulo I, art. 2º:

> A partir do exercício financeiro do ano de 2021, a variação cambial da parcela com cobertura de risco (*hedge*) do valor do investimento realizado pelas instituições financeiras e pelas demais instituições autorizadas a funcionar pelo Banco Central do Brasil em sociedade controlada domiciliada no exterior deverá ser computada na determinação do

---

[3]   Veja a notícia na íntegra em: https://economia.uol.com.br/noticias/reuters/2020/03/31/bc-elimina-distorcao-ligada-a-hedge-de-bancos-em-meio-a-preocupacao-com-volatilidade-cambial.htm?cmpid=copiaecola. Acesso em: 14 jun. 2022.

[4]   Veja a notícia na íntegra em: https://economia.uol.com.br/noticias/estadao-conteudo/2020/03/31/mp-930-busca-eliminar-distorcao-tributaria-no-hedge-cambial.htm?cmpid=copiaecola. Acesso em: 14 jun. 2022.

lucro real e na base de cálculo da Contribuição Social sobre o Lucro Líquido da pessoa jurídica controladora domiciliada no País, na proporção de:

I – cinquenta por cento no exercício financeiro do ano de 2021; e

II – cem por cento a partir do exercício financeiro do ano de 2022.

Dessa forma, a correção da assimetria tributária deveria ocorrer no ano de 2022, dado que, em 2021, a tributação incorreria somente em 50% da variação cambial sobre o valor de investimentos em operação no exterior.

Para maior exemplificação, apresentamos a seguir um texto apresentado pelo professor Rogerio Peres, na *Revista JOTA*, sobre o novo tratamento tributário para as variações cambiais de investimentos em operação no exterior:

• •

Tributação da variação cambial de investimentos em subsidiárias estrangeiras[5]

Visando aperfeiçoar as regras do mercado de câmbio e diminuir os custos das operações de cobertura (*hedge*), principalmente diante da elevada volatilidade do câmbio no atual cenário de crises sanitária e econômica decorrentes dos efeitos do novo Coronavírus (Covid-19), o Governo brasileiro expediu a MP nº 930/2020, que tem por finalidade eliminar na base tributária das instituições financeiras os descasamentos de tratamento fiscal entre a variação cambial dos investimentos em sociedades situadas no exterior e seus instrumentos de *hedge* realizados no Brasil.

Como os investimentos em controladas no exterior são ativos em moeda estrangeira (por exemplo, dólar), para se efetuar a proteção dos efeitos da variação cambial em seus resultados, muitas empresas executam instrumentos de *hedge* "passivos" em dólar, tais como: contratos derivativos de "futuro de dólar", de "cupom cambial" ou até mesmo "captação em dólar".

A justificativa das operações de cobertura (*hedge*) está na necessidade de se estabilizar as expectativas acerca dos preços e da respectiva variação cambial, posto que é essa perspectiva que afetará as decisões de investimento, a captação, a produção, a formação de estoques, a venda, os custos, as receitas, o lucro da empresa e, consequentemente, a expectativa de retorno sobre seus investimentos.

Pela regra anterior, apenas a operação de *hedge* era tributada, enquanto a variação cambial positiva ou negativa dos investimentos em sociedades situadas no exterior não estava sujeita à tributação ou à dedução. Ao se apurar os resultados de cada operação descontados os tributos pagos na operação de *hedge*, verificava-se uma assimetria fiscal, o que obrigava a instituição financeira a efetivar operação de proteção adicional (denominado *overhedge*) para anular o efeito da variação cambial nos tributos, o que gerava custos adicionais para as empresas.

---

5 Disponível em: https://www.jota.info/opiniao-e-analise/artigos/tributacao-da-variacao-cambial-de-investimentos-em-subsidiarias-estrangeiras-29052020. Acesso em: 14 jun. 2022.

Exemplo

Para ilustrar, determinada instituição financeira possui investimento no exterior no valor de US$ 100 mil e, para executar o instrumento de *hedge*, contrata futuro de dólar no valor de US$ 100 mil. Assim, a empresa detém em seu balanço um ativo de US$ 100 mil e um passivo de US$ 100 mil, estando, assim, economicamente protegida dos efeitos da variação cambial, conforme a Tabela 5.1.

Tabela 5.1

Descritivo	Período X0		
	Dólar	Taxa	Real
Investimento exterior	100.000	4,00	400.000
Futuro de dólar (*hedge*)	−100.000	4,00	−400.000
Valor Líquido	−		−
Período X0: 1 dólar = R$ 4,00			

No período X1, o dólar passa a valer R$ 5,00. Assim, o investimento no exterior e o futuro de dólar valem R$ 500 mil.

Tabela 5.2

Descritivo	Período X1		
	Dólar	Taxa	Real
Investimento exterior	100.000	5,00	500.000
Futuro de dólar (*hedge*)	−100.000	5,00	−500.000
Valor Líquido	−		−
Período X1: 1 dólar = R$ 5,00			

O investimento no exterior gerou variação cambial positiva no valor de R$ 100 mil e o futuro de dólar gerou uma variação cambial negativa no mesmo valor. Contudo, por conta da não tributação da variação cambial ora discutida, a referida operação gerou um descasamento de R$ 45 mil.

Tabela 5.3

Descritivo	Variação cambial	IRPJ E CSLL	
Variação Cambial do Invest. Exterior	100.000	45%	−
Variação Cambial do Futuro de dólar	−100.000	45%	45.000
Resultado líquido	−		45.000

Essa assimetria fiscal consiste no descasamento entre o valor recolhido de IRPJ e de CSLL nas operações de *hedge* com o resultado contábil apurado.

No caso, gerou-se R$ 100 mil não tributados relativo à receita de variação cambial do investimento no exterior e, por outro lado, despesa dedutível para fins fiscais no valor de R$ 100 mil. Logo, o efeito dessa assimetria redundou em base tributária negativa no valor de (R$ 100 mil) × 45% (atualmente, a alíquota corporativa padrão no Brasil para as instituições financeiras) = (R$ 45.000) em tributos.

Assim, a empresa pode ter apurado prejuízo contábil no período e ter recolhido IRPJ e CSLL, sendo que, em situação inversa, poderá contabilizar lucro e não ter recolhimento de tributos. Daí a necessidade de efetivação de uma operação adicional para anular o efeito da variação cambial nos tributos, o que representa um custo adicional para as empresas.

Assim, no exemplo anterior, seria necessária uma operação cambial adicional para gerar um resultado negativo, líquido de tributos, no valor de R$ 45 mil.

Tabela 5.4

Descritivo	Variação cambial	IRPJ E CSLL	
Variação Cambial do Futuro de dólar	−81.819	45%	36.819
Resultado líquido			−45.000

Como foi possível observar no exemplo, a operação adicional efetuada para regularizar a assimetria envolve um valor relevante, aproximadamente 81% da operação original, de acordo com o somatório das alíquotas de IRPJ e CSLL das Instituições Financeiras (45%).

A MP nº 930/20 visa tributar de maneira conjunta a variação cambial dos investimentos no exterior e das operações de cobertura (*hedge*). Pretende-se que essas duas posições cambiais se compensem e possam neutralizar os efeitos da variação cambial no patrimônio da instituição financeira com investimentos em controladas no exterior, sem a necessidade de se realizar o *overhedge*.

5.9 Componentes da relação de *hedge*

Há alguns componentes no valor justo dos instrumentos financeiros que podem ser separados e excluídos das relações de *hedge accounting*, os quais foram equiparados aos custos de transação no pronunciamento contábil IFRS 9/CPC 48, e nós trataremos aqui como **custos de hedge**. Esses componentes podem ser contabilizados separadamente da parte efetiva do *hedge*, e não devem ser considerados para fins da avaliação da eficácia dessa estratégia. Esse tipo de cenário surge quando a variação no valor justo do instrumento de *hedge* não é designada integralmente na relação de proteção.

Podem ser considerados custo de *hedge*:

- valor no tempo de opções (valor extrínseco);
- elemento a termo de contratos derivativos; e
- *spread* com base em moeda estrangeira de instrumento financeiro.

De acordo com o IFRS 9.6.5.15(b), a alteração no valor justo do valor da opção, no tempo que cobre o item protegido relativo à transação, deve ser reconhecida em outros resultados abrangentes na medida em que se relacione com o item protegido, e deve ser acumulada em componente separado do patrimônio líquido.

O registro contábil do custo de *hedge* em outros resultados abrangentes é obrigatório somente para o valor no tempo (valor extrínseco) de opções, conforme IFRS 9.6.5.15(b). Para o elemento a termo de contrato a termo e *spread* com base em moeda estrangeira, o IFRS 9.6.5.16 aponta o registro contábil do custo de *hedge* em outros resultados abrangentes como opcional, ou seja, pode ser contabilizado da mesma forma como é registrado o valor no tempo de opções ou imediatamente na DRE.

O custo de *hedge* é um tópico novo do pronunciamento IFRS 9/CPC 48. Sob as práticas contábeis da antiga norma IAS 39/CPC 38, o elemento a termo e o valor no tempo de opções deveriam ser registrados diretamente no resultado. O componente de *spread* com base em moeda estrangeira não fazia parte da redação do IAS 39/CPC 38.

De acordo com alguns itens do *Basis for Conclusion* do IFRS 9, quando essa prática de segregação de componentes do instrumento de *hedge* ocorria em qualquer estratégia de *hedge accounting*, à luz do IAS 39/CPC 38, todo componente não designado desencadeava uma significativa volatilidade no resultado contábil, e também criava uma desconexão entre o tratamento contábil e a visão de gerenciamento de riscos (BCE.203 e BC6.415).

Assim, a nova prática para o tratamento contábil do custo de *hedge* deve apresentar de forma mais eficaz o efeito no resultado contábil dos instrumentos de *hedge*, bem como eliminar a volatilidade contábil ocasionada por esses componentes excluídos nas relações de *hedge*.

5.9.1 Valor extrínseco e intrínseco de opções

As opções são derivativos elegíveis para designação do *hedge accounting*, porém sob condições um pouco mais específicas do que para outros tipos de instrumentos de *hedge*.

De acordo com o IFRS 9/CPC 48, qualquer derivativo mensurado ao valor justo por meio do resultado pode ser designado como instrumento de *hedge*, exceto opções lançadas líquidas. Em outras palavras, uma opção lançada pode qualificar-se como instrumento de *hedge* quando, em conjunto com outros instrumentos, não resulte em uma opção lançada líquida, como no caso de *zero cost collar*. Quando um instrumento financeiro isolado ou um conjunto de instrumentos resultar em uma opção lançada, a estratégia não será elegível para a contabilidade de *hedge*.

Segundo a KPMG (2018), os fatores considerados para determinar se uma combinação de derivativos é efetivamente uma opção líquida vendida são:

- se qualquer prêmio líquido é recebido no início ou durante a vida do instrumento combinado;

- se a opção vendida e opção comprada têm termos e condições contratuais semelhantes, com exceção aos preços de exercício (*strike*); e

- se o valor nocional da opção vendida é maior que o valor nocional da opção comprada.

No final, a melhor forma de avaliar se uma combinação de contratos resulta em uma opção lançada é analisar os possíveis resultados de cada item da estratégia, em diferentes cenários, para verificar se a estratégia de fato protege o objeto de *hedge*.

Além disso, **a entidade pode designar apenas alterações nos fluxos de caixa ou no valor justo de item protegido** acima ou abaixo do preço determinado ou outra variável (risco unilateral). O valor intrínseco do instrumento de *hedge* de opção comprada (supondo-se que tenha os mesmos termos principais do risco designado), mas não o seu valor no tempo, reflete um risco unilateral em item protegido. Por exemplo, a entidade pode designar a variabilidade de resultados de fluxos de caixa futuros resultantes de aumento de preço de compra prevista de *commodity*. Nessa situação, a entidade designa apenas perdas de fluxo de caixa resultantes de aumento no preço acima do nível especificado. O risco protegido não inclui o valor da opção comprada no tempo, pois o valor no tempo não é componente da transação prevista que afeta o resultado (IFRS 9/CPC 48.B6.3.12).

Os fluxos de caixa das transações previstas geralmente não incluem um componente de valor de tempo, mas as opções incluem – por exemplo, uma transação prevista em uma moeda estrangeira que é coberta com uma opção. **Se a opção for designada em sua totalidade (incluindo o valor no tempo), a ineficácia do *hedge* é medida comparando a mudança total do valor justo da opção e o valor presente da mudança nos fluxos de caixa da transação prevista.** A mudança no valor justo da opção e a mudança no valor presente dos fluxos de caixa da transação prevista não serão as mesmas porque a mudança no elemento de valor de tempo da opção não é compensada por uma mudança igual e oposta nos fluxos de caixa da transação prevista (KPMG, 2018).

O valor intrínseco de uma opção é o valor que representa o ganho ou a perda das partes contratuais caso a opção seja exercida no momento de sua mensuração. Caso a opção esteja no dinheiro ou fora do dinheiro, seu valor intrínseco será zero. Assim, no caso de uma opção de compra, o valor intrínseco representa a diferença negativa entre o preço à vista do ativo-objeto e o preço de exercício da opção (*strike*). No caso de uma opção de venda, o valor intrínseco representa a diferença negativa entre o preço de exercício e o preço à vista do ativo-objeto.

Qualquer opção que não tenha atingido ainda seu vencimento tem valor temporal (*time value*) positivo e pode ter, ou não, valor intrínseco dependendo de estar a opção dentro do dinheiro.

A designação de somente o componente da variação no valor intrínseco de uma opção possui justificativa econômica, pois, quando é observado um gráfico de projeção de resultado do *hedge* com opção, não é considerado o efeito temporal da variação no valor justo da opção, pois a variação temporal é nula no momento da liquidação da opção.

Dessa forma, a variação do valor extrínseco de uma opção dificilmente faz parte da avaliação da eficácia das relações de *hedge accounting*.

Segundo Galdi, Barreto e Flores (2018), uma maneira de decompor o preço de uma opção em seus fatores pode ser separar seu valor intrínseco do seu valor do tempo, da seguinte maneira:

$$\text{Valor justo da opção} = \text{Valor Intrínseco} + \text{Valor no Tempo}^6$$

O valor justo da opção é o preço de mercado do instrumento.

É importante ressaltar que, segundo Ramirez (2015), ainda que seja muito raro designar o valor justo da opção em sua totalidade, será possível quando o item protegido for um investimento de patrimônio classificado ao valor justo por meio de outros resultados abrangentes (VJORA).

Contabilização do valor extrínseco de uma opção (custo de *hedge*)

Segundo o IFRS 9/CPC 48.6.5.15, quando a entidade separa o valor intrínseco e o valor do contrato de opção no tempo e designa como instrumento de *hedge* somente a alteração no valor intrínseco da opção, **ela deve contabilizar o valor da opção no tempo, conforme segue**:

a. A entidade deve distinguir o valor das opções no tempo pelo tipo de item protegido que a opção protege:
   i. item protegido relativo à transação; ou
   ii. item protegido relativo a período de tempo.

Exemplo

Opção que protege item relativo a uma transação

Um exemplo de opção que protege um item relativo a uma transação é uma opção de compra (*call*) de euro que proteja a variação do euro de um montante de uma compra futura altamente provável de insumos para produção, pois estaria protegendo o custo inicial do estoque atrelado à variação cambial.

---

[6] Também conhecido por valor extrínseco.

> **Exemplo**
> **Opção que protege item relativo a período de tempo**
>
> Um exemplo de opção que protege uma exposição relativa a período de tempo é uma opção de compra que proteja as vendas estimadas futuras de determinada matéria-prima.

b. A alteração no valor justo do valor da opção, no tempo que cobre o item protegido relativo à transação, deve ser reconhecida em outros resultados abrangentes na medida em que se relacione com o item protegido, e deve ser acumulada em componente separado do patrimônio líquido. A alteração acumulada no valor justo da opção, no tempo em que tem sido acumulada em componente separado de patrimônio líquido, deve ser contabilizada da seguinte forma:

   i. Se o item protegido resultar, subsequentemente, no reconhecimento de ativo não financeiro ou passivo não financeiro, ou compromisso firme para ativo não financeiro ou passivo não financeiro, para o qual a contabilização de *hedge* do valor justo deve ser aplicada, a entidade deve transferir o valor do componente separado do patrimônio líquido e deve incluí-lo diretamente no custo inicial ou em outro valor contábil do ativo ou do passivo.

   ii. Para relações de proteção que não sejam aquelas cobertas pelo inciso *i*, esse valor deve ser reclassificado do componente separado do patrimônio líquido para o resultado, como ajuste de reclassificação, no mesmo período ou períodos durante os quais os fluxos de caixa futuros protegidos afetam o resultado (por exemplo, quando ocorre uma venda prevista);

   iii. Entretanto, se não se espera que a totalidade ou parte desse valor seja recuperada em um ou mais períodos futuros, o valor que não se espera que seja recuperado deve ser imediatamente reclassificado para o resultado, como ajuste de reclassificação.

c. A alteração no valor justo de opção no tempo que cobre item protegido, relativo a período de tempo, deve ser reconhecida em outros resultados abrangentes na medida em que se relacione com o item protegido e deve ser acumulada em componente separado do patrimônio líquido. O valor no tempo na data de designação da opção como instrumento de *hedge*, na medida em que se relaciona com o item protegido, deve ser amortizado de forma sistemática e racional ao longo do período durante o qual o instrumento de *hedge* para o valor intrínseco da opção possa afetar o resultado (ou outros resultados abrangentes, se o item protegido for instrumento patrimonial para o qual a entidade escolheu apresentar alterações no valor justo em outros resultados abrangentes). Portanto, em cada período contábil, o valor da amortização deve ser reclassificado do componente separado do patrimônio líquido para o resultado, como ajuste de reclassificação. Entretanto, se a contabilização de *hedge* for descontinuada para a relação de proteção que inclui a alteração no valor intrínseco da opção como instrumento de *hedge*, o valor líquido (ou seja, incluindo a amortização acumulada), que tem sido acumulado no componente separado do patrimônio líquido, deve ser imediatamente reclassificado para o resultado, como ajuste de reclassificação.

Contabilização do valor extrínseco de uma opção (custo de *hedge*) – Guia de aplicação

Segundo o IFRS 9/CPC 48.B6.5.29, a opção pode ser considerada como estando relacionada com o período de tempo pelo fato de seu valor no tempo representar encargo pelo fornecimento de proteção ao titular da opção ao longo do período. Contudo, os aspectos relevantes para a finalidade de avaliar se a opção cobre o item protegido, relativo ao período de tempo ou à transação, são as características desse item protegido, incluindo como e quando ele afetará o resultado. Portanto, a entidade deve avaliar o tipo de item protegido com base na natureza do item protegido (**independentemente de a relação de proteção ser *hedge* de fluxo de caixa ou *hedge* de valor justo**):

a. O valor da opção no tempo refere-se ao item protegido, relativo à transação, se a natureza do item protegido for transação para a qual o valor no tempo tem as características de custos dessa transação. Um exemplo é quando o valor da opção no tempo refere-se ao item protegido, que resultar no reconhecimento do item cuja mensuração inicial inclui custos de transação (por exemplo, a entidade protege a compra de *commodities*, seja transação prevista ou compromisso firme, contra o risco de preço de *commodity*, e inclui os custos de transação na mensuração inicial do estoque). Como consequência de incluir o valor da opção no tempo na mensuração inicial do item protegido específico, o valor no tempo afeta o resultado ao mesmo tempo que o item protegido. Similarmente, a entidade que protege a venda de *commodity*, seja ela transação prevista ou compromisso firme, inclui o valor da opção no tempo como parte do custo relacionado com essa venda (portanto, o valor no tempo deve ser reconhecido no resultado no mesmo período em que for reconhecida a receita da venda protegida).

b. O valor da opção no tempo refere-se ao item protegido, relativo ao período de tempo, se a natureza do item protegido for tal que o valor no tempo tenha a característica de custo pela obtenção de proteção contra o risco ao longo de período específico (mas o item protegido não resulta em transação, que envolva a noção de custo de transação de acordo com o item *a*). Por exemplo, se o estoque de *commodities* é protegido contra a redução no valor justo por seis meses, utilizando-se a opção de *commodity* com vida útil correspondente, o valor da opção no tempo deve ser alocado para o resultado (ou seja, amortizado de forma sistemática e racional) ao longo do período de seis meses. Outro exemplo é o *hedge* de investimento líquido em operação no exterior que é protegida por 18 meses, utilizando-se a opção de câmbio, que deve resultar na alocação do valor da opção no tempo ao longo do período de 18 meses.

As características do item protegido, incluindo o modo como o item protegido afeta o resultado e quando o faz, também afetam o período ao longo do qual o valor da opção no tempo que protege o item protegido relativo ao período de tempo é amortizado, que é consistente com o período ao longo do qual o valor intrínseco da opção pode afetar o resultado de acordo com a contabilização de *hedge*. Por exemplo, se a opção de taxa de juros (teto) for utilizada para fornecer proteção contra aumentos na despesa de juros em título de dívida de taxa flutuante, o valor no tempo desse teto deve ser amortizado no resultado, no mesmo período ao longo do qual qualquer valor intrínseco do teto deve afetar o resultado:

a. Se o teto proteger de aumentos em taxas de juros para os primeiros três anos da vida total do título de dívida de taxa flutuante de cinco anos, o valor no tempo desse teto deve ser amortizado ao longo dos primeiros três anos.

b. Se o teto for uma opção inicial a termo que protege de aumentos em taxas de juros para o segundo e o terceiro anos da vida total do título de dívida de taxa flutuante de cinco anos, o valor no tempo desse teto deve ser amortizado durante o segundo e o terceiro anos.

A contabilização do valor de opções no tempo também deve ser aplicada na combinação de opção comprada e opção vendida (sendo opção de venda e opção de compra) que, na data de designação como instrumento de *hedge*, tenham o valor no tempo líquido nulo (normalmente referido como "*zero cost collar*"). Nesse caso, a entidade deve reconhecer quaisquer alterações no valor no tempo em outros resultados abrangentes, ainda que a alteração acumulada no valor no tempo ao longo do período total da relação de proteção seja nula. Portanto:

a. Se o valor da opção no tempo referir-se a item protegido relativo à transação, o montante do valor no tempo ao término da relação de proteção que ajustar o item protegido ou que for reclassificado para o resultado (ver item 6.5.15(b)) será nulo.

b. Se o item protegido for relativo ao período de tempo, a despesa com amortização relativa ao valor no tempo será nula.

A contabilização do valor de opções no tempo, de acordo com o item 6.5.15, deve ser aplicada somente na medida em que o valor no tempo se referir ao item protegido (valor alinhado no tempo). O valor da opção no tempo refere-se ao item protegido se os termos críticos da opção (tais como o valor nominal, a vida e o item subjacente) estiverem alinhados com o item protegido. **Assim, se os termos críticos da opção e o item protegido não estiverem totalmente alinhados, a entidade deve determinar o valor alinhado no tempo, ou seja, quanto do valor no tempo incluído no prêmio (valor real no tempo) refere-se ao item protegido (e, portanto, deve ser tratado de acordo com o item 6.5.15)**. A entidade deve determinar o valor alinhado no tempo, utilizando a avaliação da opção que teria termos críticos, que correspondem perfeitamente ao item protegido (IFRS 9/CPC 48.B6.5.32).

Se o valor real no tempo e o valor alinhado no tempo forem diferentes, a entidade deve determinar o montante que estiver acumulado em componente separado do patrimônio líquido, de acordo com o item 6.5.15:

a. Se, no início da relação de proteção, o valor real no tempo for superior ao valor alinhado no tempo, a entidade deve:
    i. determinar o valor que estiver acumulado em componente separado do patrimônio líquido com base no valor alinhado no tempo; e
    ii. contabilizar as diferenças, nas alterações no valor justo entre os dois valores no tempo no resultado.
b. Se, no início da relação de proteção, o valor real no tempo for inferior ao valor alinhado no tempo, a entidade deve determinar o montante que estiver acumulado em componente separado do patrimônio líquido, mediante referência ao que for menor entre a alteração acumulada no valor justo:
    i. do valor real no tempo; e
    ii. do valor alinhado no tempo.

Qualquer valor excedente da alteração no valor justo do valor real no tempo deve ser reconhecido no resultado.

Por fim, apresentamos na Figura 5.12 um quadro resumo de registro contábil de opções, quando o valor extrínseco é excluído nas relações de *hedge* de fluxo de caixa.

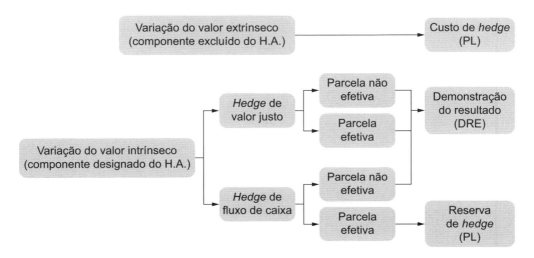

Figura 5.12 Registro contábil do *hedge accounting* com opções.[7]

---

[7] A Figura 5.12 representa somente a contabilização resultante dos testes de efetividade, ou seja, não apresenta o tratamento da amortização dos valores representados no patrimônio líquido (PL).

Exemplo

Hedge de valor justo de um compromisso firme com a compra de uma *put*

A empresa X possui um compromisso firme de venda de determinada *commodity*. Sabendo que ao longo do tempo existe o risco de queda do preço da *commodity*, a empresa X resolve comprar uma opção de venda (*put*) da mesma *commodity*, para se proteger da variação negativa do ativo.

Adicionalmente, a empresa X designa a relação de *hedge* como um *hedge* de valor justo.

Seguem as informações ao longo do tempo para quatro períodos, após a designação em D0:

	D0	D1	D2	D3	D4
Prêmio (valor justo da opção) =	7,00	9,00	6,50	9,00	7,00
Strike =	70,00	70,00	70,00	70,00	70,00
Preço à vista =	65,00[8]	62,00	75,00	62,00	64,00
Valor intrínseco =	5,00	8,00	–	8,00	6,00
Valor extrínseco =	2,00	1,00	–	1,00	1,00

Neste exemplo, o valor justo do compromisso firme será a variação do preço do ativo com relação ao preço à vista, na data da designação.

	Valor justo do compromisso firme	Memória de cálculo do valor justo
D0	–	VJ = preço à vista (D0) – preço à vista (D0)
D1	–3,00	VJ = preço à vista (D1) – preço à vista (D0)
D2	10,00	VJ = preço à vista (D2) – preço à vista (D0)
D3	–3,00	VJ = preço à vista (D3) – preço à vista (D0)
D4	–1,00	VJ = preço à vista (D4) – preço à vista (D0)

Assim, os lançamentos contábeis do valor justo do compromisso firme serão os seguintes:

Em D0, o compromisso firme não possui valor justo, pois o preço de designação para *hedge accounting* é igual ao preço de mercado na data da designação.

Período	D/C	Descrição	Valor
D1	Débito	Resultado operacional (DRE)	
D1	Crédito	Valor justo do compromisso firme (passivo)	3,00
	Histórico	Registro do valor justo do compromisso firme	

---

[8] É importante ressaltar que o preço à vista inicial foi considerado, para fins didáticos, como o preço futuro da *commodity* descontado a valor presente, para todos os períodos.

Período	D/C	Descrição	Valor
D2	Débito	Valor justo do compromisso firme (ativo)	10,00
D2	Débito	Valor justo do compromisso firme (passivo)	3,00
D2	Crédito	Resultado operacional (DRE)	13,00
	Histórico	Registro da variação do valor justo do compromisso firme	

Período	D/C	Descrição	Valor
D3	Débito	Resultado operacional (DRE)	13,00
D3	Crédito	Valor justo do compromisso firme (ativo)	10,00
D3	Crédito	Valor justo do compromisso firme (passivo)	3,00
	Histórico	Registro da variação do valor justo do compromisso firme	

Período	D/C	Descrição	Valor
D4	Débito	Valor justo do compromisso firme (passivo)	2,00
D4	Crédito	Resultado operacional (DRE)	2,00
	Histórico	Registro da variação do valor justo do compromisso firme	

Os lançamentos contábeis da opção são os seguintes:

Período	D/C	Descrição	Valor
D0	Débito	Valor justo da opção (ativo)	
D0	Crédito	Caixa (ativo)	7,00
	Histórico	Registro do prêmio (VJ) de compra de opção	

Período	D/C	Descrição	Valor
D1	Débito	Valor justo da opção (ativo)	2,00
D1	Débito	Custo de *hedge* (PL)	1,00
D1	Crédito	Resultado operacional (DRE)	3,00
	Histórico	Registro da variação do valor justo de compra de opção	

Período	D/C	Descrição	Valor
D2	Débito	Resultado operacional (DRE)	8,00
D2	Débito	Custo de *hedge* (PL)	5,50
D2	Crédito	Valor justo da opção (ativo)	2,50
	Histórico	Registro da variação do valor justo de compra de opção	

Período	D/C	Descrição	Valor
D3	Débito	Valor justo da opção (ativo)	2,50
D3	Crédito	Resultado operacional (DRE)	8,00
D3	Crédito	Custo de *hedge* (PL)	5,50
	Histórico	Registro da variação do valor justo de compra de opção	

Período	D/C	Descrição	Valor
D4	Débito	Resultado operacional (DRE)	2,00
D4	Crédito	Valor justo da opção (ativo)	2,00
	Histórico	Registro da variação do valor justo de compra de opção	

Em D4, quando houver o reconhecimento da receita, sobretudo, do ativo (contas a receber), a variação do valor justo do compromisso firme e a variação do valor extrínseco da opção (custo de *hedge*) serão incorporadas no valor contábil inicial do ativo, neste caso resultando no reconhecimento de um contas a receber no valor de 64,00 (supondo a venda de uma quantidade de *commodity*) da seguinte forma:

Período	D/C	Descrição	Valor
D4	Débito	Contas a receber (ativo)	64,00
D4	Crédito	Resultado operacional (DRE)	64,00
	Histórico	Reconhecimento de receita de venda	
Período	**D/C**	**Descrição**	**Valor**
D4	Débito	Contas a receber (ativo)	1,00
D4	Crédito	Custo de *hedge* (PL)	1,00
	Histórico	Transferência custo de *hedge* no reconhecimento inicial do ativo	
Período	**D/C**	**Descrição**	**Valor**
D4	Débito	Valor justo do compromisso firme (passivo)	1,00
D4	Crédito	Contas a receber (ativo)	1,00
	Histórico	Transferência do VJ do compromisso firme no reconhecimento inicial do ativo	

Portanto, temos um efeito zero no resultado, proveniente das variações do valor justo do compromisso firme, que são compensadas pela variação do valor intrínseco da opção:

DRE (Resultado operacional)		Período
	−3,00	D1
Compromisso firme	13,00	D2
	−13,00	D3
	2,00	D4
	3,00	D1
Hedge de VJ (variação do valor intrínseco)	−8,00	D2
	8,00	D3
	−2,00	D4
Resultado do *hedge*	−	

Assim, entendemos que o *hedge* possui relação econômica, pois, conforme vemos na Figura 5.13, as variações do valor intrínseco compensam as variações no valor justo do compromisso.

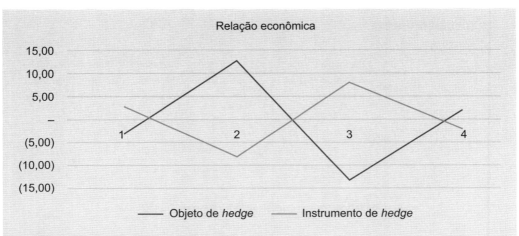

Figura 5.13 Relação econômica do *hedge*.
Fonte: os autores.

 Exemplo

Hedge de fluxo de caixa de câmbio de compras futuras de insumos

Uma empresa irá comprar insumos dolarizados, daqui a três meses. Para se proteger da alta no dólar, compra uma *call* de dólar, com vencimento no 3º mês seguinte ao da avaliação. Este *hedge* foi designado como um *hedge* de fluxo de caixa.

Os dados da operação são os seguintes:

Strike da opção: 5,35

Prêmio pago: 30.000

Volume protegido/nocional do NDF: US$ 1.000.000

Valor justo da opção (*t0*): 30.000

Valor justo da opção (*t1*): 250.000

Valor justo da opção (*t2*): 300.000

Valor justo da opção (*t3*): 500.000

dólar à vista em (*t0*): 5,20

dólar à vista em (*t1*): 5,30

dólar à vista em (*t2*): 5,60

dólar à vista em (*t3*): 5,85

Valor justo do instrumento de *hedge* na liquidação (*t3*) = 1.000.000 US$ × (5,85 – 5,35) = 500.000

Solução proposta

Período	Nocional (US$)	Valor justo	Variação do valor justo	Strike	Dólar à vista	Valor intrínseco	Variação do valor intrínseco	Valor extrínseco	Variação do valor extrínseco
t0	1.000.000	30.000	–	5,35	5,20	–	–	30.000	–
t1	1.000.000	250.000	220.000	5,35	5,30	–	–	250.000	220.000
t2	1.000.000	300.000	50.000	5,35	5,60	250.000	250.000	50.000	(200.000)
t3	1.000.000	500.000	200.000	5,35	5,85	500.000	250.000	–	(50.000)

	Seguem os lançamentos contábeis do *hedge* de fluxo de caixa	
t0	Débito – Valores a receb. deriv. (ativo)	
t0	Crédito contas a pagar (passivo)	30.000
Histórico	Valor justo inicial da opção (prêmio)	
t1	Débito – Valores a receb. deriv. (ativo)	
t1	Crédito – custo de *hedge* (PL)	220.000
Histórico	Ajuste valor justo opção e parcela efetiva do *hedge*	
t2	Débito – Valores a receb. deriv. (ativo)	50.000
t2	Débito – custo de *hedge* (PL)	200.000
t2	Crédito – reserva de *hedge* (PL)	250.000
Histórico	Ajuste valor justo opção e parcela efetiva do *hedge* e custo de *hedge*	
t3	Débito – Valores a receb. deriv. (ativo)	200.000
t3	Débito – custo de *hedge* (PL)	50.000
t3	Crédito – reserva de *hedge* (PL)	250.000
Histórico	Ajuste valor justo opção e parcela efetiva do *hedge* e custo de *hedge*	
t3	Débito – caixa (ativo)	
t3	Crédito – Valores a receb. deriv. (ativo)	500.000
Histórico	Liquidação da opção	

t3		Débito – reserva de *hedge* (PL)	500.000
t3		Crédito – custo de *hedge* (PL)	30.000
t3		Crédito – estoque (ativo)	470.000
Histórico		Reconhecimento da parcela efetiva do *hedge* e do custo de *hedge* no reconhecimento inicial do estoque	

Como a opção está relacionada com o item protegido, ou seja, a compra de estoque de insumos, a variação do valor extrínseco da opção, que é tratada como custo de *hedge*, também incorpora o valor de custo no reconhecimento inicial do estoque.

5.9.2 Elemento à vista e elemento a termo

O IFRS 9/CPC 48 permite que uma entidade separe o elemento à vista e o elemento a termo de um contrato a termo e designe apenas a alteração do elemento à vista como instrumento de *hedge*.

O IAS 39/CPC 38 já havia permitido essa possibilidade de separação dos elementos de um derivativo, no entanto o elemento a termo não designado era registrado diretamente no resultado do exercício, o que resultava em uma significativa volatilidade no resultado.

O valor justo de um derivativo, que não seja uma opção, pode ser basicamente composto da seguinte forma:

$$\text{Valor justo} = \text{Elemento à vista} + \text{Elemento a termo}$$

O elemento à vista pode ser tanto a variação à vista de um risco de mercado específico como também o *accrual* (custo amortizado) de um contrato derivativo.

Segundo o IFRS 9.BC6.423, o IASB observou que as características dos elementos a termo dependem do item subjacente, por exemplo:

- Para risco de taxa de câmbio, o elemento a termo representa o diferencial de juros entre as duas moedas.

- Para risco de taxa de juros, o elemento a termo reflete a estrutura a termo das taxas de juros.

- Para risco de *commodity*, o elemento a termo representa o que é chamado de "custo de carregamento" – por exemplo, custos de armazenamento mais juros.

De maneira similar ao tratamento apresentado para o valor do tempo de uma opção, a apropriação para o resultado poderá ser feita com base na fluência prazo da transação ou de sua agregação ao valor do item protegido para posterior transferência ao resultado na medida em que o item seja realizado (GALDI; BARRETO; FLORES, 2018, p. 222).

Quando o elemento a termo é excluído de uma relação de *hedge*, há duas formas de tratamento contábil:

- reconhecer no resultado a variação do valor justo do elemento a termo;
- ou reconhecer a variação do valor justo do elemento a termo em outros resultados abrangentes na medida em que ele se relacionar com o item protegido, amortizando o elemento a termo inicial no resultado. Nesse caso, o tratamento contábil é semelhante ao do elemento de valor no tempo de opções.

Os registros contábeis do elemento a termo excluído da relação de *hedge* são semelhantes ao da variação do valor no tempo das opções, mas uma diferença fundamental é que o tratamento contábil para o elemento a termo é uma escolha contábil e não um requisito, diferentemente da contabilização do valor temporal das opções, que é um requisito da norma.

Segundo o IFRS 9/CPC 48.B6.5.34, o contrato a termo pode ser considerado como estando relacionado com o período de tempo porque seu elemento a termo representa encargos para o período (que é o prazo de vencimento para o qual é definido). Contudo, o aspecto relevante para a finalidade de avaliar se o instrumento de *hedge* cobre o item protegido, relativo ao período de tempo ou à transação, é representado pelas características desse item protegido, incluindo como e quando ele afeta o resultado. Portanto, a entidade deve avaliar o tipo de item protegido, com base na natureza do item protegido (independentemente se a relação de proteção é *hedge* de fluxo de caixa ou *hedge* de valor justo):

a. O elemento a termo de contrato a termo refere-se ao item protegido **relativo à transação** se a natureza do item protegido for transação para a qual o elemento a termo tem as características de custos dessa transação. Um exemplo é quando o elemento a termo de opção refere-se ao item protegido, o que resulta no reconhecimento do item cuja mensuração inicial inclui custos de transação (por exemplo, a entidade protege a compra de estoques denominada em moeda estrangeira, seja transação prevista ou compromisso firme, contra o risco de moeda estrangeira, e inclui os custos de transação na mensuração inicial do estoque). Como consequência de incluir o elemento a termo na mensuração inicial do item protegido específico, o elemento a termo afetará o resultado ao mesmo tempo que o item protegido. Similarmente, a entidade que protege a venda de *commodity* denominada em moeda estrangeira contra o risco de moeda estrangeira, seja ela transação prevista ou compromisso firme, inclui o elemento a termo como parte do custo que está relacionado com essa venda (portanto, o elemento a termo deve ser reconhecido no resultado no mesmo período em que for reconhecida a receita proveniente da venda protegida).

b. O elemento a termo de contrato a termo refere-se ao item protegido **relativo ao período de tempo** se a natureza do item protegido for tal que o elemento a termo tenha a característica de custo para obter proteção contra risco ao longo de período de tempo específico (mas o item protegido não resultará em transação que envolva a noção de custo de transação de acordo com o item *a*). Por exemplo, se o estoque de *commodities* estiver protegido contra alterações no valor justo por seis meses, utilizando-se contrato a termo de *commodity* com vida útil correspondente, o elemento a termo do contrato a termo deve ser alocado para o resultado (ou seja, amortizado de forma sistemática e racional), ao longo do período de seis meses. Outro exemplo é *hedge* de investimento líquido em operação no exterior, que é protegida por 18 meses, utilizando-se contrato a termo de câmbio, que resultará na alocação do elemento a termo do contrato a termo ao longo do período de 18 meses.

B6.5.35: As características do item protegido, incluindo o modo como e quando o item protegido afetará o resultado, também afetarão o período ao longo do qual o elemento a termo de contrato a termo que protege item protegido relativo ao período de tempo for amortizado, o que ocorrerá ao longo do período ao qual se refere o elemento a termo. Por exemplo, se o contrato a termo proteger a exposição à variabilidade de taxas de juros de três meses pelo período de três meses, que se inicia no prazo de seis meses, o elemento a termo deve ser amortizado durante o período que se estende do sétimo ao nono mês.

B6.5.36: A contabilização do elemento a termo de contrato a termo, de acordo com o item 6.5.16, também deve ser aplicado se, na data em que o contrato a termo for designado como instrumento de *hedge*, o elemento a termo for nulo. Nesse caso, a entidade deve reconhecer quaisquer alterações no valor justo atribuíveis ao elemento a termo em outros resultados abrangentes, ainda que a alteração acumulada no valor justo atribuível ao elemento a termo ao longo do período total da relação de proteção seja nula. Assim, se o elemento a termo de contrato a termo referir-se a:

a. item protegido relativo à transação, o montante referente ao elemento a termo ao término da relação de proteção, que ajustar o item protegido ou que for reclassificado para o resultado (ver itens 6.5.15(b) e 6.5.16) é nulo;

b. item protegido relativo ao período de tempo, o valor da amortização relativo ao elemento a termo é nulo.

B6.5.37: A contabilização do elemento a termo de contratos a termo, de acordo com o item 6.5.16, deve ser aplicada somente na medida em que o elemento a termo se referir ao item protegido (elemento a termo alinhado). O elemento a termo de contrato a termo estará referindo-se ao item protegido se os termos críticos do contrato a termo (tais como o valor nominal, a vida e o item subjacente) estiverem alinhados com o item protegido. Assim, se os termos críticos do contrato a termo e o item protegido não estiverem totalmente alinhados, a entidade deverá determinar o elemento a termo alinhado, ou seja, quanto do elemento a termo incluído no contrato a termo (elemento a termo real) refere-se ao item protegido (e, portanto, deve ser tratado de acordo com o item 6.5.16). A entidade deve determinar o elemento a termo alinhado, utilizando a avaliação do contrato a termo que tem termos críticos, que correspondem perfeitamente ao item protegido.

B6.5.38: Se o elemento a termo real e o elemento a termo alinhado forem diferentes, a entidade deverá determinar o montante que estiver acumulado em componente separado do patrimônio líquido, de acordo com o item 6.5.16, conforme especificado:

a. Se, no início da relação de proteção, o valor absoluto do elemento a termo real for superior ao valor do elemento a termo alinhado, a entidade deve:

    i. determinar o valor que estiver acumulado em componente separado do patrimônio líquido com base no elemento a termo alinhado; e

    ii. contabilizar as diferenças, nas alterações no valor justo entre os dois elementos a termo, no resultado.

b. Se, no início da relação de proteção, o valor absoluto do elemento a termo real for inferior ao valor do elemento a termo alinhado, a entidade deverá determinar o montante que estiver acumulado em componente separado do patrimônio líquido, mediante referência ao que for menor entre a alteração acumulada no valor justo:

    i. do valor absoluto do elemento a termo real; e

    ii. do valor absoluto do elemento a termo alinhado.

Qualquer valor restante da alteração, no valor justo do elemento a termo real, deve ser reconhecido no resultado.

B6.5.39: Quando a entidade separar o *spread* com base em moeda estrangeira do instrumento financeiro e o excluir da designação desse instrumento financeiro como o instrumento de *hedge* (ver item 6.2.4b), a orientação de aplicação descrita nos itens B6.5.34 a B6.5.38 deve ser aplicada ao *spread* com base em moeda estrangeira, da mesma forma que é aplicada ao elemento a termo de contrato a termo.

É importante ressaltar que, em uma relação de *hedge* na qual um instrumento não derivativo é designado como instrumento de *hedge*, como no caso de dívidas no exterior para proteção de receitas no exterior, em um *hedge* de fluxo de caixa não haveria o componente do elemento a termo, pois a dívida continuaria a ser contabilizada ao custo amortizado e o componente designado na relação de *hedge* será somente a variação cambial à vista, da dívida. Portanto, nesse tipo de *hedge* não existe custo de *hedge*.

5.9.3 *Spread* de taxa cambial de operação financeira

Quando a entidade separa o *spread* com base em moeda estrangeira do instrumento financeiro e o exclui da designação desse instrumento financeiro como o instrumento de *hedge*, a orientação contábil deve ser aplicada ao *spread* com base em moeda estrangeira, da mesma forma que é aplicada ao elemento a termo de um contrato derivativo.

A norma contábil não menciona o que representa o *"spread"*. Poderíamos definir o *spread* de duas formas:

- A diferença da taxa cambial firmada em um contrato derivativo pela curva futura da paridade cambial de mercado.

- A segregação somente do elemento de risco de crédito embutido na taxa contratada.

De modo geral o *spread* integral de uma operação é constituído por, basicamente:

- risco de crédito;
- custos administrativos;
- valor do dinheiro no tempo; e
- margem de lucro.

É importante ressaltar que, por se tratar de um conceito novo da norma, ainda é algo pouco aplicado pelas empresas. No entanto, cabe destacar que a informação contábil não necessita de um esforço exaustivo para obtenção de dados que não irão fornecer um benefício informacional. Portanto, iremos considerar o *spread* como a diferença entre a taxa contratual e a de mercado, na data da contratação da operação.

Segundo Hull (2016), o *spread* de rendimento de um título é o excedente do rendimento prometido sobre o título com relação à taxa de juros livre de risco, sendo que o pressuposto tradicional é que o rendimento excedente representa uma compensação pela possibilidade de inadimplência. Ou seja, a curva futura de paridade cambial considera o efeito de mercado somente sem ajuste relacionado ao risco de crédito, então, para uma avaliação de um derivativo cambial, essa curva é tratada como uma curva de mercado livre de risco para o risco de câmbio.

Dessa forma, aplicamos um exemplo em que separamos a taxa cambial firmada no contrato da curva futura de mercado cambial, na data da contratação da operação.

Exercício
Designação do *spread* de um derivativo na relação de *hedge*

A empresa X, exportadora de carne, deseja proteger uma exportação futura em dólares no valor de US$ 1.000.000. Portanto, a empresa X resolve contratar um derivativo para proteção do risco de variação cambial oriundo das exportações futuras.

A entidade designa o derivativo e as exportações futuras como uma relação de *hedge* de fluxo de caixa.

As características do instrumento de proteção são as seguintes:

- Derivativo: NDF de BRL/US$
- Data da contratação: 31/01/X8
- Data do vencimento: 31/01/X9
- Taxa contratada: R$ 5,31 (BRL/US$)
- Taxa de mercado na data da contratação: R$ 5,28

Como deve ser calculado o valor justo do derivativo, para fins de teste de efetividade, em 30/06/X8, caso o a entidade haja designado somente o *spread* da operação como instrumento de *hedge*?

Condições de mercado em 30/06/X8:

- Taxa de juros livre de risco: 4% a.a.
- Curva futura da paridade BRL/US$: 5,26
- Dias úteis até o vencimento: 180

Solução proposta

$$Valor\ justo\ da\ NDF\ (sem\ spread) = \frac{0,02 \times 1.000.000}{1,04^{\frac{180}{252}}} = R\$\ 19.447$$

Portanto, supondo que a relação de *hedge* é 100% efetiva, o respectivo valor justo deve ser reconhecido em reserva de *hedge* no patrimônio líquido.

A diferença do valor justo integral da NDF para o valor justo (sem *spread*) pode ser tratada como custo de *hedge* e também ser contabilizada no patrimônio líquido. No entanto, não deve ser parte do teste de efetividade do *hedge*.

5.10 Gerenciamento do *hedge accounting*

5.10.1 Relação econômica

A atividade de gerenciamento de risco propicia melhor qualidade informacional dos resultados financeiros da empresa, pois possibilita minimizar um "ruído externo", que é a volatilidade de fatores de mercado. Portanto, ao fazer-se *hedge*, pouco se espera um ganho ou uma perda, pois o objetivo deste *hedge* é reduzir a volatilidade dos riscos de mercado a que determinada empresa está exposta.

Dessa forma, quando uma relação de *hedge* for construída, a avaliação da relação econômica levará em consideração o resultado financeiro combinado entre o instrumento de *hedge* e o item protegido. Assim, é possível determinar se o *hedge* atingiu o seu objetivo e principalmente, se existe relação econômica entre os ativos subjacentes do instrumento e do item protegido.

Em algumas situações, um evento pouco relacionado economicamente com outro pode apresentar correlação, e as estratégias de proteção podem se utilizar do que chamamos de *cross hedging*. Considere, por exemplo, uma companhia aérea preocupada com o preço futuro do combustível para aviação. Como os futuros sobre combustível para aviação não são negociados ativamente, ela pode utilizar futuros de petróleo para proteger sua exposição (HULL, 2016, p. 62).

Embora o aço seja um componente físico dos carros, isso não significa que uma entidade possa designar o aço como componente de risco em um *hedge* da previsão de venda de carros. Isso ocorre porque o preço dos carros pode estar relacionado apenas indiretamente com o preço do aço. Em geral, quanto maiores o grau de transformação subsequente e o valor adicionado na produção de um item não financeiro, mais difícil é identificar um efeito distinguível de um componente físico no preço de um item não financeiro (KPMG, 2018), principalmente no que tange à relação econômica entre as variáveis.

Há, basicamente, três fatores que devem ser avaliados na relação econômica de uma estrutura de *hedge*:

- identificação e quantificação dos fatores de risco;
- decisão de quanto e o que *hedgear*; e
- avaliação dos instrumentos alternativos de *hedge* e de suas características.

Por relação econômica entende-se uma relação que seja explicada por conceitos teóricos de relação e determinação de preços de ativos ou por relações existentes entre produto e matéria-prima nos processos de produção. Adicionalmente, espera-se que a relação de variação de preços entre o instrumento de *hedge* e o item protegido aconteça em intensidades similares, momentos próximos e em direções opostas (GALDI; BARRETO; FLORES, 2018, p. 182).

 Exercício

Escolha a alternativa em que a relação econômica do *hedge* possua maior incerteza:

a	Descrição	Empréstimo	SWAP
	Nocional	R$ 100.000.000	R$ 100.000.000
	Contratação	31/12/20X1	31/12/20X2
	Vencimento	31/12/20X8	31/12/20X8
	Remuneração	100% CDI + 3%	
	Ponta Ativa		100% CDI
	Ponta Passiva		6%

b	Descrição	Venda futura de soja	Termo de venda
	Nocional	R$ 10.000.000	R$ 8.000.000
	Cobertura		80%
	Contratação/Projeção	31/12/20X3	31/12/20X3
	Liquidação	31/12/20X4	31/12/20X4
	Taxa contratada		9,45 US$/Bushel

c	Descrição	Empréstimo no exterior	SWAP
	Nocional	US$ 5.000.000	US$ 5.000.000
	Contratação/Projeção	10/10/20X3	10/10/20X3
	Liquidação	10/10/20X9	10/10/20X9
	Remuneração	Libor + 2%	
	Ponta Ativa		4%
	Ponta Passiva		80% CDI

d	Descrição	Empréstimo	SWAP
	Nocional	R$ 100.000.000	R$ 100.000.000
	Contratação	31/12/20X1	31/12/20X2
	Vencimento	31/12/20X8	31/12/20X7
	Remuneração	100% CDI + 3%	
	Ponta Ativa		100% CDI
	Ponta Passiva		6%

Solução proposta

a. O objetivo desse *hedge* é trocar o componente de risco pós-fixado por um risco prefixado. Embora o derivativo tenha sido contratado um ano após o item protegido, existe relação econômica no *hedge*.

b. O objetivo desse *hedge* é fixar um percentual de vendas previstas de soja para o prazo de um ano. A relação econômica não possui incerteza quanto a sua efetividade, dado que os termos críticos são iguais.

c. O objetivo desse *hedge* é trocar o risco de câmbio e juros *offshore* por juros pós-fixados em reais. A ponta ativa do *swap* não está 100% casada com o risco protegido, ou seja, qualquer variação da taxa Libor no período do *hedge* será um componente de inefetividade da relação. Assim, esta é a resposta do exercício.

d. O objetivo desse *hedge* é trocar o componente de risco pós-fixado por um risco prefixado para um período menor do que o do item protegido. Embora o derivativo tenha sido contratado após o item protegido e possua vencimento antes do item protegido, isso não implica relação econômica do *hedge*.

É importante ressaltar que a relação econômica deve ser demonstrada de forma quantitativa ou qualitativa, sendo que, em alguns casos, o teste de efetividade pode ser uma evidência de relação econômica, mas não deve ser considerado como única forma de comprovação. O resultado do efeito financeiro deve ser um ponto fundamental do *hedge*, no entanto, demonstrar a relação econômica de um *hedge accounting* pode ser uma tarefa mais complexa em algumas relações de *hedge*.

A norma determina o que seria a relação econômica do *hedge* nos seguintes itens:

O requisito para que exista relação econômica significa que o instrumento de *hedge* e o item protegido possuem valores que geralmente movem-se em direções opostas em virtude do mesmo risco, que é o risco protegido. Portanto, deve haver expectativa de que o valor do instrumento de *hedge* e o valor do item protegido mudem sistematicamente em resposta a movimentos em qualquer item ou itens subjacentes a eles que estiverem economicamente relacionados de tal forma que respondam de modo similar ao risco que está sendo protegido (por exemplo, petróleo bruto do tipo Brent e WTI). CPC 48.B6.4.4.

Se os itens subjacentes não forem os mesmos, mas estiverem economicamente relacionados, pode haver situações em que os valores do instrumento de *hedge* e do item protegido movem-se no mesmo sentido – por exemplo, em função do diferencial de preços entre as duas alterações subjacentes relacionadas –, enquanto os próprios itens subjacentes não se movem significativamente. Isso ainda é consistente com uma relação econômica entre o instrumento de *hedge* e o item protegido, se ainda for esperado que os valores do instrumento de *hedge* e o item protegido movam-se normalmente em sentidos opostos, quando os itens subjacentes se moverem. CPC 48.B6.4.5.

A avaliação quanto a existir ou não relação econômica inclui a análise do possível comportamento da relação de proteção durante seu prazo para determinar se pode ser esperado que atenda ao objetivo de gerenciamento de risco. A mera existência de correlação estatística entre duas variáveis não apoia, por si só, uma conclusão válida de que existe relação econômica. CPC 48.B6.4.6.

5.10.2 Predominância da variação do risco de crédito na relação de *hedge*

Em uma relação de *hedge*, um dos aspectos que dificultam a estabilidade da relação econômica da estratégia é a variação do risco de crédito dos instrumentos de *hedge* e, em alguns casos, dos itens protegidos. Como exemplo, podemos pensar sobre um *hedge* de fluxo de caixa de receitas futuras, provenientes da venda de *commodities*. Neste caso, o risco de crédito da contraparte poderia determinar se as receitas de fato se enquadram no conceito de transação futura altamente provável.

A variação do risco de crédito representa um dos componentes considerados na mensuração do valor justo de instrumentos financeiros derivativos, os quais são utilizados como instrumentos de *hedge* de diversas relações de proteção. Em um mundo ideal, todas companhias que adotam as normas IFRS deveriam mensurar o componente do risco de crédito quando da mensuração do valor justo; entretanto, por geralmente representar pouca relevância, é pouco considerado nas metrificações, principalmente nas empresas não financeiras que usualmente não possuem equipes de risco tão robustas como as instituições financeiras.

Importante ressaltar que, mesmo durante a vigência do IAS 39/CPC 38, muitas empresas recebiam em suas cartas de recomendação das auditorias a sugestão da inclusão da variação do risco de crédito dos instrumentos financeiros, independentemente se esse instrumento havia sido designado em uma relação de *hedge* ou não.

A existência da variação do risco de crédito gera parcelas ineficazes nas relações de *hedge*. De acordo com o IFRS 9/CPC 48, as variações do risco de crédito não podem ser relevantes a ponto de poderem influenciar as alterações do valor justo dos instrumentos. Caso exista um cenário de variação significativa, a relação de *hedge* estará sujeita à descontinuidade, pois, de acordo com a norma, se essa variação for relevante, a relação econômica do *hedge* deixa de existir, a menos que o risco de crédito seja um risco designado nessa relação.

Tanto as mudanças no risco de crédito próprio (DVA) quanto no risco de crédito da contraparte (CVA) devem ser consideradas nesse apreçamento. DVA e CVA são estimativas de inadimplência que podem ser mensuradas sobre o valor justo de instrumentos financeiros. O CVA é mensurado quando o valor justo sem o efeito do risco de crédito do instrumento é positivo e o DVA é mensurado quando o valor justo sem o efeito do risco de crédito do instrumento é negativo.

Para Hull (2016, p. 598), o ajuste de valor de crédito (CVA) de um banco para uma contraparte é o valor presente do custo esperado para o banco de uma inadimplência da contraparte. Seu ajuste de valor de débito (DVA) é o valor presente do custo esperado para a contraparte de uma inadimplência do banco. Portanto, quando da mensuração do efeito do risco de crédito no valor justo de um instrumento, é necessário considerar também o efeito do valor do dinheiro no tempo.

Podemos achar razoável desprezar esses riscos nos modelos de mensuração quando eles são comprovadamente imateriais, porém, ainda que uma entidade negocie somente com contrapartes que tenham grau de investimento e representem baixo risco de crédito, é importante que as políticas dessa companhia informem que o risco está sendo monitorado, quais áreas são responsáveis por esse monitoramento e qual seria a ação esperada nas situações em que o risco aumenta. Isso é gestão de risco. Apenas desprezar e supor que o risco será indefinidamente baixo, não é.

Dessa forma, entendemos que é possível demonstrar qualitativamente que o risco de crédito e a variação do risco de crédito não influenciam de maneira relevante a relação econômica do *hedge*.

No entanto, caso haja evidências de que a variação do risco de crédito seja relevante, será importante mensurar o valor justo do instrumento e do item protegido, incluindo o componente de variação de risco de crédito.

O IFRS 9/CPC 48 não fornece orientação sobre como o CVA ou o DVA devem ser mensurados, além de exigir que o valor justo resultante reflita a qualidade de crédito do instrumento financeiro. Sobre esse tema, a norma contábil faz a seguinte menção:

> B6.4.7 Como o modelo de contabilização de *hedge* baseia-se na noção geral de compensação entre ganhos e perdas no instrumento de *hedge* e no item protegido, a efetividade de *hedge* é determinada não apenas pela relação econômica entre esses itens (ou seja, as alterações em seus itens subjacentes), mas também pelo efeito do risco de crédito no valor, tanto do instrumento de *hedge*, quanto do item protegido. **O efeito do risco de crédito significa que, mesmo que exista relação econômica entre o instrumento de *hedge* e o item protegido, o nível de compensação pode tornar-se errático.** Isso pode resultar da alteração no risco de crédito do instrumento de *hedge* ou do item protegido, que seja de tal magnitude que o risco de crédito domina as alterações de valor que

Cap. 5 • *Hedge Accounting* **153**

resultam da relação econômica (ou seja, o efeito das alterações nos itens subjacentes). Um nível de magnitude que dá origem à posição dominante é aquele que resulta na perda (ou ganho) proveniente do risco de crédito, que frustra o efeito de alterações nos itens subjacentes no valor do instrumento de *hedge* ou do item protegido, mesmo se essas alterações forem significativas. **Por outro lado, se durante um período específico existir pouca alteração nos itens subjacentes, deve atentar-se para o fato de que mesmo pequenas alterações, relacionadas a risco de crédito no valor do instrumento de *hedge* ou do item protegido, podem afetar o valor mais do que os itens subjacentes não criam posição dominante.** (Grifos nossos.)

5.10.3 Índice de *hedge*

De acordo com o IFRS 9/CPC 48, o índice de *hedge* é o mesmo que aquele resultante da quantidade do item protegido, que a entidade efetivamente protege, e a quantidade do instrumento de *hedge*, que a entidade efetivamente utiliza, para proteger essa quantidade do item protegido. Esse é um dos novos conceitos implementados pela nova norma contábil. Embora pareça algo redundante, em alguns casos, o índice de *hedge* serve como ferramenta para que haja maior segurança na gestão da estratégia de risco durante sua vigência.

Para os casos em que a estratégia de *hedge* provavelmente não vai esbarrar em eventos que alteram o objeto de *hedge*, o índice de *hedge* poderá ser medido com base na comparação dos valores nocionais do item protegido e do instrumento de *hedge* no início da relação. Como exemplo, podemos pensar em uma dívida com juros flutuantes (CDI) protegida por um *swap* que transfere o risco de CDI para risco prefixado, e que o nocional do derivativo (*swap*) é equivalente ao do item protegido (dívida).

Porém, para os casos em que o objeto de *hedge* seja algum item *off balance*, como uma transação futura esperada, durante a vida do *hedge*, essa transação esperada pode ser modificada e, dessa forma, a exposição protegida é alterada, fazendo com que o índice de *hedge* deixe de ser igual a 100%. Para esses casos, a norma traz o conceito de reequilíbrio, ou seja, é possível que as quantidades de instrumento ou do objeto de *hedge* sejam ajustadas, mantendo a estratégia eficaz e atendimento aos objetivos do gerenciamento de risco da entidade. Dessa forma, são essenciais o acompanhamento e a comprovação do índice de *hedge*.

Há também casos conhecidos como *cross hedging*, quando o ativo-objeto do item protegido é diferente do ativo-objeto do instrumento de proteção, embora a relação econômica entre eles deva existir, impreterivelmente. "Considere, por exemplo, uma companhia aérea preocupada com o preço futuro do combustível para aviação. Como os futuros sobre combustível para aviação não são negociados ativamente, ela poderia escolher usar futuros sobre óleo para aquecimento de modo a *hedgear* sua exposição" (HULL, 2016, p. 62).

Em cenários equivalentes, é um pouco mais complexo gerenciar e comprovar esse índice de *hedge*, por não haver um *match* perfeito nos termos críticos entre objeto e instrumento. O que se recomenda é que a estratégia defina o que, como, quando e quanto proteger.

No caso do combustível para aviação, poderíamos definir esse insumo como "o que proteger"; os futuros de óleo seriam o "como"; o "quanto" seria uma relação entre preços e quantidades do ativo-objeto do item protegido e do ativo-objeto do instrumento de *hedge*; por fim, "quando" seria a definição da data em que o índice de *hedge* deve ser observado.

Assim, não se deve confundir o índice de *hedge* com um teste de efetividade quantitativo.

O primeiro está relacionado com quantidades e valores nocionais, enquanto o segundo se relaciona com o resultado do *hedge*.

Portanto, o índice de *hedge* geralmente é metrificado da seguinte forma:

$$\text{Índice de } hedge = \frac{\text{Nocional do instrumento de } hedge}{\text{Nocional do objeto de } hedge}$$

Assim, se a entidade protege menos de 100% da exposição no item, por exemplo, 85%, ela deve designar a relação de proteção utilizando um índice de *hedge* que é o mesmo que aquele resultante de 85% da exposição e a quantidade do instrumento de *hedge* que a entidade efetivamente utiliza para proteger esses 85%.

Similarmente, se, por exemplo, a entidade protege-se da exposição utilizando o valor nominal de 40 unidades do instrumento financeiro, ela deve designar a relação de proteção utilizando índice de *hedge* que é o mesmo que aquele resultante dessa quantidade de 40 unidades (ou seja, a entidade não deve utilizar índice de *hedge* baseando-se em quantidade maior de unidades que ela pode deter no total ou em quantidade inferior de unidades) e a quantidade do item protegido que ela efetivamente protege com essas 40 unidades.

Com base no IFRS 9/CPC 48, item B6.4.11, exemplos de considerações relevantes ao avaliar se o resultado contábil é inconsistente com a finalidade de contabilização de *hedge* são os seguintes:

a. Se o índice de *hedge* pretendido for estabelecido para evitar o reconhecimento de inefetividade de *hedge* para *hedge*s de fluxo de caixa, ou para atingir ajustes de *hedge* do valor justo para itens mais protegidos com o objetivo de aumentar o uso de contabilização ao valor justo, mas sem compensar alterações no valor justo do instrumento de *hedge*.

b. Se existe razão comercial para as ponderações específicas do item protegido e do instrumento de *hedge*, mesmo se isso criar inefetividade de *hedge*. Por exemplo, a entidade considerar e designar a quantidade do instrumento de *hedge*, que não é a quantidade que ela determinou como o melhor *hedge* do item protegido, porque o volume normal dos instrumentos de *hedge* não permite que ela considere essa quantidade exata de instrumento de *hedge* ("questão de tamanho de lote").

Essa orientação da norma foi introduzida porque o IASB se preocupa especificamente com o *underhedging* em demasia, para minimizar o reconhecimento da ineficácia nos *hedges* de fluxo de caixa ou a criação de ajustes adicionais de valor justo ao item protegido nas relações de *hedge* de valor justo.

 Exemplo
Item B6.4.11 do CPC 48

Um exemplo é a entidade que protege 100 toneladas de compra de café com contrato futuro padrão de café que possuem tamanho de contrato de 37.500 libras.

A entidade pode utilizar somente cinco ou seis contratos (equivalentes a 85,0 e 102,1 toneladas, respectivamente) para proteger o volume de compras de 100 toneladas.

Nesse caso, a entidade deve designar a relação de proteção utilizando o índice de *hedge* que resultar do número de contratos futuros de café que ela efetivamente utiliza, porque a inefetividade de *hedge*, resultante do descasamento nas ponderações do item protegido e do instrumento de *hedge*, não terá resultado contábil inconsistente com a finalidade de contabilização de *hedge*.

 Exercício

A Empresa AAA investiu o seu caixa em um lote de 1.000 LTNs e gostaria de transformar sua posição prefixada em pós-fixada, contratando futuros de DI na B3. Sabendo que cada contrato de DI Futuro valha R$ 100.000,00 no vencimento, e que cada LTN tenha um preço unitário PU de R$ 1.000,00 no vencimento, qual a quantidade de contratos futuros que a Empresa AAA deveria comprar para ter o melhor *hedge* para o valor da exposição das LTNs?

Em seguida, demonstre o índice de *hedge* com base no montante dos futuros sobre o montante das LTNs.

Solução proposta

Nocional de LTNs = 1.000 × 1.000 = 1.000.000

Nocional de Futuros = 100.000 × 10 contratos = 1.000.000

Índice de *hedge* = Futuros (1.000.000) / LTNs (1.000.000) = 1 / 100%

Na prática, os gestores de risco otimizam a relação entre a quantidade do derivativo instrumento de *hedge* e o item protegido, dado que a relação entre as variações dos preços do instrumento e objeto de *hedge* pode não ser linear (GALDI; BARRETO; FLORES, 2018, p. 185).

Portanto, é possível considerar a seguinte expressão que representa a razão de *hedge* de mínima variância entre os contratos futuros (instrumentos) e o ativo à vista (item protegido ou objeto de *hedge*). Como o tamanho de cada contrato futuro é determinado pelas bolsas, para se determinar o número ótimo de contratos a serem realizados com o objetivo de proteção, deve-se considerar (GALDI; BARRETO; FLORES, 2018, p. 186):

$$N^* = \frac{h \times N_A}{Q_F}$$

Onde:

N_A: tamanho da posição sendo *hedgeada* (em unidades);

Q_F: tamanho de um contrato futuro (em unidades);

N^*: número ótimo de contratos.

 Exemplo[9]

Uma companhia aérea espera comprar 2 milhões de galões de combustível para aviação em 1 mês e decide usar futuros de óleo para aquecimento para fins de *hedge*.

Suponha que o desvio-padrão do preço futuro do óleo para aquecimento por galão foi de 0,0313, o desvio-padrão do preço do combustível para aviação por galão foi de 0,0263 e a correlação entre eles foi de 0,928.

Qual é o índice de *hedge* que deve ser determinado na respectiva relação de *hedge*, com base nos dados apresentados?

Solução proposta

A fórmula para determinação do *hedge* de mínima variância é a seguinte:

$$h^* = \rho \, \frac{\sigma_S}{\sigma_F}$$

Onde:

ρ: correlação entre as variações no preço do item protegido e do instrumento de *hedge*;

σ_S: desvio-padrão do item protegido;

σ_F: desvio-padrão do instrumento de *hedge*.

---

[9] Exemplo adaptado de Hull (2016, p. 64).

Portanto:

$$h^* = 0,928 \qquad \frac{0,0263}{0,0313} = 0,78$$

Ou seja, o resultado do *hedge* de mínima variância para esta relação de *hedge* é que o instrumento de *hedge* deve ser contratado em um volume que represente 78% do volume total protegido. No que tange ao índice de *hedge*, este representa o quanto uma entidade deveria contratar de instrumento de *hedge* para se ter um *hedge* mais efetivo possível.

Partindo do pressuposto de que os contratos futuros de óleo para aquecimento negociado possuem um tamanho de 42.000 galões por contrato, o número ideal para contratação dos derivativos é:

$$N^* = \frac{0,78 \times 2.000.000}{42.000} = 37,14$$

Portanto, o número ideal de contratos futuros para esta relação de *hedge* é de 37 contratos, aproximadamente.

5.10.4 Fontes de inefetividade

De acordo com o IFRS 9/CPC 48, um dos requisitos para que a relação de *hedge* seja qualificada para contabilidade de *hedge* (*hedge accounting*) é a formalização da documentação, na qual um dos aspectos refere-se à maneira como a companhia irá avaliar e comprovar se existe relação econômica. E, quando nos referimos à efetividade de *hedge*, um dos aspectos que influenciam essa relação econômica são as chamadas fontes de inefetividade.

A inefetividade geralmente surge quando variações no valor justo ou nos fluxos de caixa do instrumento de *hedge* não são compensadas perfeitamente por variações no item protegido.

Podem ser fontes de inefetividade:

- Diferenças de quantidade ou valor nocional entre instrumento e objeto.
- Variações no risco de crédito da contraparte e da própria entidade no instrumento de *hedge*.
- Datas de liquidação diferentes do instrumento de *hedge* e do item protegido.
- Valor justo ou fluxos de caixa do item protegido e do instrumento de *hedge*, dependentes do preço da mesma mercadoria, mas baseados no preço de diferentes locais.

- O momento em que o valor justo ou os fluxos de caixa do item protegido dependerem de uma variável diferente da variável que causa alteração no valor justo ou nos fluxos de caixa do instrumento de *hedge*.
- Não serem as mesmas as taxas de desconto para o cálculo do valor justo ou fluxos de caixa do instrumento e objeto de *hedge*.

Uma fonte de inefetividade particular dos *hedges* onde o item protegido constitui uma transação futura altamente provável são as mudanças no tempo esperado de realização do item protegido (ŠPERANDA; TRŠINSKI, 2015).

Um evento que causa inefetividade não deve determinar isoladamente a descontinuidade da contabilização de *hedge*. Devem ser avaliados outros requisitos normativos para avaliar a continuidade ou não da relação, não obstante, toda parcela inefetiva deve ser registrada por meio do resultado.

O método utilizado para avaliação da efetividade também deveria capturar as fontes de inefetividade da relação de *hedge* – esses fatores, aliás, contribuem para a escolha da metodologia de avaliação, qualitativa ou quantitativa (IFRS 9.B6.4.13).

Na prática, podemos construir um teste de efetividade que separe o efeito de fontes de inefetividade conhecidas, de forma que o acompanhamento da proteção seja feito de forma mais transparente, e não seja poluído por variáveis que, de outra forma, já estejam sendo acompanhadas pela gestão de risco da entidade. Isso é possível desde que tais variáveis não representem movimentações relevantes que poderiam influenciar significativamente a variação do valor justo do instrumento ou item protegido.

É importante ressaltar que, no evento de reequilíbrio do *hedge*, uma entidade deve atualizar sua análise das fontes de inefetividade, que se espera que afetem a relação de *hedge* durante sua vigência remanescente. Consequentemente, a documentação da relação de proteção deve ser atualizada (IFRS 9.B6.5.21).

 Exercício

A empresa M é uma exportadora de diversos produtos. Toda sua receita é dolarizada. No entanto, a sua moeda funcional é o real e, para se proteger do risco de variação cambial proveniente de suas exportações futuras, a empresa contratou uma operação de NDF vendida em dólar.

Essa estratégia foi designada para *hedge accounting*.

Ao se observarem as características contratuais das operações, foi identificado que a taxa cambial de liquidação do instrumento e o objeto de *hedge* é diferente, portanto, na documentação de *hedge* a empresa M determina incluir na avaliação da relação econômica os efeitos das diferenças na liquidação das operações.

O instrumento de *hedge* foi contratado em 03/01/XX, mesma data em que foram projetadas as vendas futuras em dólar.

Seguem as informações para o exercício:

	Item protegido
Vendas projetadas	1.000.000 US$
Dólar de liquidação	dólar *spot* D+0
Data da projeção	03/01/X1
Data da liquidação	28/12/X1

	Instrumento de *hedge* (NDF)
Nocional	1.000.000 US$
Dólar de liquidação	dólar Ptax d–1
Data da contratação	03/01/X1
Data da liquidação	28/12/X1

Dólar *spot* em 03/01/X1: R$ 3,51

Dólar *spot* em 28/12/X1: R$ 4,05

Dólar *spot* em 27/12/X1: R$ 3,98

Dólar Ptax em 03/01/X1: R$ 3,48

Dólar Ptax em 02/01/X1: R$ 3,46

Dólar Ptax em 28/12/X1: R$ 4,08

Dólar Ptax em 27/12/X1: R$ 4,03

Mensure a variação cambial, na data da liquidação, do instrumento de *hedge* e do item protegido e compare suas variações para identificar o percentual de cobertura do *hedge*, considerando as fontes de inefetividade identificadas na documentação de *hedge*.

Solução proposta

Variação cambial do instrumento de *hedge*:

1.000.000 × (3,46 – 4,03) = –570.000

Variação cambial do objeto de *hedge*:

1.000.000 × (4,05 – 3,51) = 540.000

Variação cambial do instrumento de *hedge*/Variação cambial do objeto de *hedge* = –570.000/540.000 × –1 = 106%

Portanto, a variação cambial do instrumento excedeu a variação cambial do objeto de *hedge*. Podemos afirmar que o excedente de 6% de proteção foi ocasionado pelas fontes de inefetividade, ou seja, pelas diferenças cambiais de liquidação.

5.11 Testes de efetividade

Então, você estudou um pouco do IFRS 9/CPC 48 e, quando chegou àquela parte complicada da contabilidade de instrumentos financeiros (o tal de *hedge accounting*), descobriu que os testes de efetividade quantitativos não são mais obrigatórios? Muito bem! Alguns quase soltaram fogos para comemorar, mas é isso mesmo que diz a norma contábil?

Testes quantitativos nunca são necessários?

A contabilidade de *hedge* ajuda a reduzir alguns descasamentos contábeis que são fruto da forma com que mensuramos os derivativos. Ocorre que esse antídoto algumas vezes não é um remédio gratuito, pois as entidades que aplicam o *hedge accounting* são obrigadas a comprovar a efetividade dessa relação. Na normatização anterior (IAS 39/CPC 38), havia de ser comprovada a efetividade prospectiva e a efetividade retrospectiva. Na retrospectiva, via de regra, exigiam-se testes quantitativos, nos quais a efetividade deveria estar em um intervalo de 80% a 125%.

Sob o IFRS 9/CPC 48, não são mais exigidos testes retrospectivos, e a faixa de efetividade de 80% a 125% também não existe mais. Além disso, a norma menciona que os **testes quantitativos podem não ser requeridos se uma entidade conseguir comprovar de forma qualitativa que existe uma relação econômica de proteção**, e é justamente aí que mora a questão.

Para escapar dos testes quantitativos, a política de *hedge* deve estar muito bem documentada, designando corretamente os objetos e instrumentos de *hedge* e, essencialmente, o(s) risco(s) protegido(s). Ao especificarmos quais riscos estão sendo efetivamente protegidos, podemos excluir da análise (quantitativa ou qualitativa) outros fatores de risco e focar somente naquele que nos interessa. Daí em diante, um teste de efetividade inicial, prospectivo, deve ser documentado, ao menos em um termo de designação, comparando os termos críticos do objeto de *hedge* com os termos críticos do instrumento de *hedge* e, de forma não muito complexa, sugerir o que ocorre em um cenário de alta e em um cenário de baixa relacionados com o fator de risco que está sendo protegido. O objetivo é mostrar que existe compensação de ganhos e perdas, ou seja, quando um fator de mercado impacta esse fator de risco, o instrumento de *hedge* gera ganhos (perdas) que são compensados por perdas (ganhos) nos itens protegidos.

Além disso, é importante que o índice de *hedge* (aquele que evidencia a relação da quantidade de instrumento de *hedge* com a quantidade de item protegido) seja documentado e acompanhado, eventualmente impactando um rebalanceamento.

Estando tudo de acordo, os testes quantitativos podem ser dispensados. No entanto, se os termos críticos não batem ou quando não for possível comprovar de forma qualitativa que existe uma relação econômica de *hedge*, os testes quantitativos serão solicitados para tirar qualquer tipo de dúvida.

Vamos tratar, a seguir, de alguns métodos para comprovação da efetividade de *hedge*.

Critical terms match

É um método prospectivo que consiste na comparação dos principais termos do objeto de *hedge* com os termos do instrumento de *hedge*, como mostrado no Quadro 5.6.

A documentação de *hedge accounting* fica muito mais simples nesses casos em que os termos críticos são coincidentes. Em outras situações, continuam valendo os métodos que já eram utilizados.

Quadro 5.6 Exemplo de *critical terms match*

Objetivo do *hedge*		Instrumento do *hedge*
• *Notional* e principal • Data inicial • Prazo • Condições de remuneração (cláusulas de *re-pricing* e liquidação antecipada) • Moeda • Outras características que afetam a efetividade do *hedge*	=	• *Notional* e principal • Data inicial • Prazo • Condições de remuneração (cláusula de *re-pricing* e liquidação antecipada) • Moeda • Outras características que afetam a efetividade do *hedge*

Dollar offset method

Também conhecido como *ratio analysis*, esse método consiste em comparar a variação no valor justo do instrumento de *hedge* com a variação no valor justo do item protegido. Divide-se a variação no valor justo do instrumento pela variação no valor justo do item protegido e verifica-se se a razão calculada se enquadra na faixa de efetividade definida. Uma das vantagens desse método é a simplicidade.

$$\text{Efetividade} = \frac{\Delta \textit{ Fair Value } \text{Objeto de } \textit{Hedge}}{\Delta \textit{ Fair Value } \text{Instrumento de } \textit{Hedge}}$$

Exercício

A M2M-SABER, cuja moeda funcional é o real, efetuou a proteção da variação cambial de seus investimentos líquidos no exterior de US$ 10.000.000, de uma subsidiária com moeda funcional dólar, em uma data em que esse investimento líquido era convertido pela taxa à vista (*spot*) ao valor de R$ 35.000.000. A proteção foi feita com a venda de um contrato de câmbio a termo, cotado em BRL/US$ 3,60. Sabendo que a companhia designou para a contabilidade somente o elemento à vista do instrumento de *hedge*, calcule a efetividade de acordo com o método *dollar offset*, sabendo que, na data da mensuração, o investimento líquido seria convertido ao valor de BRL 38.000.000, o valor justo do contrato a termo era BRL/US$ 4,00 e o dólar *spot* estava cotado em BRL/US$ 3,80.

Solução proposta

Como somente o elemento à vista foi designado para a contabilidade de *hedge*, utilizaremos apenas o preço *spot* da moeda nos testes.

Variação cambial spot do objeto de *hedge*:
38.000.000 − 35.000.000 = 3.000.000
Variação cambial *spot* do instrumento de *hedge*
(3,80 − 3,50) × 10.000.000 = 3.000.000
Efetividade = Variação VJ Objeto/ Variação VJ Instrumento
= 3.000.000 / 3.000.000 = 100%

Análise de regressão

Nesse método, primeiramente deve-se fazer a regressão linear entre o valor justo do objeto de *hedge* (variável dependente) e o valor justo do instrumento de *hedge* (variável independente). A regressão linear consiste em determinar a reta do plano cartesiano que passe mais próxima dos pares formados pelos valores das duas variáveis citadas.

O coeficiente angular da regressão deve estar entre 80% e 125% ou em outro intervalo definido pela gestão de risco da entidade.

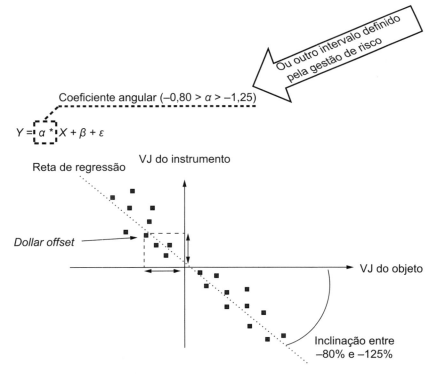

Figura 5.14 Exemplo de análise de regressão.

Em geral, para uma relação de *hedge* efetiva, devemos buscar os seguintes parâmetros:

- Coeficiente angular dentro do intervalo especificado.
- Coef. de determinação $R^2 > 0,96$.
- Significância do coeficiente angular: Teste $F > 0,95$.

Uma desvantagem desse método é que precisamos de vários pontos de medição para conseguirmos uma regressão significativa. Por outro lado, o fato de utilizarmos vários pontos pode conferir maior segurança à mensuração.

Correlação

A correlação também pode ser usada como um método para medir a efetividade do *hedge*, embora, na prática, seja menos comum. O método consiste em correlacionar as variações no valor justo do item de *hedge* com o instrumento de *hedge*.

Como a correlação tem uma resposta entre 1,00 e –1,00, considerando a faixa de efetividade de 80% a 125%, teríamos uma relação altamente efetiva quando encontrássemos uma correlação negativa de pelo menos –0,80.

Os diagramas de dispersão da Figura 5.15 mostram exemplos de correlação negativa entre variáveis.

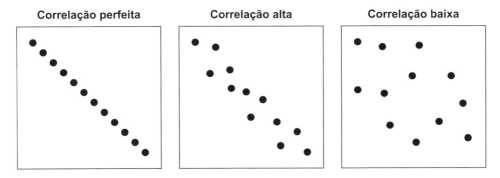

Figura 5.15 Exemplo de análise de correlação.

 Exercício

Com base no gráfico de dispersão da Figura 5.16, referente à comparação entre a variação do valor justo do instrumento e do objeto de *hedge*, e nos dados estatísticos em destaque, qual seria o percentual de inefetividade da relação de *hedge*?

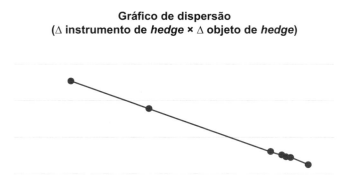

Figura 5.16 Gráfico de dispersão do hedge.

Estatística de regressão	
Slope (Grau de inclinação)	−101,98%
R-Quadrado	99,99%
F (teste F)	104,01%

Solução proposta

Do ponto de vista contábil, a análise de regressão prova se o relacionamento é suficientemente eficaz para qualificar a relação de proteção como *hedge accounting*, porém, ele não mensura a porção ineficaz nem fornece os números necessários para os lançamentos contábeis em que a análise demonstra que o teste "altamente eficaz" foi aprovado. Geralmente, o teste utilizado para mensurar a ineficácia e consequentemente a contabilização é o método *dollar offset*.

Derivativo hipotético

Ao utilizarmos o método *dollar offset* nos *hedge*s de fluxo de caixa, encontramos uma dificuldade: o item protegido normalmente não é mensurado ao valor justo e, para aplicarmos o método, precisamos de um número comparável ao do instrumento de *hedge*, mensurado a valor justo.

Um derivativo hipotético é construído com seus termos críticos refletindo os termos do item protegido. As mudanças no valor justo do derivativo hipotético são comparadas com as mudanças no valor justo do instrumento de proteção para determinar a efetividade.

Assim, criamos um derivativo hipotético na data do *inception* do *hedge accounting* (início da designação), considerando um derivativo com as condições dos riscos protegidos no objeto de *hedge*. A partir daí, passamos a comparar o valor justo do derivativo hipotético com o valor justo do item protegido.

Figura 5.17 Fluxo de exportação de commodity em US$.

Instrumento de *hedge*: DOL FUT com vencimento no primeiro dia do mês subsequente à exportação prevista.

Derivativo hipotético: NDF com vencimento, volume e forma de apuração previstos da exportação (único/asiático).

 Exercício

A M2M-SABER contratou um termo de dólar vendido para proteger a variação cambial das suas exportações futuras, e designou este *hedge* como um *hedge* de fluxo de caixa. Para tanto, ela resolveu avaliar a eficácia da estratégia a partir de um derivativo hipotético, concluindo o teste com base no modelo *dollar offset*.

Com base nas informações a seguir, determine a efetividade do *hedge*:

- Nocional: 5.000.000 US$
- Taxa contratada do termo: 3,8 BRL
- Dólar futuro na data de avaliação: 3,85 BRL
- Taxa do derivativo hipotético: 3,91 BRL

- Dias úteis da data de mensuração até o vencimento: 350
- Taxa de juros em reais na data de mensuração: 5% a.a.

Solução proposta

Valor Justo do Derivativo Contratado

Ponta fixa: $3{,}8 / (1 + 5\%)^{(350/252)} = 3{,}55$

Ponta flutuante: $3{,}85 / (1 + 5\%)^{(350/252)} = 3{,}60$

Valor justo = (233.620)

Valor Justo do Derivativo Hipotético (objeto de *hedge*)

Ponta fixa: $3{,}91 / (1 + 5\%)^{(350/252)} = 3{,}65$

Ponta flutuante: $3{,}85 / (1 + 5\%)^{(350/252)} = 3{,}60$

Valor justo = 280.344

Dollar Offset = (233.620) / 280.344 × –1 = **83%**

Método do *benchmark*

Em alguns materiais da literatura sobre *hedge accounting*, como em PwC (2005), encontramos o "método do *benchmark*" entre os métodos para medição quantitativa de efetividade, com descrição bastante similar ao método do derivativo hipotético.

Em resumo, estabelece-se uma "meta" para comparar a remuneração do derivativo contratado.

 Exemplo

Uma entidade capta recursos indexados ao CDI e contrata um *swap* que tem CDI na ponta ativa e 6% prefixado na ponta passiva, para se proteger do risco de variação na taxa de juros pós-fixada.

Nesse caso, a taxa "meta" seria a ponta prefixada do *swap* (6%), e então, para medir a efetividade, compararíamos o valor justo do *swap* contratado com o valor justo da diferença entre o CDI e a taxa fixa de 6%.

Análise de sensibilidade

O *dollar offset* também pode ser usado em testes prospectivos. Uma maneira eficiente de fazer isso é aplicando uma técnica de análise de sensibilidade, similar à da Instrução 475 da CVM. Nessa técnica, a empresa define alguns cenários de *stress* e calcula o valor justo do instrumento de *hedge* e do item protegido nesses cenários, comparando suas variações e verificando se a razão entre os valores se enquadra em uma faixa de efetividade aceitável.

A efetividade deve ser medida de forma hipotética, com base nos valores calculados sob cada cenário.

O exemplo abaixo foi retirado das demonstrações financeiras da Petrobras:

Tabela 5.5   Análise de sensibilidade DFs da Petrobras

Instrumentos	Exposição em 31.12.2017	Risco	Cenário Provável (Δ)	Consolidado Cenário Possível (Δ de 25%)	Cenário Remoto (Δ de 50%)
Ativos	12.513		(219)	3.128	6.257
Passivos	(209.910)	Dólar/Real	3.680	(52.478)	(104.955)
Hedge de fluxo de caixa sobre exportações	193.189		(3.387)	48.297	96.595
	(4.208)		74	(1.053)	(2.103)

Fonte: Nota explicativa 33.2(c) das demonstrações financeiras de 31.12.2017 da Petrobras. Disponível em: https://mz-filemanager.s3.amazonaws.com/25fdf098-34f5-4608-b7fa-17d60b2de47d/central-de-resultadoscentral-de-do wnloads/495300577008ac1952f07fb73f1eb55120041bdd0a45f544f66c24154baac9c5/demonstracoes_financeiras_2017_ifrs.pdf. Acesso em: 4 maio 2022.

 Exercício

A M2M-SABER contratou um empréstimo em reais, no montante de BRL 10.000.000, com vencimento em 360 dias úteis, pós-fixado em 100% do CDI. E, para se proteger das flutuações do CDI, contratou um *swap* que troca 100% do CDI por uma taxa prefixada de 6,4%.

A empresa designou a relação como um *hedge* de fluxo de caixa, e em sua política, definiu que iria testar a efetividade pelo método do *benchmark*, fazendo análise de sensibilidade com um choque positivo e negativo de 15% no valor justo.[10]

Com base nas informações a seguir, obtidas na data de mensuração, realize os testes de efetividade:

- Taxa *benchmark* do objeto: 6,3% a.a.
- CDI futuro para a data de vencimento: 5,5% a.a.

---

[10]   Na prática, é bastante aplicado o choque de sensibilidade nas curvas de projeção e não direto no valor justo.

- Dias até o vencimento: 180 dias úteis
- CDI histórico entre a data da contratação e a data da mensuração: 6% a.a.[11]

Solução proposta

Instrumento de *hedge*: derivativo contratado

CA da ponta ativa = $10.000.000 \times (1 + 0,06)^{(180/252)} = 10.424.989$

CA da ponta passiva = $10.000.000 \times (1 + 0,064)^{(180/252)} = 10.453.074$

CA do *swap* = $10.424.989 - 10.453.074 = (28.085)$

VF da ponta ativa = $10.424.989 \times (1 + 0,055)^{(180/252)} = 10.831.398$

VF da ponta passiva = $10.453.074 \times (1 + 0,064)^{(180/252)} = 10.926.675$

VJ da ponta ativa = $10.831.398 / (1 + 0,055)^{(180/252)} = 10.424.989$

VJ da ponta passiva = $10.926.675 / (1 + 0,055)^{(180/252)} = 10.516.692$

VJ do *swap* = $10.424.989 - 10.516.692 = (91.702)$

VJ do *swap* com choque de 15% = $(91.702) \times 1,15 = (105.458)$

VJ do *swap* com choque de −15% = $(91.702) \times (1,15) = 105.458$

CFV do *swap* com choque de 15% = $(105.458) - (28.085) = (77.373)$

CFV do *swap fair value* com choque de −15% = $105.458 - (28.085) = 133.542$

Objeto de *hedge*: empréstimo e taxa *benchmark*

CA da ponta ativa (*benchmark*) = $10.000.000 \times (1 + 0,063)^{(180/252)} = 10.446.056$

CA da ponta passiva = $10.000.000 \times (1 + 0,06)^{(180/252)} = 10.424.989$

CA do empréstimo (com *benchmark*) = $10.446.056 - 10.424.989 = 21.066$

VF da ponta ativa (*benchmark*) = $10.446.056 \times (1 + 0,055)^{(180/252)} = 10.912.008$

VF da ponta passiva = $10.424.989 \times (1 + 0,055)^{(180/252)} = 10.831.398$

VJ da ponta ativa (*benchmark*) = $10.912.008 / (1 + 0,055)^{(180/252)} = 10.502.574$

VJ da ponta passiva = $10.831.398 / (1 + 0,055)^{(180/252)} = 10.424.989$

---

[11] Os dados utilizados são hipotéticos. É possível obter o percentual ou o fator do CDI histórico no *site* da B3: http://www.b3.com.br/pt_br/market-data-e-indices/indices/indices-de-segmentos-e-setoriais/serie-historica-do-di.htm. Acesso em: 14 jun. 2022.

VJ do empréstimo (com *benchmark*) = 10.502.574 – 10.424.989 = 77.585

VJ do empréstimo (com *benchmark*) com choque de 15% = 77.585 × 1,15 = 89.223

VJ do empréstimo (com *benchmark*) com choque de –15% = 77.585 × (1,15) = (89.223)

CFV do empréstimo (com *benchmark*) com choque de 15% = 89.223 – 21.066 = 68.157

CFV do empréstimo (com *benchmark*) com choque de –15% = (89.223) – 21.066 = (110.289)

Método do *benchmark* com Análise de Sensibilidade

Efetividade (choque de 15%) = (77.373) / 68.157 × –1 = 114%

Efetividade (choque de –15%) = 133.542 / (110.289) × –1 = 121%

Método das mudanças em fluxos de caixa variáveis

Esse é um método aceitável para a realização de testes de eficácia prospectivos em *hedges* de fluxo de caixa de ativos ou passivos pós-fixados, mas não para testes retrospectivos.

A justificativa para usar esse método em testes de eficácia prospectivos é que ele é consistente com o objetivo do *hedge* de fluxo de caixa de compensar as mudanças nos fluxos de caixa atribuíveis ao risco coberto, já que a ponta de taxa flutuante do *swap* faz essa proteção. No entanto, o método não é permitido para testes retrospectivos, porque ele tem o efeito de medir a ineficácia em apenas uma parte do derivativo (somente a ponta da taxa pós).

O IAS 39 não permitia que a eficácia fosse avaliada retrospectivamente usando apenas uma parte de um derivativo (IAS 39.74). Sob o IFRS 9, o método pode ser utilizado sem restrições, já que os testes retrospectivos não são mais obrigatórios.

Problema dos pequenos números

Por fim, é importante lembrar que pequenas variações no instrumento de *hedge* e no item protegido podem criar uma falsa inefetividade, conforme este exemplo:

$$\frac{\Delta \text{ VJ Objeto de } Hedge}{\Delta \text{ VJ Instrumento de } Hedge} = \frac{\text{R\$ 7}}{\text{R\$ 5}} = 140\%$$

É preciso estar atento a esse fenômeno, que chamamos de "*small numbers*", que poderia incorretamente desqualificar uma relação de *hedge*. Uma sugestão é prever esse tipo de situação na política de *hedge accounting*, definindo antecipadamente o que seria imaterial e, na ocorrência desses casos, bastaria ignorar o teste de efetividade, referenciando a previsão existente na política.

Frequência de avaliação dos requisitos de efetividade de *hedge*

A entidade que aplica o *hedge accounting* deve avaliar periodicamente se a relação de *hedge* atende aos requisitos de efetividade. Assim, devem-se realizar os testes de efetividade nos seguintes eventos:

- na data da designação da relação de *hedge* (*inception*);
- no mínimo, a cada data de elaboração das demonstrações financeiras, inclusive demonstrações financeiras intermediárias;
- quando houver alteração significativa nas circunstâncias que afetam os requisitos de efetividade de *hedge*.

5.12 Descontinuidade do *hedge accounting*

É notável e compreensível que damos maior ênfase às etapas do *hedge accounting* que pressupõem a continuidade dessas estruturas, porém, é de suma importância também conhecermos os possíveis eventos de descontinuação do *hedge* e seus efeitos contábeis.

O pronunciamento contábil IFRS 9/CPC 48 determina três categorias de contabilizações de *hedge*:

- *hedge* de valor justo;
- *hedge* de fluxo de caixa; e
- *hedge* de investimento líquido em operação no exterior.

Cada modelo de *hedge accounting* possui um tratamento contábil específico. Dessa forma, no evento de descontinuidade da estratégia, os efeitos contábeis para cada modelo também divergem.

É importante enfatizar que o pronunciamento contábil não exaure todas as possibilidades que possam vir a ocorrer ao longo de diversos casos reais de descontinuação. Em um cenário não coberto pelo texto normativo, são necessários interpretação e julgamento à luz da essência do IFRS 9/CPC 48.

Outro aspecto importante sobre a descontinuação é que ela deve produzir efeitos prospectivamente, a partir da data em que os critérios de qualificação não sejam mais atendidos (IFRS 9.B6.5.22), ou seja, todo efeito contábil do *hedge* efetivo até a data de descontinuação não deverá ser influenciado pela descontinuação prospectiva do *hedge accounting*.

A entidade deve descontinuar prospectivamente a contabilização de *hedge* somente quando a relação de proteção (ou parte da relação de proteção) deixar de atender aos critérios de qualificação (após levar em consideração qualquer reequilíbrio da relação de proteção, se aplicável). Isso inclui exemplo de quando o instrumento de *hedge* expirar ou for vendido, rescindido ou exercido. Para esse fim, a substituição ou rolagem do instrumento de *hedge* em outro instrumento de *hedge* não será expiração ou rescisão se essa substituição ou rolagem fizer parte do objetivo de gerenciamento de risco documentado da entidade, ou for consistente com esse objetivo.

Adicionalmente, para esse fim, não existe expiração ou rescisão do instrumento de *hedge* se:

a. como consequência de leis ou regulamentos ou a introdução de leis ou regulamentos, as partes do instrumento de *hedge* concordarem com que uma ou mais contrapartes de compensação substituem sua contraparte original para tornarem-se a nova contraparte de cada uma das partes. Para esse fim, a contraparte de compensação é a contraparte central (algumas vezes, denominada "organização de compensação" ou "agência de compensação") ou a entidade ou entidades, por exemplo, um membro de compensação de organização de compensação ou cliente de membro de compensação de organização de compensação, que estão atuando como contraparte para efetuar compensação por contraparte central. Contudo, quando as partes do instrumento de *hedge* substituírem suas contrapartes originais por contrapartes diferentes, o requisito deste subitem somente será atendido se cada uma dessas partes efetuar compensação com a mesma contraparte central;

b. outras alterações, se houver, no instrumento de *hedge* estão limitadas àquelas que sejam necessárias para efetuar essa substituição da contraparte. Somente serão feitas as alterações que se consistentes com os termos que seriam esperados se o instrumento de *hedge* fosse originalmente compensado com a contraparte de compensação. Essas alterações incluem mudanças nos requisitos de garantia, direitos de compensar saldos a receber e a pagar e encargos lançados.

Descontinuar a contabilização de *hedge* pode afetar a relação de proteção em sua totalidade ou somente em parte dela, sendo que, no segundo caso, a contabilização de *hedge* deve continuar durante o restante da relação de proteção (IFRS 9.6.5.6).

Também devemos destacar que, diferentemente da norma anterior (IAS 39/CPC 38), a descontinuação do *hedge accounting* não pode mais decorrer de uma decisão arbitrária.

De acordo com o IFRS 9.B6.5.26, a relação de proteção deve ser descontinuada em sua totalidade quando, como um todo, deixar de atender aos critérios de qualificação. Por exemplo:

- A relação de proteção não atende mais ao objetivo de gerenciamento de risco com base no qual se qualificava para contabilização de *hedge* (ou seja, a entidade não busca mais esse objetivo de gerenciamento de risco).

- O instrumento ou os instrumentos de *hedge* foram vendidos ou rescindidos (com relação ao volume total que fazia parte da relação de proteção).

- Não existe mais relação econômica entre o item protegido e o instrumento de *hedge* ou o efeito do risco de crédito começa a dominar as alterações no valor, que resultam dessa relação econômica.

Já os eventos previstos na norma (IFRS 9.B6.5.27) que ocasionariam uma descontinuidade parcial da estrutura são os seguintes:

- reequilíbrio da relação de proteção;

- quando a ocorrência de parte do volume do item protegido, que é uma transação prevista, deixar de ser altamente provável.

Desta forma, é preciso sempre avaliar os eventos que ocasionariam uma descontinuidade parcial ou total e mensurar os efeitos contábeis oriundos dessa descontinuação. No caso de estruturas classificadas como *hedge* de valor justo, o diferencial do custo amortizado para o valor justo que ainda estiver no balanço deve ser lançado na DRE ao longo da vida do item protegido, ou na data de baixa do mesmo. Já no caso de estruturas classificadas como *hedge* de fluxo de caixa, os ganhos (perdas) armazenados no PL até a última data em que o *hedge* foi efetivo permanecem lá até que a transação esperada ocorra, e somente depois haverá reclassificação para a DRE.

O Quadro 5.7 resume os eventos que geram descontinuidade parcial ou total de uma relação de *hedge*.

Quadro 5.7 Eventos que causam descontinuidade da relação de *hedge*

Cenário	Descontinuação
O objetivo de gerenciamento de risco foi alterado	Total ou parcial
Não existe mais relação econômica entre o objeto e o instrumento de *hedge*	Total
O efeito do risco de crédito domina as mudanças de valor da relação de *hedge*	Total
Como parte do reequilíbrio, o volume do objeto ou do instrumento de cobertura é reduzido	Parcial
O instrumento de *hedge* expira	Total
O instrumento de *hedge* é (total ou parcialmente) vendido, rescindido ou exercido	Total ou parcial
O objeto de *hedge* (ou parte dele) não existe mais ou não é mais altamente provável	Total ou parcial

Fonte: Adaptado de EY (2019).

Exemplo[12]
Estratégia de rolagem

A empresa X prevê uma compra altamente provável de uma *commodity* em um ano. Como parte de sua estratégia de gerenciamento de risco, X deseja corrigir a variabilidade do fluxo de caixa que surgiria das mudanças nos preços de mercado da *commodity* de agora até a data de compra.

No entanto, o mercado ao qual X tem acesso não oferece contratos futuros de *commodities* com duração superior a três meses. Portanto, X decide cobrir sua exposição às mudanças nos preços das *commodities*, entrando em quatro futuros de *commodities* sucessivos.

Se X documentar essa estratégia de *hedge*, incluindo as rolagens esperadas dos futuros de *hedge*, no início da relação, então, quando da expiração de um contrato futuro e sua substituição por um contrato futuro sucessivo com as mesmas características, não seria considerada uma descontinuidade da relação de *hedge*.

É importante ressaltar que a entidade não deve excluir a designação e, portanto, não deve descontinuar a relação de *hedge* que:

a. ainda atender ao objetivo de gerenciamento de risco, com base no qual se qualificava para contabilização de *hedge* (ou seja, a entidade ainda busca esse objetivo de gerenciamento de risco); e

b. continuar a atender a todos os outros critérios de qualificação (após levar em consideração qualquer reequilíbrio da relação de *hedge*, se aplicável).

O Quadro 5.8 resume o tratamento contábil para alguns dos eventos de descontinuidade de uma relação de *hedge*.

Quadro 5.8 Tratamento contábil para eventos de descontinuidade do *hedge accounting*

Evento de descontinuidade	*Hedge* de valor justo	*Hedge* de fluxo de caixa
Instrumento de *hedge* é vencido ou liquidado	Quaisquer ajustes anteriores ao valor contábil do objeto de *hedge* são amortizados durante a maturidade remanescente do item coberto	A parcela efetiva do *hedge* represada no patrimônio líquido permanece no patrimônio líquido até a transação impactar o resultado
Objeto de *hedge* é vencido ou liquidado	Quaisquer valores registrados no balanço relacionados com a mudança no valor justo do item coberto são revertidos para lucro ou prejuízo	A parcela efetiva do *hedge* represada no patrimônio líquido é reclassificada imediatamente para o resultado

(Continua)

---

[12] Exemplo extraído de KPMG (2018).

(Continuação)

Hedge falha nos requisitos de efetividade	Quaisquer ajustes anteriores ao valor contábil do objeto de hedge são amortizados, por uma nova taxa de juros efetiva, ao longo do prazo de vencimento restante da operação	A parcela efetiva do hedge represada no patrimônio líquido permanece no patrimônio até que a transação protegida afete o resultado. Mas, prospectivamente, o instrumento de hedge não gera mais efeitos contábeis de hedge accounting
Transação futura altamente provável não possui mais probabilidade de ocorrência	Não aplicável	A parcela efetiva do hedge represada no patrimônio líquido é reclassificada imediatamente para o resultado

Fonte: Adaptado de Ramirez (2015).

Para as relações de *hedge* de investimento líquido em operação no exterior, o tratamento contábil será similar ao dos *hedges* de fluxo de caixa, ou seja, prospectivamente, se houver descontinuação da relação (geralmente na alienação ou alienação parcial do investimento). Segundo o CPC 02.48, o montante acumulado de variações cambiais relacionadas com essa entidade no exterior, reconhecido em outros resultados abrangentes e registrado em conta específica do patrimônio líquido, deve ser transferido do patrimônio líquido para a demonstração do resultado (como ajuste de reclassificação) quando se reconhecer o ganho ou a perda na baixa.

5.12.1 Reequilíbrio da relação de proteção e alterações no índice de *hedge*

Uma entidade é obrigada a "reequilibrar" o índice de *hedge* para refletir uma mudança na relação entre o instrumento de *hedge* e o item protegido se há expectativa de que a nova relação continue no futuro. O reequilíbrio da relação de *hedge* refere-se aos ajustes feitos nas quantidades designadas do item protegido ou do instrumento de *hedge*, de uma relação de *hedge* já existente com o objetivo de manter um índice de *hedge* dentro do parâmetro estabelecido em norma. É importante enfatizar que qualquer alteração nas quantidades designadas do item protegido ou do instrumento de *hedge* para outra finalidade não é reequilíbrio no contexto do IFRS 9/CPC 48.

O reequilíbrio permite o ajuste do índice de *hedge* sem necessidade de descontinuação ou redesignação.

O conceito de reequilíbrio compreende apenas mudanças prospectivas no índice de *hedge*. O IASB concluiu que, em tais situações, se o objetivo original da gestão de risco permanece inalterado, o ajuste à relação de *hedge* deve ser tratado como a continuação da relação. Consequentemente, o IASB propôs que um ajuste a uma relação de *hedge* seja tratado como um reequilíbrio quando esse ajuste mudar o índice de *hedge* em resposta a mudanças na relação econômica entre o item coberto e o instrumento de cobertura, mas a gestão de risco continua a relação de cobertura originalmente designada (IFRS 9.BC6.303).

Apresentamos na Figura 5.18 as alternativas quando de um evento de reequilíbrio de uma relação de *hedge*.

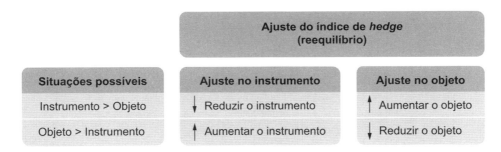

Figura 5.18 Ajuste do índice de *hedge* (reequilíbrio).

As alterações no volume referem-se às quantidades que fazem parte da relação de proteção. Portanto, reduções nos volumes não significam necessariamente que os itens ou transações não existem mais, ou que não se espera que ocorram mais, e, sim, que não fazem parte da relação de proteção. Por exemplo, reduzir o volume do instrumento de *hedge* pode resultar que a entidade retenha o derivativo, mas somente parte dele pode continuar a ser instrumento de *hedge* da relação de proteção. Isso pode ocorrer se o reequilíbrio puder ser efetuado somente reduzindo-se o volume do instrumento de *hedge* na relação de proteção, mas com a entidade mantendo o volume que não é mais necessário. Nesse caso, a parte não designada do derivativo deve ser contabilizada ao valor justo por meio do resultado, caso não tenha sido designado como instrumento de *hedge* em relação de proteção diferente (IFRS 9/CPC 48.B6.5.16).

Ajustar o índice de *hedge* permite à entidade responder a alterações na relação entre o instrumento de *hedge* e o item protegido, que resultam de seus itens subjacentes ou variáveis de risco – por exemplo, a relação de proteção em que o instrumento de *hedge* e o item protegido têm alterações de itens subjacentes diferentes, mas relacionados, em resposta à alteração na relação entre esses dois itens subjacentes (por exemplo, preços, tarifas ou índices de referência diferentes, mas relacionados). Portanto, o reequilíbrio permite a continuidade da relação de proteção em situações, em que a relação entre o instrumento de *hedge* e o item protegido é alterada de forma que possa ser compensada, ajustando-se o índice de *hedge* (IFRS 9/CPC 48.B6.5.9).

O reequilíbrio deve ser contabilizado como continuação da relação de *hedge*, sendo que a inefetividade de *hedge* deve ser determinada e reconhecida imediatamente antes de ajustar a relação de proteção. Ou seja, na mesma data em que houver o reequilíbrio, deve ser realizado teste de efetividade para se apurar a parcela inefetiva do *hedge*, antes do ajuste do índice de *hedge* (reequilíbrio).

Por fim, segue na Figura 5.19 um fluxograma resumido para aplicação da descontinuação ou de reequilíbrio nas relações de *hedge*.

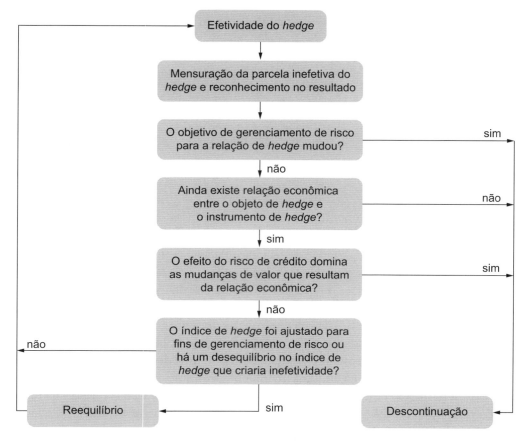

Figura 5.19 Avaliação subsequente de efetividade, reequilíbrio e descontinuação.
Fonte: EY (2019).

5.13 Exemplos de *hedge* e *hedge accounting*

5.13.1 *Hedge* de taxa de juros

Começamos esta seção discutindo uma notícia do *Jornal Valor Econômico*, cujo título expõe o seguinte cenário: "Risco à manutenção de Selic baixa tende a estimular *hedge*". Na publicação dessa matéria, um executivo de um banco comentou conosco: "Quando o CDI [taxa que normalmente varia junto com a Selic] estiver mais baixo, pode ser uma boa hora para as empresas travarem o custo da dívida."[13]

---
[13] Disponível em: https://valor.globo.com/financas/noticia/2018/01/22/risco-a-manutencao-de-selic-baixa-tende-a-estimular-hedge.ghtml. Acesso em: 14 jun. 2022.

Por meio do comentário do executivo, percebemos a relevância do *hedge* em cenários de baixa da taxa de juros, principalmente para as empresas que possuem dívidas atreladas a taxas flutuantes e ativos prefixados. A fixação do custo as deixaria mais seguras com relação aos movimentos do mercado. Embora a taxa de juros não pareça tão volátil quanto o câmbio e as *commodities*, suas variações podem comprometer completamente a margem de intermediação de uma instituição financeira.

À época daquela notícia, a taxa básica de juros (Selic) estava em 7%, e em janeiro de 2019, conforme dados do Banco Central, caiu para o nível de 4,5%, voltando em março de 2022 ao patamar de 11,75%.

Para efeitos contábeis, é relevante lembrar que as dívidas apresentam descasamento de bases de mensuração com relação aos derivativos. As primeiras são, geralmente, mensuradas e contabilizadas ao custo amortizado (*accrual*), enquanto os derivativos são mensurados e contabilizados ao valor justo. Com esse cenário, é recomendável adoção do *hedge accounting*, critério contábil opcional que tem como objetivo a redução desses descasamentos temporais, de modo que a contabilidade reflita de forma mais clara a prática de gerenciamento de riscos e o regime de competência nas demonstrações financeiras.

Exemplo
Risco flutuante para risco fixo (*hedge* de fluxo de caixa)

Uma empresa realiza captação de uma dívida em reais com o objetivo de financiar projetos de pesquisa internos. No entanto, a dívida contratada é remunerada pelo CDI e a área de gestão de riscos financeiros da empresa resolveu contratar um derivativo (*swap*) para trocar o risco de CDI para um risco prefixado, para que a dívida não fique exposta a variação do CDI.

Quando a informação foi repassada para o time de contabilidade, identificou-se um descasamento contábil entre a base de mensuração da dívida (*accrual*) e o derivativo (valor justo). Dessa forma, para que além da proteção financeira houvesse o alinhamento entre os resultados do instrumento e objeto de *hedge*, a empresa designou a relação como um *hedge accounting*. A relação de *hedge* foi designada como um *hedge* de fluxo de caixa, sendo que a data de contratação do derivativo foi a data da designação da relação de *hedge*.

Os dados das operações são as seguintes:

Objeto de *hedge*	
Empréstimo em reais	
Nocional	1.000.000 de reais
Remuneração	100% do CDI
Contratação	01/01/20X1
Vencimento	31/12/20X3

Instrumento de *hedge*	
***Swap* de taxa de juros**	
Nocional	1.000.000 de reais
Leg ativa	100% do CDI
Leg passiva	5%
Contratação	01/01/20X1
Vencimento	31/12/20X3

Os dados de mercado para o apreçamento dos instrumentos são os seguintes:

Data-base	31/12/20X1
DI futuro	6%
Dias úteis até o vencimento	480
Dias úteis decorridos	240
Fator DI histórico	1,045

Data-base	31/12/20X2
DI futuro	6,50%
Dias úteis até o vcto.	240
Dias úteis decorridos	480
Fator DI histórico	1,100

Efetue a mensuração dos itens da relação de *hedge*, bem como os registros contábeis do *hedge* de fluxo de caixa para os dois períodos de avaliação. A relação de *hedge* foi 100% efetiva durante os períodos de análise.

Solução proposta

Cálculos efetuados em 31/12/20X1:

	Objeto	Memória de cálculo
Accrual	1.045.000	1.000.000 × 1,045

	Instrumento	Memória de cálculo
Accrual (*leg* ativa)	1.045.000	1.000.000 × 1,045
Accrual (*leg* passiva)	1.047.563	$1.000.000 \times (1 + 0,05)^{(240/252)}$
***Accrual* do instrumento**	−2.563	1.045.000 − 1.047.563
valor futuro (*leg* ativa)	1.167.664	$1.045.000 \times (1 + 0,06)^{(480/252)}$
valor futuro (*leg* passiva)	1.149.584	$1.047.563 \times (1 + 0,05)^{(480/252)}$
valor futuro do instrumento	18.080	1.167.664 − 1.149.584
valor justo (*leg* ativa)	1.045.000	$1.167.664 / (1 + 0,06)^{(480/252)}$

valor justo (*leg* passiva)	1.028.820	$1.149.584 / (1 + 0,06)^{(480/252)}$
valor justo do instrumento	16.180	1.045.000 – 1.128.820
Variação do valor justo	18.744	16.180 – (–2.563)

Cálculos efetuados em 31/12/20X2:

	Objeto	Memória de cálculo
Accrual	1.100.000	$1.000.000 \times 1,10$

	Instrumento	Memória de cálculo
Accrual (*leg* ativa)	1.100.000	$1.000.000 \times 1,10$
Accrual (*leg* passiva)	1.097.389	$1.000.000 \times (1 + 0,05)^{(240/252)}$
***Accrual* do instrumento**	2.611	1.100.000 – 1.097.389
valor futuro (*leg* ativa)	1.167.992	$1.100.000 \times (1 + 0,065)^{(240/252)}$
valor futuro (*leg* passiva)	1.149.584	$1.097.389 \times (1 + 0,05)^{(240/252)}$
valor futuro do instrumento	18.408	1.167.992 – 1.149.584
valor justo (*leg* ativa)	1.100.000	$1.167.992 / (1 + 0,065)^{(240/252)}$
valor justo (*leg* passiva)	1.082.664	$1.149.584 / (1 + 0,065)^{(240/252)}$
valor justo do instrumento	17.336	1.100.000 – 1.082.664
Variação do valor justo	14.725	17.336 – 2.611

Os lançamentos contábeis efetuados em 01/01/20X1:

Lançamento	Descrição da conta	Valor
Débito	Caixa (ativo)	
Crédito	Empréstimos (passivo)	1.000.000
Histórico: Registro inicial da dívida		

Os lançamentos contábeis efetuados em 31/12/20X1:

Lançamento	Descrição da conta	Valor
Débito	VJ derivativo (ativo)	16.180
Débito	Resultado financeiro (DRE)	2.563
Crédito	Reserva de *hedge* (PL)	18.744
Histórico: Registro do derivativo e parcela efetiva do *hedge*		

Lançamento	Descrição da conta	Valor
Débito	Resultado financeiro (DRE)	
Crédito	Empréstimos (passivo)	45.000
Histórico: Registro do *accrual* da dívida no período		

Os lançamentos contábeis efetuados em 31/12/20X2:

Lançamento	Descrição da conta	Valor
Débito	VJ derivativo (ativo)	1.156
Débito	Reserva de *hedge* (PL)	4.019
Crédito	Resultado financeiro (DRE)	5.174
Histórico: Registro da variação do VJ do derivativo e parcela efetiva do *hedge*		

Lançamento	Descrição da conta	Valor
Débito	Resultado financeiro (DRE)	
Crédito	Empréstimos (passivo)	55.000
Histórico: Registro do *accrual* da dívida no período		

A parcela represada no patrimônio líquido (PL), mais especificamente em outros resultados abrangentes, será baixada para o resultado quando o objeto de *hedge* for liquidado, ou seja, geralmente, na data do vencimento da operação. Dessa forma, durante a vigência do *hedge*, nesse caso, o efeito no resultado será o *accrual* da ponta passiva do *swap*.

Caso houvesse alguma parcela *overhedge*, parte do valor contabilizada em reserva de *hedge* (PL) deveria ser registrada imediatamente, na data da avaliação, no resultado financeiro.

O componente de risco de inflação, contratualmente especificado, dos fluxos de caixa de título de dívida reconhecido indexado à inflação (supondo-se que não haja a exigência de contabilização separada de derivativo embutido) é separadamente identificável e mensurável de forma confiável, desde que outros fluxos de caixa do instrumento não sejam afetados pelo componente de risco (IFRS 9/CPC 48.B6.3.15). No entanto, existe presunção refutável de que, a menos que o risco de inflação seja especificado em contrato, ele não é separadamente identificável e mensurável de forma confiável e, portanto, não pode ser designado como componente de risco de instrumento financeiro. Assim, em casos limitados, é possível identificar componente de risco para o risco de inflação que seja separadamente identificável e mensurável de forma confiável, em função das circunstâncias específicas do ambiente de inflação e do mercado de dívida pertinente.

Se uma entidade deseja fazer *hedge* contra a inflação especificada não contratualmente como um componente de risco de um instrumento financeiro, ela deve refutar a presunção de que a inflação não especificada contratualmente não é identificável separadamente e mensurável com segurança. Para fazer isso, a entidade precisa determinar se é capaz de construir uma curva de inflação futura com base nas taxas de juros reais observáveis de um mercado líquido para o período de *hedge*. Isso pode ser desafiador em alguns ambientes (KPMG, 2018; IFRS 9/CPC 48.B6.3.14).

Exemplo
Risco fixo para risco flutuante (*hedge* de valor justo)

Uma empresa realiza captação de uma dívida em reais com o objetivo de financiar a aquisição de uma máquina para produção. No entanto, a dívida contratada é remunerada por uma taxa prefixada e a área de gestão de riscos financeiros da empresa resolveu contratar um derivativo (*swap*) para trocar o risco prefixado por um risco pós-fixado (CDI), pois foi identificado que a empresa possui diversos ativos financeiros indexados ao CDI, então a empresa pretende manter a exposição líquida de riscos em taxa de juros pós-fixados e para que não haja o desbalanceamento de taxas ativas e passivas no balanço.

Quando a informação foi repassada para o time de contabilidade, identificou-se um descasamento contábil entre a base de mensuração da dívida (*accrual*) e o derivativo (valor justo). Dessa forma, para que além da proteção financeira houvesse o alinhamento entre os resultados do instrumento e objeto de *hedge*, a empresa designou a relação como um *hedge accounting*. A relação de *hedge* foi designada como um *hedge* de valor justo, sendo que a data de contratação do derivativo foi a data da designação da relação de *hedge*.

Os dados das operações são as seguintes:

Objeto de *hedge*	
Empréstimo em reais	
Nocional	1.000.000 de reais
Remuneração	5%
Contratação	01/01/20X1
Vencimento	31/12/20X3

Instrumento de *hedge*	
Swap de taxa de juros	
Nocional	1.000.000 de reais
Leg ativa	5%
Leg passiva	100% do CDI
Contratação	01/01/20X1
Vencimento	31/12/20X3

Os dados de mercado para o apreçamento dos instrumentos são os seguintes:

Data-base	31/12/20X1
DI futuro	6%
Dias úteis até o vcto.	480
Dias úteis decorridos	240
Fator DI histórico	1,045

Data-base	31/12/20X2
DI futuro	6,50%
Dias úteis até o vcto.	240
Dias úteis decorridos	480
Fator DI histórico	1,100

Efetue a mensuração dos itens da relação de *hedge*, bem como os registros contábeis do *hedge* de valor justo para os dois períodos de avaliação. A relação de *hedge* foi 100% efetiva durante os períodos de análise.

Solução proposta

Cálculos efetuados em 31/12/20X1:

	Objeto	Memória de cálculo
Accrual	1.047.563	$1.000.000 \times (1 + 0,05)^{(240/252)}$
valor futuro	1.149.584	$1.047.563 \times (1 + 0,05)^{(480/252)}$
valor justo	1.028.820	$1.149.584 / (1 + 0,06)^{(480/252)}$

	Instrumento	Memória de cálculo
Accrual (*leg* ativa)	1.047.563	$1.000.000 \times (1 + 0,05)^{(240/252)}$
Accrual (*leg* passiva)	1.045.000	$1.000.000 \times 1,045$
Accrual do instrumento	2.563	$1.047.563 - 1.045.000$
valor futuro (*leg* ativa)	1.149.584	$1.047.563 \times (1 + 0,05)^{(480/252)}$
valor futuro (*leg* passiva)	1.167.664	$1.045.000 \times (1 + 0,06)^{(480/252)}$
valor futuro do instrumento	−18.080	$1.149.584 - 1.167.664$
valor justo (*leg* ativa)	1.028.820	$1.149.584 / (1 + 0,06)^{(480/252)}$
valor justo (*leg* passiva)	1.045.000	$1.167.664 / (1 + 0,06)^{(480/252)}$
valor justo do instrumento	−16.180	$1.128.820 - 1.045.000$
Variação do valor justo	−18.744	$-16.180 - 2.563$

Cálculos efetuados em 31/12/20X2:

	Objeto	Memória de cálculo
Accrual	1.097.389	$1.000.000 \times (1 + 0,05)^{(480/252)}$
valor futuro	1.149.584	$1.097.389 \times (1 + 0,05)^{(240/252)}$
valor justo	1.082.664	$1.149.584 / (1 + 0,065)^{(240/252)}$

	Instrumento	Memória de cálculo
Accrual (*leg* ativa)	1.097.389	$1.000.000 \times (1 + 0,05)^{(480/252)}$
Accrual (*leg* passiva)	1.100.000	$1.000.000 \times 1,10$
Accrual do instrumento	−2.611	$1.097.389 - 1.100.000$
valor futuro (*leg* ativa)	1.149.584	$1.097.389 \times (1 + 0,05)^{(240/252)}$
valor futuro (*leg* passiva)	1.167.992	$1.100.000 \times (1 + 0,065)^{(240/252)}$
valor futuro do instrumento	−18.408	$1.149.584 - 1.167.992$
valor justo (leg ativa)	1.082.664	$1.149.584 / (1 + 0,065)^{(240/252)}$
valor justo (leg passiva)	1.100.000	$1.167.992 / (1 + 0,065)^{(240/252)}$
valor justo do instrumento	−17.336	$1.082.664 - 1.100.000$
Variação do valor justo	−14.725	$-17.336 - (-2.611)$

Os lançamentos contábeis efetuados em 01/01/20X1:

Lançamento	Descrição da conta	Valor
Débito	Caixa (ativo)	
Crédito	Empréstimos (passivo)	1.000.000
Histórico: Registro inicial da dívida		

Os lançamentos contábeis efetuados em 31/12/20X1:

Lançamento	Descrição da conta	Valor
Débito	Resultado financeiro (DRE)	
Crédito	Empréstimos (passivo)	28.820
Histórico: Registro do valor justo do empréstimo		

Lançamento	Descrição da conta	Valor
Débito	Resultado financeiro (DRE)	
Crédito	VJ derivativo (passivo)	18.744
Histórico: Registro do valor justo do derivativo		

Os lançamentos contábeis efetuados em 31/12/20X2:

Lançamento	Descrição da conta	Valor
Débito	Resultado financeiro (DRE)	
Crédito	Empréstimos (passivo)	53.844
Histórico: Registro da variação do valor justo do empréstimo		

Lançamento	Descrição da conta	Valor
Débito	Resultado financeiro (DRE)	
Crédito	VJ derivativo (passivo)	1.156
Histórico: Registro da variação do valor justo do derivativo		

Por fim, apresentamos um resumo de estratégias de *hedge* de juros geralmente praticadas nas empresas, conforme Quadro 5.9.

Quadro 5.9 Resumo de estratégias de *hedge* de juros

Item protegido	Risco	Tipo de *hedge*	Estratégias de *hedge* comuns
Dívida de taxa fixa	Exposição à variabilidade do valor justo	*Hedge* de valor justo de um passivo (ou ativo) reconhecido	1. Converter os juros pagos (ou recebidos) em flutuantes, entrando em um *swap* de taxas de juros
			2. Se for um ativo, fixar um valor mínimo comprando uma opção de venda para vender o ativo a preço especificado
			3. Se for um passivo, fixar um valor máximo comprando uma opção de compra para comprar a dívida a preço especificado
Dívida de taxa flutuante	Exposição à variabilidade nos pagamentos (ou recebimentos) de taxas de juros	*Hedge* de fluxo de caixa de um passivo (ou ativo) reconhecido	1. Converter os juros pagos (ou recebidos) em fixos, entrando em um *swap* de taxa de juros
			2. Limitar os juros máximos pagos (ou recebidos) comprando uma *call* (ou *put*)

(Continua)

(Continuação)

Emissão altamente esperada ou compromisso firme de emitir dívida de taxa fixa	Exposição à variabilidade nos pagamentos de taxas de juros devido a mudanças nas taxas de juros até a data de emissão	*Hedge* de fluxo de caixa de uma questão altamente esperada ou de um compromisso firme	1. Bloquear os juros futuros a serem pagos entrando em um *swap* de taxa de juros flutuante de recebimento fixo a termo
			2. Limitar os juros futuros a serem pagos comprando uma *call* ou entrando em um *collar* inicial a prazo
			3. Participar de quedas nas taxas de juros comprando um *swaption*
Emissão altamente esperada de, ou compromisso firme para emitir, dívida de taxa flutuante	Exposição à variabilidade nos pagamentos de taxas de juros em razão de mudanças nas taxas de juros até a data de emissão	*Hedge* de fluxo de caixa de uma questão altamente esperada ou de um compromisso firme	1. Bloquear os pagamentos de juros futuros entrando em um *swap* de taxa de juros fixos de recebimento flutuante a termo
			2. Limitar os pagamentos de juros futuros comprando um *collar*
			3. Participar de quedas nas taxas de juros comprando um *swaption*
			4. Participar das quedas nas taxas de juros comprando uma *put* de título semelhante

Fonte: Ramirez (2015).

5.13.2 *Hedge* de câmbio

Neste capítulo, falaremos sobre os efeitos das mudanças nas taxas de câmbio, assunto tratado no pronunciamento CPC 02(R2), correspondente à norma internacional IAS 21, sobretudo nas situações em que são originadas exposições sobre a variação cambial que podem ser protegidas por uma estratégia de *hedge*, inclusive com a adoção do *hedge accounting*.

Algumas definições são bastante importantes para sabermos como a variação de uma moeda afeta a contabilidade de uma entidade.

Moeda funcional

Segundo a norma contábil, moeda funcional é a moeda do ambiente econômico principal no qual a entidade opera. Em outras palavras, é a moeda com mais influência na formação do preço, dos custos, dos ativos e dos passivos da entidade. Na maioria dos casos, uma empresa que opera no Brasil tem o real como moeda funcional, porém, se ela opera no Brasil vendendo para outros países ou se seu preço é afetado por *commodities* ou concorrentes internacionais, é possível que a moeda funcional seja outra.

Na contabilidade, "moeda estrangeira é qualquer moeda diferente da moeda funcional da entidade" (CPC 02(R2).8).

Qual o impacto da moeda funcional na contabilidade? Uma entidade deve elaborar suas demonstrações financeiras na sua moeda funcional, convertendo qualquer transação em moeda estrangeira para essa moeda. Mais à frente, utilizaremos um exemplo numérico para ilustrar.

Moeda de apresentação

Não confunda moeda funcional com moeda de apresentação. O segundo termo se refere à moeda pela qual uma demonstração financeira é apresentada e, segundo a norma contábil, uma empresa poderia ter real como moeda funcional e apresentar suas DFs em dólar para investidores estrangeiros, o que, na prática, é bastante comum.

No Brasil, a lei exige apresentação das demonstrações contábeis em reais, logo, uma empresa que opera no país e que tenha moeda funcional diferente teria que converter suas DFs ao apresentá-las aos reguladores.

Itens monetários e não monetários

Não conseguimos seguir adiante sem definir que "itens monetários são unidades de moeda mantidas em caixa e ativos e passivos a serem recebidos ou pagos em um número fixo ou determinado de unidades de moeda" (CPC 02(R2).8).

Entre os exemplos de itens monetários, a norma menciona passivos de planos de pensão ou outros benefícios a empregados a serem pagos com caixa, provisões que devem ser liquidadas em caixa, passivos de arrendamento, dividendos a serem distribuídos com caixa e outros. Também podemos mencionar o próprio caixa, as aplicações financeiras, contas a receber, contas a pagar, empréstimos tomados e empréstimos concedidos.

Também é necessário destacar que "a característica essencial de item não monetário é a ausência do direito a receber (ou da obrigação de entregar) um número fixo ou determinável de unidades de moeda" (CPC 02(R2).16).

Entre os exemplos, a norma menciona adiantamento a fornecedores de mercadorias ou a prestadores de serviços, *goodwill*, ativos intangíveis, estoques, imobilizado, ativo de direito de uso e provisões a serem liquidadas mediante a entrega de ativo não monetário.

Reconhecimento inicial

Uma transação em moeda estrangeira deve ser reconhecida contabilmente, no momento inicial, pela moeda funcional, mediante a aplicação da taxa de câmbio à vista entre a moeda funcional e a moeda estrangeira, na data da transação, sobre o montante em moeda estrangeira.

Caso Simulado – Parte 1

Uma entidade importa mercadorias para revenda. As mercadorias já se encontram sob controle da empresa, que em 30 dias pagará US$ 100.000,00 ao seu fornecedor estrangeiro. Considerando que o dólar à vista na data da aquisição esteja cotado em R$ 4,20, a empresa registraria:

Balanço Patrimonial do Caso Simulado na data da aquisição

Ativos			Passivos		
Estoques		420.000,00	Fornecedores		420.000,00
				PL	
Ativo Total		420.000,00	Passivo + PL		420.000,00

Apresentação ao término de períodos de reporte subsequentes

Subsequentemente, a cada data de balanço:

- os itens monetários devem ser atualizados pela taxa de câmbio de fechamento, e a variação cambial deve ser lançada ao resultado, a título de receita, quando representa um ganho, e de despesa, quando representa uma perda;
- os itens não monetários devem ser mantidos pelo custo histórico, sendo convertidos somente no reconhecimento inicial, pela taxa vigente na data da transação.

Caso Simulado – Parte 2

Supondo que, ao fim do mês, a taxa de câmbio esteja em R$ 4,30, teríamos os seguintes balanço e resultado:

Balanço Patrimonial do Caso Simulado na data da aquisição

Ativos			Passivos		
Estoques		420.000,00	Fornecedores		430.000,00
				PL	
			Lucros (prejuízos)		(10.000,00)
Ativo Total		420.000,00	Passivo + PL		420.000,00

Demonstração de Resultados do Exercício do Caso Simulado

Receitas	0,00
Custos e despesas	(0,00)
Despesa de variação cambial	**(10.000,00)**
Prejuízo do período	(10.000,00)

Conversão de itens mensurados ao valor justo

Os itens não monetários mensurados ao valor justo devem ser convertidos pela taxa de câmbio da data da última atualização da sua mensuração, e a contrapartida para essa variação cambial deve acompanhar a contrapartida da atualização a valor justo, ou seja, se a variação no valor justo tem contrapartida no resultado, a variação cambial sobre esse item também deve ir para a DRE, enquanto, se a variação no valor justo tem contrapartida no PL, a variação cambial sobre esse item também deve ir para o PL.

Empréstimos em moeda estrangeira

Os empréstimos em moeda estrangeira são, via de regra, mensurados ao custo amortizado, ou seja, são mensurados, inicialmente, pelos seus valores justos adicionados dos custos de transação e, subsequentemente, ao custo amortizado.

O valor justo de um empréstimo normalmente coincide com o valor da transação, exceto quando há favorecimento sobre uma das partes. Assim, da mesma forma como o valor a pagar para um fornecedor estrangeiro, o valor inicial de um empréstimo em moeda estrangeira deve ser convertido pela taxa da data da transação.

Subsequentemente, o empréstimo será mensurado pelo custo amortizado (*accrual*), ou seja, devemos apropriar juros de acordo com uma taxa de juros efetiva da operação, e qualquer variação cambial tem contrapartida no resultado do exercício.

Como identificamos o risco de variação cambial e conseguimos fazer *hedge*?

O impacto das mudanças de taxas de câmbio nas atividades econômicas da empresa afeta os períodos de relatório atuais e as operações futuras. Risco da taxa de câmbio é a probabilidade de operações denominadas em moeda estrangeira enfrentarem receitas em declínio ou enfrentar um aumento de custo durante períodos futuros em razão de mudanças desfavoráveis nas taxas de câmbio.

Diversas empresas não financeiras efetuam transações internacionais, que podem ser de cunho mais operacional, como aquelas que envolvem exportações ou importações, e também as de cunho financeiro, como empréstimos ou aplicações financeiras. Na prática, uma mesma empresa pode ter ativos e passivos em moeda estrangeira e, consequentemente, expectativas de entradas e saídas de caixa futuras em moeda estrangeira. Em todos esses casos, há oportunidade para fazer *hedge* econômico e contábil dos itens que originam riscos de variação cambial.

Esses riscos geralmente são protegidos por meio de contratos de trava de câmbio, NDF, *swaps*, opções ou instrumentos financeiros não derivativos. Na verdade, diversos outros instrumentos podem ser utilizados com a finalidade de proteção cambial.

O efeito contábil das variações cambiais muitas vezes incomoda os gestores e os usuários das demonstrações financeiras, pois as despesas ou receitas de variação cambial aparecem descasadas dos valores de mercado dos instrumentos de proteção, e os ganhos ou perdas do *hedge* são agrupados no resultado financeiro, quando suas flutuações têm a função de proteger um item operacional.

Exemplo

Hedge de câmbio e juros com *swap* (*hedge* de fluxo de caixa e *hedge* de valor justo)

Muitas empresas no Brasil acessam linhas de crédito no exterior, onde o custo da dívida historicamente é mais barato, uma vez que as taxas de juros internacionais são bem menores do que a taxa de juros nacional. Boa parte dessas operações de crédito são realizadas com base na Lei nº 4.131.

Embora essas dívidas possuam taxas de juros menores, as empresas brasileiras ficam expostas à variação cambial, pois geralmente as linhas de crédito são contratadas em dólar. Assim, um choque de alta na paridade cambial do dólar com relação ao real torna o empréstimo mais caro. Para não correrem esse risco, grande parte das empresas contratam operações de *hedge* para trocarem o risco de variação cambial por um risco de taxa de juros em reais.

Entre os instrumentos financeiros mais utilizados para esse tipo de *hedge* está o *swap*, contrato realizado sobre um valor base (nocional), o qual dá origem a um direito e a uma obrigação remunerados a taxas e moedas predeterminadas. Para proteger um passivo em dólar e que também é remunerado a uma taxa de juros prefixada (US$ + taxa), contrata-se um *swap* com *leg* ativa (direito) de US$ + taxa. Na *leg* passiva (obrigação), teremos uma remuneração em reais (BRL), que será pré ou pós-fixada. Na Tabela 5.6, podemos visualizar de forma mais clara o mecanismo do *hedge*.

Tabela 5.6 Relação de *hedge* econômico

Cenário	Dívida	Swap	
		Ponta ativa	Ponta passiva
1	US$ + taxa	US$ + taxa	Prefixado
2	US$ + taxa	US$ + taxa	% do CDI

Partindo do pressuposto de que as características tanto do instrumento (*swap*) quanto do objeto de *hedge* (dívida) são idênticas, a exposição resultante do *hedge* será exatamente a ponta passiva do *swap*.

Já sob o ponto de vista contábil, há um descasamento que surge pela diferença entre bases de mensuração, conforme a Tabela 5.7.

Tabela 5.7 Tratamento contábil do *hedge* econômico

		Swap	
	Dívida	Ponta ativa	Ponta passiva
Base de mensuração	Custo amortizado	Valor justo	Valor justo

Tal diferença gera volatilidade no resultado contábil, o que não representa da forma mais fidedigna o relacionamento do *hedge* nas demonstrações financeiras. Se designarmos essa relação como um *hedge* contábil, teremos os efeitos teóricos no resultado contábil, apresentados na Tabela 5.8.

Tabela 5.8 Tratamento contábil do *hedge accounting*

Relação de hedge	Dívida	Swap		Efeito teórico no resultado contábil
^	^	Ponta ativa	Ponta passiva	^
Hedge de fluxo de caixa	Accrual – resultado	Accrual – resultado	Accrual – resultado	Accrual da ponta passiva do *swap*
^	^	variação do valor justo – PL	variação do valor justo – PL	^
Hedge de valor justo	Valor justo por meio do resultado (VJPR)	Valor justo por meio do resultado (VJPR)	Valor justo por meio do resultado (VJPR)	Valor justo da ponta passiva do *swap*

Tanto o *hedge* de valor justo quanto o *hedge* de fluxo de caixa eliminam ou reduzem o descasamento contábil, porém cada um possui um método de contabilização particular.

Especificamente para o *hedge* de fluxo de caixa, a variação do valor justo representada no PL é somente aquela considerada efetiva (eventuais inefetividades afetam a DRE), e é baixada para resultado à medida que o principal da dívida é liquidado.

Exemplo[14]

Hedge de câmbio com futuros (*hedge* de fluxo de caixa)

Considere um exportador que irá receber, em março, a quantia de US$ 30.000,00 e que acredita em possível baixa da moeda norte-americana. Com o intuito de não

---
[14] Adaptado de CVM e BM&F (2015).

ficar exposto a essa variação cambial até o vencimento, ele vende minicontratos futuros em uma bolsa qualquer. Do lado do importador, a operação seria exatamente inversa à do exportador (compra). A operação ocorre da seguinte maneira, com os respectivos preços e ajustes na tabela:

- tamanho do minicontrato: US$5.000,00;
- número de contratos: 6 contratos (US$ 30.000,00/US$ 5.000,00);
- taxa de câmbio de abertura de posição no mercado futuro: R$ 2.622/ US$ 1.000;
- taxa de câmbio de ajuste do dia em que a operação foi realizada: R$ 2,621/dólar;
- suposição da taxa de câmbio no mercado à vista no dia do vencimento igual a R$ 2,400/dólar.

Data	Cotação	Tamanho do derivativo	Ajuste	Ajuste (memória de cálculo)	Saldo	Saldo (memória de cálculo)
D0	2,6220	30.000,00	–		-	
D1	2,6050	30.000,00	510	(cotação d0 – cotação d1) × Tamanho do derivativo	510	(ajuste d0 + ajuste d1)
D2	2,5930	30.000,00	360	(cotação d1 – cotação d2) × Tamanho do derivativo	870	(ajuste d2 + saldo d1)
D3	2,5790	30.000,00	420	(cotação d2 – cotação d3) × Tamanho do derivativo	1.290	(ajuste d3 + saldo d2)
D4	2,5910	30.000,00	– 360	(cotação d3 – cotação d4) × Tamanho do derivativo	930	(ajuste d4 + saldo d3)
D5	2,6290	30.000,00	– 1.140	(cotação d4 – cotação d5) × Tamanho do derivativo	– 210	(ajuste d5 + saldo d4)
D6	2,6240	30.000,00	150	(cotação d5 – cotação d6) × Tamanho do derivativo	– 60	(ajuste d6 + saldo d5)
D7	2,5860	30.000,00	1.140	(cotação d6 – cotação d7) × Tamanho do derivativo	1.080	(ajuste d7 + saldo d6)
D8	2,5740	30.000,00	360	(cotação d7 – cotação d8) × Tamanho do derivativo	1.440	(ajuste d8 + saldo d7)
D9	2,5460	30.000,00	840	(cotação d8 – cotação d9) × Tamanho do derivativo	2.280	(ajuste d9 + saldo d8)
D10	2,5280	30.000,00	540	(cotação d9 – cotação d10) × Tamanho do derivativo	2.820	(ajuste d10 + saldo d9)
D11	2,4000	30.000,00	3.840	(cotação d10 –cotação d11) × Tamanho do derivativo	6.660	(ajuste d11 + saldo d10)

Efeitos do *hedge* econômico

- resultado do derivativo: (R$ 2,622/dólar – R$ 2,400/dólar) × US$ 5.000 × 6 = R$ 6.660
- resultado da exportação: R$ 2,400/dólar × US$ 30.000 = R$ 72.000

- resultado do *hedge*: R$ 6.660 + R$ 72.000 = R$ 78.660

- Taxa de câmbio final considerando efeito do *hedge*: R$ 78.660/US$ 30.000 = R$ 2,622/dólar. Ou seja, o resultado final representou a taxa contratada do *hedge*, a qual fixou a variação do risco de variação cambial da exportação. Caso houvesse aumento na paridade cambial, haveria um ganho na exportação e uma perda na operação com derivativo.

Tratamento contábil do *hedge* de fluxo de caixa

Para os lançamentos contábeis, iremos considerar que a estrutura de *hedge accounting* foi 100% em todo o período de avaliação e que a variação do valor justo do derivativo foi designada integralmente (*forward method*).

Os lançamentos contábeis efetuados em D1:

Lançamento	Descrição da conta	Valor
Débito	Valor justo dos derivativos (ativo)	
Crédito	Reserva de *hedge* (OCI)	510
Histórico: registro do valor justo do derivativo e parcela efetiva do *hedge*.		

Lançamento	Descrição da conta	Valor
Débito	Caixa (ativo)	
Crédito	Valor justo dos derivativos (ativo)	510
Histórico: liquidação diária do derivativo.		

Os lançamentos contábeis efetuados em D2:

Lançamento	Descrição da conta	Valor
Débito	Valor justo dos derivativos (ativo)	
Crédito	Reserva de *hedge* (OCI)	360
Histórico: registro do valor justo do derivativo e parcela efetiva do *hedge*.		

Lançamento	Descrição da conta	Valor
Débito	Caixa (ativo)	
Crédito	Valor justo dos derivativos (ativo)	360
Histórico: liquidação diária do derivativo.		

Os lançamentos contábeis efetuados em D3:

Lançamento	Descrição da conta	Valor
Débito	Valor justo dos derivativos (ativo)	
Crédito	Reserva de *hedge* (OCI)	420
Histórico: registro do valor justo do derivativo e parcela efetiva do *hedge*.		

Lançamento	Descrição da conta	Valor
Débito	Caixa (ativo)	
Crédito	Valor justo dos derivativos (ativo)	420
Histórico: liquidação diária do derivativo.		

Os lançamentos contábeis efetuados em D4:

Lançamento	Descrição da conta	Valor
Débito	Reserva de *hedge* (OCI)	
Crédito	Valor justo dos derivativos (ativo)	360
Histórico: registro do valor justo do derivativo e parcela efetiva do *hedge*.		

Lançamento	Descrição da conta	Valor
Crédito	Valor justo dos derivativos (ativo)	
Débito	Caixa (ativo)	360
Histórico: liquidação diária do derivativo.		

Os lançamentos contábeis efetuados em D5:

Lançamento	Descrição da conta	Valor
Débito	Reserva de *hedge* (OCI)	
Crédito	Valor justo dos derivativos (ativo)	1.140
Histórico: registro do valor justo do derivativo e parcela efetiva do *hedge*.		

Lançamento	Descrição da conta	Valor
Crédito	Valor justo dos derivativos (ativo)	
Débito	Caixa (ativo)	1.140
Histórico: liquidação diária do derivativo.		

Os lançamentos contábeis efetuados em D6:

Lançamento	Descrição da conta	Valor
Débito	Valor justo dos derivativos (ativo)	
Crédito	Reserva de *hedge* (OCI)	150
Histórico: registro do valor justo do derivativo e parcela efetiva do *hedge*.		

Lançamento	Descrição da conta	Valor
Débito	Caixa (ativo)	
Crédito	Valor justo dos derivativos (ativo)	150
Histórico: liquidação diária do derivativo.		

Os lançamentos contábeis efetuados em D7:

Lançamento	Descrição da conta	Valor
Débito	Valor justo dos derivativos (ativo)	
Crédito	Reserva de *hedge* (OCI)	1.140
Histórico: registro do valor justo do derivativo e parcela efetiva do *hedge*.		

Lançamento	Descrição da conta	Valor
Débito	Caixa (ativo)	
Crédito	Valor justo dos derivativos (ativo)	1.140
Histórico: liquidação diária do derivativo.		

Os lançamentos contábeis efetuados em D8:

Lançamento	Descrição da conta	Valor
Débito	Valor justo dos derivativos (ativo)	
Crédito	Reserva de *hedge* (OCI)	360
Histórico: registro do valor justo do derivativo e parcela efetiva do *hedge*.		

Lançamento	Descrição da conta	Valor
Débito	Caixa (ativo)	
Crédito	Valor justo dos derivativos (ativo)	360
Histórico: liquidação diária do derivativo.		

Os lançamentos contábeis efetuados em D9:

Lançamento	Descrição da conta	Valor
Débito	Valor justo dos derivativos (ativo)	
Crédito	Reserva de *hedge* (OCI)	840
Histórico: registro do valor justo do derivativo e parcela efetiva do *hedge*.		

Lançamento	Descrição da conta	Valor
Débito	Caixa (ativo)	
Crédito	Valor justo dos derivativos (ativo)	840
Histórico: liquidação diária do derivativo.		

Os lançamentos contábeis efetuados em D10:

Lançamento	Descrição da conta	Valor
Débito	Valor justo dos derivativos (ativo)	

Crédito	Reserva de *hedge* (OCI)	540
Histórico: registro do valor justo do derivativo e parcela efetiva do *hedge*.		

Lançamento	Descrição da conta	Valor
Débito	Caixa (ativo)	
Crédito	Valor justo dos derivativos (ativo)	540
Histórico: liquidação diária do derivativo.		

Os lançamentos contábeis efetuados em D11:

Lançamento	Descrição da conta	Valor
Débito	Valor justo dos derivativos (ativo)	
Crédito	Reserva de *hedge* (OCI)	3.840
Histórico: registro do valor justo do derivativo e parcela efetiva do *hedge*.		

Lançamento	Descrição da conta	Valor
Débito	Caixa (ativo)	
Crédito	Valor justo dos derivativos (ativo)	3.840
Histórico: liquidação diária do derivativo.		

Lançamento	Descrição da conta	Valor
Débito	Contas a receber	
Crédito	Receita operacional	72.000
Histórico: reconhecimento de receita pela realização da exportação.		

Lançamento	Descrição da conta	Valor
Débito	Reserva de *hedge* (OCI)	
Crédito	Receita operacional	6.660
Histórico: liquidação diária do derivativo.		

Portanto, o resultado operacional na data da realização da exportação será igual ao resultado econômico do *hedge* – R$ 78.660, o qual representa a taxa contratada no contrato futuro.

Em um passado não tão distante, pelos requisitos normativos do IAS 39/CPC 38, não havia a possibilidade da designação de uma exposição líquida de itens para *hedge accounting*, e isso obrigava as empresas a construírem estratégias de *hedge* segregadas para cada tipo de objeto protegido, tornando o *hedge* mais custoso, já que a companhia deveria controlar duas ou mais estratégias separadamente e contratar instrumentos separados de acordo com a posição dos riscos (*short/long*). Ou seja, se o risco das transações de exportação é a queda do valor da moeda estrangeira, nas importações o risco seria a alta do câmbio.

Já para a nova norma contábil (IFRS 9/CPC 48), essa restrição – o *hedge* de uma posição líquida – não existe mais. Entretanto, de acordo com o item B6.6.1 do IFRS 9/CPC 48, "a posição líquida é elegível para contabilização de *hedge* somente se a entidade proteger-se em base líquida para fins de gerenciamento de risco"; ou seja, só se pode aplicar a contabilização de *hedge* de exposição líquida se essa forma de controle estiver alinhada com a abordagem de gestão de risco da empresa.

Exemplo
Exposição cambial líquida

Para melhor entendimento, elaboramos um exemplo prático de como poderia ser medida a exposição líquida na determinação do volume de contratação de *hedge*:

Período esperado de realização	Exportação em US$	Importação em US$	Exposição líquida em US$
T1	1.500.000	–800.000	700.000
T2	1.000.000	–1.000.000	–
T3	800.000	–600.000	200.000
Total	3.300.000	–2.400.000	900.000

Sob os requisitos do IAS 39/CPC 38, deveríamos contratar instrumentos de proteção para a exposição de US$ 3.300.000 e outros de US$ 2.400.000 para as importações.

Sob o IFRS 9/CPC 48, o *hedge* poderia contemplar somente a exposição líquida de US$ 900.000, tornando o *hedge* menos custoso do ponto de vista de contratação de instrumentos financeiros.

Além desses fatores, uma entidade deve efetuar uma avaliação mais profunda das suas estratégias de *hedge* e a correspondente elegibilidade normativa, sem falar, é claro, dos controles desses casamentos e descasamentos ao longo do tempo e não somente do montante total.

Exemplo
Hedge de câmbio com empréstimo em dólar (*hedge* de fluxo de caixa)

Uma empresa exportadora de trigo, cuja moeda funcional é o real, tem previsão de vendas futuras de trigo para um volume de 1.000.000 dólares e possui o mesmo valor em dívidas dolarizadas, com o objetivo de alinhar os fluxos de caixa de entradas e de saídas em dólares, protegendo-se contra uma variação cambial desfavorável.

Para tanto, a empresa deseja designar essa relação de proteção para *hedge accounting*. Embora a empresa continue estando sujeita ao risco de variação do preço do trigo, ela pode designar na relação de *hedge* somente a variação atribuível à variação cambial do item protegido.

Premissas:

Volume projetado de vendas: US$ 1.000.000

Volume contratado de dívidas: US$ 1.000.000

Preço do câmbio à vista na data da designação (*t0*): 3,2 BRL/US$

Preço do câmbio à vista na data do teste de efetividade (*t1*): 5,00 BRL/US$

Taxa de juros da dívida: Libor

A relação é designada como um *hedge* de fluxo de caixa

A relação de *hedge* é 100% efetiva

Solução proposta

Na data da designação (*t0*), não há nenhum registro contábil, pois a variação cambial designada na relação de *hedge* começa no segundo dia de designação e a dívida já estava registrada no balanço no valor de R$ 3.200.000.

No 1º mês (*t1*) após a designação do *hedge accounting*, os efeitos contábeis são os seguintes:

Variação cambial do instrumento de *hedge* = 1.000.000 × (5,00 – 3,20) = R$ 1.800.000, sendo que o valor contábil da dívida passa a ser R$ 5.000.000, ainda sem considerar o efeito dos juros e da variação cambial sobre esses juros incorridos.

Lançamento	Descrição da conta	Valor
Débito	Reserva de *hedge* (PL)	
Crédito	Passivo financeiro	1.800.000
Histórico: registro da variação cambial do instrumento de *hedge* e da parcela efetiva do *hedge*.		

No 1º mês (*t1*) após a designação do *hedge accounting*, a taxa Libor foi de 1,5% a.a., então, os efeitos contábeis são os seguintes:

Dívida corrigida em dólar = 1.000.000 × (1 + 0,015 × 30 / 360) = US$ 1.001.250

Dívida corrigida em reais = 1.001.250 × 5,00 = R$ 5.006.250

Lançamento	Descrição da conta	Valor
Débito	Despesa financeira (DRE)	
Crédito	Passivo financeiro	6.250
Histórico: registro da variação cambial sobre os juros, não designada, do instrumento de *hedge*.		

O valor total do respectivo registro contábil representa os componentes de juros e variação cambial sobre os juros incorridos. Como o *hedge accounting* designou somente o montante de 1.000.000 dólares, o efeito dos juros e da variação cambial sobre juros deve ser reconhecido diretamente no resultado.

É importante ressaltar que, enquanto as vendas protegidas não forem realizadas, o efeito cambial sobre as receitas de vendas não impacta o resultado contábil. Dessa forma, supondo que as vendas somente sejam realizadas nos próximos meses, o valor da variação cambial da dívida contabilizado no PL fica aguardando a realização dessas vendas, e deve ser amortizado no resultado à medida que essas vendas também impactarem o resultado.

Caso essa relação de *hedge* não fosse designada como um *hedge* de fluxo de caixa, a variação cambial da dívida teria impactado o resultado financeiro em R$ 1.806.250 negativos, e não estaria claro que a maior parte, referente à variação cambial sobre o principal, seria compensada futuramente pelas receitas em dólares. Consideramos que é mais fácil montar uma estrutura de *hedge accounting* e evidenciação clara do que gastar recursos futuramente para tentar explicar um resultado contábil adverso e que não condiz com o fluxo financeiro da transação.

Por último, apresentamos sugestivamente o Quadro 5.10, que demonstra algumas modalidades de derivativos cambiais alternativos para proteção. É importante ressaltar que, ao se usar derivativos mais sofisticados para *hedge*, há possibilidades de não ser um derivativo elegível para *hedge accounting*, portanto, ao contratar qualquer derivativo fora do padrão, é necessária realização de uma avaliação mais aprofundada da relação econômica do *hedge*, sobretudo, da elegibilidade do instrumento para fins de contabilização de *hedge*.

Quadro 5.10 Instrumentos alternativos de *hedge* cambial

Derivativo cambial	Implicações no *hedge accounting*
Contrato a termo	Instrumento de FX mais amigável para se qualificar como instrumento de *hedge*. A avaliação da eficácia pode ser baseada em taxas *spot* ou *forward*. Se com base nas taxas à vista (*spot*), as mudanças no valor justo atribuível ao elemento *forward* são reconhecidas, à escolha da entidade, em OCI (na medida em que se relacionam com o item coberto) ou diretamente no resultado
Opção	Tratado de forma relativamente favorável de acordo com o IFRS 9. Valor do tempo comumente excluído da relação de *hedge*. Neste caso, as alterações do valor do tempo são levadas para OCI (na medida em que se relacionam com o item coberto), aumentando a volatilidade em OCI, e posteriormente recicladas
Tunnel (collar)	Opção lançada sujeita a condições especiais para se qualificar como instrumento de *hedge*. Valor de tempo comumente excluído da relação de *hedge*. Neste caso, as alterações do valor temporal são levadas a OCI (na medida em que se relacionam com o item coberto), aumentando a volatilidade em OCI, e posteriormente recicladas. Baixa volatilidade em OCI, com relação às opções independentes em função do potencial deslocamento entre as mudanças de valor de tempo das opções

(Continua)

(Continuação)

Participating forward	A divisão entre um contrato a termo e uma opção melhora o tratamento de contabilidade de *hedge*
Contrato a termo com cláusula de *knock-in*	Dividido entre um termo (elegível para contabilidade de *hedge*) e um derivativo residual (não designado), pode melhorar os efeitos indesejados nos resultados. O tratamento da contabilidade de *hedge* é menos desafiador do que o KIKO ou um *range accrual*
KIKO *forward*[15]	Quando se espera que a barreira de *knock-in* seja atingida, sugere-se a divisão entre um derivativo a termo (elegível para contabilidade de *hedge*) e um derivativo residual (não designado). Se a barreira de *knock-in* não tem expectativa de ser atingida, sugere-se a divisão entre uma opção (elegível para contabilidade de *hedge*) e um derivativo residual (não designado). O tratamento contábil pode ser especialmente desafiador se a barreira de *knock-out* for provavelmente ultrapassada
Range accrual forward[16]	É muito desafiador atender aos requisitos de contabilidade de *hedge*, a menos que o reequilíbrio seja bem projetado. O reequilíbrio pode ser contestado pelos auditores e a descontinuação da relação de *hedge* pode ser necessária

Fonte: Ramirez (2015).

5.13.3 *Hedge* de *commodities*

As *commodities* representam grande parte das exportações brasileiras, e é importante destacar que as *commodities* agrícolas, como a soja, o frango e o açúcar, normalmente estão entre os principais produtos do país, dividindo espaço com o minério de ferro, o petróleo e outras.

O termo *commodity* significa mercadoria, porém, ele é bastante aplicado para se referir a um produto básico, sem diferenciação, em estado bruto ou com baixo nível de transformação. Desta forma, são mercadorias com pouco valor agregado e cujo preço depende, basicamente, dos níveis de oferta e demanda.

Companhias que operam na cadeia de fornecimento de alguma *commodity*, geralmente, estão sujeitas aos riscos de variações nos preços das *commodities* e da moeda na qual essa *commodity* é negociada (geralmente, o dólar americano). Grande parte das *commodities* possui formação de preço em bolsa de mercadorias no exterior, portanto,

---

[15] Um KIKO (*knock-in knock-out*) *forward* permite ao titular vender uma moeda específica (digamos, dólar) a uma taxa de câmbio predefinida (ou seja, o preço de exercício das opções) quando a taxa de câmbio se move dentro de uma faixa pré-especificada, ou entre barreiras inferior e superior. Os investidores que utilizam essa estrutura podem personalizá-la de forma que atenda às suas necessidades e requisitos. Isso significa que eles podem escolher as barreiras, o preço de exercício (*strike*), os valores nominais das opções de venda e de compra e a data de vencimento.

[16] Um derivativo com acumulador de faixa (*range accrual*) é uma opção que acumula valor para cada dia em que uma taxa de referência permanece dentro de uma faixa especificada (a faixa de acumulação) durante o período de observação de acumulação. Por exemplo, acumulação do nocional diariamente, caso o preço à vista do ativo subjacente no *i*-ésimo dia esteja entra as faixas de acumulação determinadas no contrato. Um risco desta estratégia é chegar ao fim do *hedge* e o derivativo ter acumulado um nocional maior ou menor do que o tamanho do objeto de *hedge*.

sofrem interferência nas variações do câmbio, pois geralmente as companhias no Brasil possuem o real como moeda funcional. Dessa forma, origina-se também o risco cambial.

Diferentemente de outros setores, sobretudo o de agronegócio possui grande parte das suas exposições atreladas a vendas ou compras futuras de *commodities*, as quais, em sua maioria, ainda não estão registradas na contabilidade (*off balance*).

Quando um *hedge* é construído em um cenário similar, o instrumento de proteção é contabilizado no balanço da companhia. Dessa forma, é originado um descasamento contábil, pois o instrumento de proteção é geralmente registrado ou a valor justo ou a custo amortizado, com a contrapartida no resultado financeiro, e o item protegido (vendas ou compras futuras) não é contabilizado no balanço, durante a vigência do *hedge*, pois trata-se de uma operação regida pelo CPC 47, em que o ativo de contas a receber só poderá ser reconhecido na contabilidade quando houver a transferência dos riscos e benefícios do serviço ou produto vendido.

Para que esse descasamento contábil seja mitigado, a companhia poderá designar esse *hedge* em uma relação de *hedge accounting*, onde as variações do instrumento de proteção deixarão de ser registradas no resultado enquanto o item protegido não for realizado.

É importante ressaltar que não somente o setor agrícola está sujeito às variações nos preços de *commodites*. Empresas integrantes, por exemplo, do setor de metais e energia também correm o risco de variações desfavoráveis em suas *commodities* negociadas, seja na produção da própria *commodity* e consequentemente na venda, seja junto a quem irá adquiri-las para usufruto do um negócio.

Quadro 5.11 Exemplos de *commodities*

Metais	Energia	Agricultura e Pecuária	Exóticos
▪ Alumínio	▪ Carvão	▪ Cacau	▪ Madeira serrada
▪ Cobre	▪ Petróleo bruto	▪ Café	▪ Borracha
▪ Ouro	▪ Energia elétrica	▪ Milho	▪ Seda
▪ Chumbo	▪ Óleo de aquecimento	▪ Algodão	▪ Lã
▪ Níquel	▪ Gás natural	▪ Gado alimentador	▪ Créditos de carbono
▪ Paládio	▪ Gasolina sem	▪ Porcos magros	
▪ Prata	chumbo	▪ Gado vivo	
▪ Estanho	▪ Minério de urânio	▪ Suco de laranja	
▪ Zinco		▪ Barriga de porco	
		▪ Farelo de soja	
		▪ Óleo de soja	
		▪ Soja	
		▪ Açúcar	
		▪ Trigo	

Fonte: Frush (2008, p. 14).

Ressalta-se que ao longo do tempo poderão surgir outras mercadorias que se caracterizarão como *commodity*, que, consequentemente, poderão ocasionar a necessidade da criação de um mercado futuro para as respectivas mercadorias. Dessa forma, o Quadro 5.11 não exaure todas *commodities* existentes, nem as que poderão fazer parte desse rol de ativos.

É importante enfatizar também que as empresas que atuam sobretudo no agronegócio possuem geralmente exposição ao risco de *commodities*. Suas atividades costumam estar totalmente atreladas ao preço da *commodity* negociada, cuja variação de preço pode ser proveniente dos componentes expostos no Quadro 5.12, os quais podem ser observados nas relações de *hedge*.

Quadro 5.12 Composição dos potenciais riscos das *commodities* ao estruturar um *hedge*

Risco	Descrição do risco
Preço da *commodity*	É o risco decorrente da variação do preço das *commodities* em sua praça/local de referência
Prêmio + *Basis*	*Basis* é o diferencial de preço entre a praça/local de referência em que o preço do contrato futuro é formado e a localidade em que a empresa negocia aquela mesma *commodity*, podendo variar ao longo do tempo
Câmbio	É risco de variação cambial sobre a cotação das *commodities*, caso uma entidade possua moeda funcional diferente da moeda em que a *commodity* é negociada

Fonte: Adaptado de Carvalho (2020).

Embora o risco de base seja uma avaliação que é feita incluindo um efeito temporal futuro e presente, no final da relação de *hedge* o risco de base irá representar fonte(s) de inefetividade(s) da relação econômica, em razão das diferenças na formação de preço e liquidação dos instrumentos derivativos utilizados para proteção e do preço físico da *commodity* protegida, ocasionando uma relação de *hedge* não 100% efetiva.

No que tange ao risco de base (*basis* ou prêmio), o preço no mercado físico (preço à vista) para determinada *commodity* é o preço futuro ajustado por variáveis como frete, manuseio, armazenagem e qualidade, bem como a oferta e a demanda locais. A diferença de preço entre o físico e o futuro pode ser insignificante, ou expressiva, sendo que a variação nem sempre acontece na mesma proporção (CME GROUP, 2014).

No entanto, mesmo havendo risco de base, este é muito mais previsível que flutuações de preços da maioria das *commodities*. Dessa forma, quem faz *hedge* aceita eliminar o risco de preço e retém o de base, que oferece um risco relativamente pequeno. As *tradings* oferecem fechamento/negociação do *basis* pois assumem este risco. Mas elas fazem isso porque dominam os fatores que afetam o *basis* e são pertinentes à negociação do físico.

A diferença entre o preço praticado no mercado físico e o preço futuro firmado no contrato derivativo é definido como *basis*. Cada mercado local utiliza como referência o preço praticado na bolsa de mercadorias e, em seguida, levam-se em conta as considerações locais de oferta, demanda e frete, para estabelecer o preço a ser praticado naquele local. Por outro lado, o preço do contrato futuro na bolsa de mercadorias envolve todas as forças econômicas e reflete as expectativas futuras do quadro de oferta e demanda global (ARAUJO, 2017, p. 158-159).

Mesmo sendo verdade que o risco de base é relativamente menor do que o risco associado aos preços do mercado físico ou do mercado futuro, o risco de base ainda é um risco de mercado (CME GROUP, 2014).

Exemplo
Basis

O contrato futuro de soja CME (negociado na B3) tem seu preço referenciado em Chicago. Porém, a soja brasileira é produzida em diferentes localidades no Brasil. Assim, o preço local oferecido ao produtor brasileiro é diferente do preço negociado em Chicago naquele momento; inclusive, na data de liquidação, haverá diferenças entre o preço físico e o preço de liquidação em bolsa, conforme se vê na Figura 5.20.

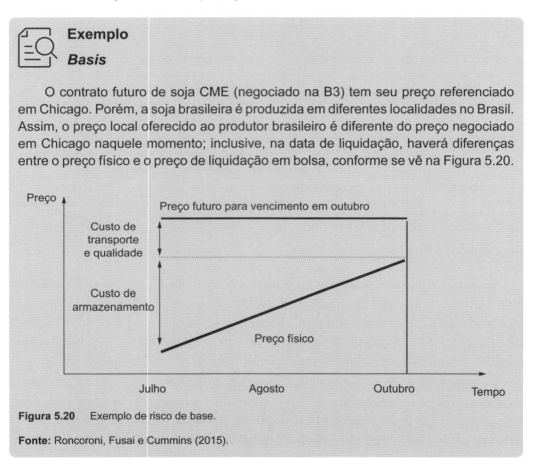

Figura 5.20 Exemplo de risco de base.
Fonte: Roncoroni, Fusai e Cummins (2015).

Como podemos observar na Figura 5.20, vamos supor que uma empresa contrata um derivativo em julho (mesma data da projeção de uma venda ou compra de determinada *commodity*) para vencimento em outubro, que também é o mês esperado de liquidação no mercado físico. Observamos que o risco de base ao longo do tempo é reduzido e o preço do mercado físico converge para o preço no mercado futuro. No entanto, na liquidação do derivativo e do produto físico há diferenças, que representam um risco de base real da relação de *hedge* e podem ser capturadas pelos testes de efetividade quantitativos, caso seja uma relação designada para *hedge accounting*. Em muitos livros e manuais, encontramos a seguinte fórmula:

Risco de base (basis risk) = *Preço à vista – Preço futuro*

Mas é importante salientar que a natureza do risco de base não é função do tempo (preço à vista hoje *versus* preço em uma data futura) e, sim, é função de custos de frete, comercialização, armazenagem e questões de qualidade, como se pode ver na Figura 5.20. Isso porque o produto físico, normalmente negociado por um preço à vista, pode ter características diferentes do respectivo derivativo de *commodity* negociado nas bolsas de valores e mercadorias.

Assim, a diferença remanescente dessa relação é conhecida por "*time value*", que representa o custo do dinheiro no tempo que existe nos contratos futuros, mas não nos preços do mercado físico.

Exemplo de questões de qualidade e especificação: produzo e comercializo um café especial e faço *hedge* do preço de venda usando um contrato futuro de café arábica. Quando eu de fato vendo meu café, na época da safra, recebo o preço da bolsa mais um "prêmio" por sua qualidade. Esse diferencial em função da qualidade do produto também pode ser afetado por questões de oferta e demanda da *commodity*.

Há bastante confusão teórica entre prêmio e *basis*. Na prática, muitas vezes são usados como se fossem sinônimos. Mas preferimos separá-los e caracterizá-los conforme segue:

- *Basis* é a diferença entre o mercado físico, em diferentes localidades produtoras da *commodity*, e o mercado futuro, que está sendo negociado em grandes praças financeiras.
  - **Afetam o *basis*: custo do frete**; armazenagem (capacidade); oferta e demanda; questões logísticas; qualidade do produto; câmbio; etc.
- **Prêmio** é aplicado sobre a paridade de exportação. Pode ser prêmio (+) ou o desconto (–) sobre o preço futuro negociado nas bolsas internacionais.
  - **Afetam o prêmio: oferta** de países produtores e **demanda** de consumidores de determinada *commodity*. Para maior clareza sobre o efeito do prêmio e do *basis* nas negociações comerciais e decisões de *hedge*, vale observar os gráficos de preços de soja e de alumínio, respectivamente, nas Figuras 5.21 e 5.23.

O gráfico da Figura 5.21 mostra a evolução do preço da soja no Porto de Santos (medida pelo Platts) e sua diferença a maior com relação ao preço da soja em Chicago (CBOT), de 2018 a 2020. O preço para a soja brasileira é sistematicamente maior porque o prêmio foi bastante positivo, refletindo um período de alta demanda pela soja brasileira no mercado internacional.

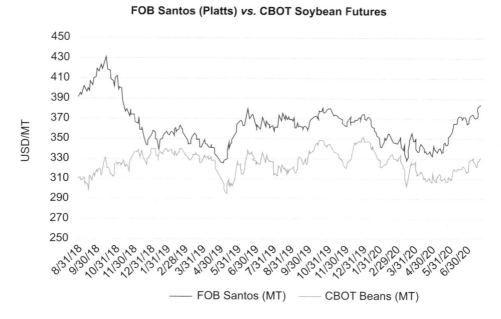

Figura 5.21 *Basis* e prêmio na soja.

Fonte: CME Group. Disponível em: https://www.cmegroup.com/markets/agriculture/oilseeds/fob-santos-soybeans-financially-settled-platts.contractSpecs.html. Acesso em: 22 jun. 2020.

Se incluíssemos o preço da soja no Mato Grosso no gráfico, certamente esse seria menor do que o preço de Chicago. Pois o produtor brasileiro, que não está no Porto de Santos e sim no interior do Brasil, possui custos de logística para levar seu produto até os grandes centros de comercialização e por isso surge o "*basis*" ou risco de base.

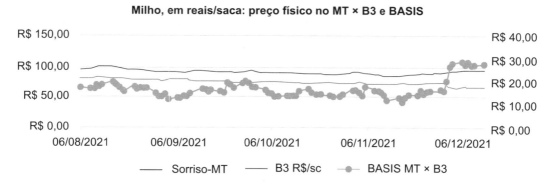

Figura 5.22 Exemplo de *basis* do milho, no Brasil.

Fonte: os autores.

No gráfico da Figura 5.22, vemos a evolução do preço do milho e o aumento significativo do *basis* (eixo da direita), tendo como referência o preço em Sorriso (MT) e comparando-o ao preço praticado no primeiro futuro de milho na B3. O preço da B3 é sempre maior pois há custos de transporte e armazenagem para o produtor que está no MT, os quais são maiores do que para os produtores que estão na região de Campinas (localidade de referência para formação do preço do milho na B3).

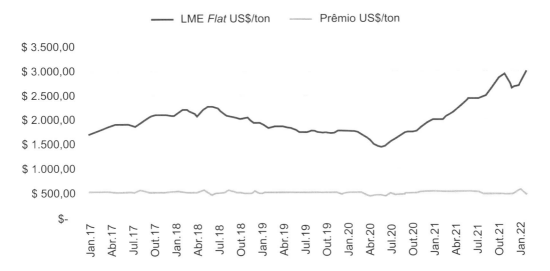

Figura 5.23 Exemplo de *basis* e prêmio no alumínio.

Fonte: os autores.

O alumínio é uma *commodity* usada em diversos processos produtivos no Brasil e no mundo e seu preço de referência está na London Metal Exchange (LME). Assim, os compradores e importadores de alumínio no Brasil pagam prêmio e *basis* que fazem seu custo de matéria-prima ser maior do que o preço dos futuros desse metal na bolsa de Londres.

Nesse gráfico, vemos o *basis* pago por um comprador de alumínio no Paraná, o qual foi cerca de 500 dólares por tonelada acima do preço da LME, de 2017 a 2021.

Exemplo

Hedge accounting de açúcar

A Companhia XYZ contratou uma NDF (vendida) de açúcar com fixação do preço em reais, para fixação do açúcar e do câmbio para o próximo ano. A Companhia XYZ designou o derivativo como um *hedge* de fluxo de caixa. Seguem as informações do contrato:

Data-base da avaliação: 20/dez./2018
Nocional: 5.000 toneladas
Taxa a termo: 1.110 R$/ton
Açúcar futuro (mês referência): 13,00 US$/sc
Fator de conversão (unidade de medida): 22,0462
Dólar Futuro: 3,789 a.p.
CDI futuro: 7% a.a.
Dias úteis até o vencimento: 100

a) Utilize o modelo de fluxo de caixa descontado para mensurar o valor justo do derivativo, conforme segue:

$$Ponta\ variável = \frac{\left(Cmdty_{fwd}\right) \times \left(dol_{fwd}\right) \times \left(fator\ de\ conversão\right)}{\left(1+di_{fwd}\right)^{\frac{du}{252}}}$$

$$Ponta\ Fixa = \frac{\left(Txcontratada\right)}{\left(1+di_{fwd}\right)^{\frac{du}{252}}}$$

b) Realize a contabilização do derivativo para o *hedge* de fluxo de caixa. Observe que o valor justo do derivativo foi designado integralmente para o *hedge accounting* e a relação de *hedge* foi 100% efetiva, sem considerarmos fontes de inefetividade:

Solução proposta

a)

$$Ponta\ variável = \frac{\left(13,00\right) \times \left(3,789\right) \times \left(22,0462\right)}{\left(1+0,07\right)^{\frac{100}{252}}} = 1.057\ ton/R\$$$

$$Ponta\ fixa = \frac{\left(1.110,00\right)}{\left(1+0,07\right)^{\frac{100}{252}}} = 1.080\ ton/R\$$$

$$Valor\ Justo = 5.000 \times \left(1.057,16 - 1.080,59\right) \times \left(-1\right) = R\$\ 117.163$$

b)

Lançamento	Descrição da conta	Valor
Débito	Ajuste positivo (ativo) derivativo	
Crédito	Reserva de *hedge* (PL)	117.163
Histórico: registro do valor justo do derivativo e parcela efetiva do *hedge*.		

Podemos afirmar que o prêmio de polarização existente no açúcar e indicador de sua qualidade e especificação representa um risco de base. No que tange à norma contábil IFRS 9/CPC 48, podemos interpretar que o risco de base constitui uma fonte de inefetividade nas relações de *hedge*. Portanto, é um fator que gera inefetividade na relação econômica, pois o risco de base representa diferenças nos componentes da formação de preços e liquidação entre o instrumento de *hedge* o item protegido. Dessa forma, entendemos que, para fins de teste de efetividade e documentação de *hedge*, o risco de base deve ser documentado.

Exemplo
Hedge com derivativos asiáticos

No mercado de estanho, os derivativos utilizados para *hedge* geralmente são aqueles conhecidos por derivativos asiáticos. Os derivativos asiáticos são liquidados com base na média do preço do ativo subjacente em determinado período – ou seja, na data da liquidação da operação, o resultado do derivativo será a diferença positiva ou negativa entre o preço fixado da operação (comprado/vendido) e a média do preço de mercado em um período determinado no contrato derivativo:

	Exemplo: comparação de uma NDF padrão e NDF asiático de estanho	
	Cotação do estanho	US$/toneladas
	Preço *spot* na liquidação	16.458
	Preço *spot* médio na liquidação	16.463
	Condições do contrato a termo (NDF)	
	Nocional	1.000 toneladas
	Posição	vendedor
	Preço fixado em contrato	1.461 US$/ton
	Resultado na liquidação – NDF	US$
NDF padrão	(Preço fixado – Preço *spot*) × Nocional	3.000
NDF asiático	(Preço fixado – Preço *spot* médio) × Nocional	(2.000)

Neste exemplo, apresentamos a simulação de um mesmo contrato NDF, nos formatos padrão e asiático, na data da liquidação da operação. O preço *spot* médio é definido nas cláusulas contratuais, geralmente mencionado no contrato como "período de verificação", e esse deve ser o período considerado para mensurar a média de preço do ativo negociado.

É importante ressaltar que não há outras características contratuais que diferenciem um derivativo tradicional de um asiático. Por exemplo, o gráfico de *playoff* de uma opção asiática e o de uma opção tradicional seguem o mesmo comportamento, no que se refere ao *hedge*.

Para fins de *hedge*, um cenário de uso comum do derivativo asiático é o de proteção de compras ou vendas que não ocorrem em uma data específica, pois são distribuídas ao longo de um período (por vezes, dentro de um mesmo mês). No mercado de metais, onde os contratos físicos de cobre, alumínio, estanho e outros muitas vezes utilizam como parâmetro de preços as cotações da London Metal Exchange (LME), os derivativos com liquidação asiática costumam cumprir seu papel de instrumento de proteção.

Sugere-se a utilização de derivativos asiáticos quando o item protegido não for liquidado em uma data única ou específica, mas em datas incertas ou distribuídas ao longo de um período.

Embora Hull (2016, p. 658) defenda o uso de derivativos asiáticos para baratear a operação de *hedge*, a tesouraria de cada empresa deve atentar ao objetivo do *hedge* e à sua eficácia.

A utilização da média de um período para a determinação do preço mensal é muito comum nos mercados de *commodities* metálicas (SCHOFIELD, 2007), porém, na prática, há exceções.

Não somente o mercado de metais faz uso de derivativos asiáticos. Empresas que possuem receitas ou custos em moeda estrangeira distribuídos ao longo de um período também podem sentir essa necessidade, se essas entradas ou saídas estiverem distribuídas no tempo e não em uma data específica. Nesses casos, faz muito mais sentido proteger a média de preço da moeda estrangeira ou *commodity* no período do que a cotação em uma data específica.

 Exemplos[17]

Estudo de caso 1

O fabricante de qualquer produto pode se deparar com uma situação em que as matérias-primas necessárias podem não ser precificadas até o seu efetivo recebimento. Isso significa que a empresa está exposta a uma possível alteração em suas margens de lucro. Como ação preventiva, o fabricante pode comprar futuros cujo vencimento coincida com a data de precificação da *commodity* subjacente. Uma vez que os futuros não estão sendo usados como fonte de suprimento, a transação

---

[17] Adaptados de Schofield (2007, p. 221-222).

poderia ser encerrada assumindo uma posição igual e oposta pouco antes do vencimento.

Vamos supor que um fabricante de garrafas plásticas de água tenha necessidade contínua de comprar polietileno linear de baixa densidade. Ele não sente que é capaz de repassar quaisquer custos extras para o usuário final das garrafas de água e, portanto, decide que precisa travar seus custos para manter suas margens.

Olhando para os preços dos contratos futuros no início de março, ele observa que o contrato futuro de junho está sendo negociado a US$ 1.185 por tonelada e, portanto, decide comprar um futuro a esse preço. O preço de ajuste final para esse contrato futuro será definido no último dia útil do mês anterior ao mês de vencimento (ou seja, o último dia útil de maio). A liquidação real (ou seja, troca de dinheiro por mercadoria) ocorrerá na terceira quarta-feira de cada mês de vencimento do futuro (ou seja, a terceira quarta-feira de junho neste exemplo). Uma vez que o fabricante não deseja receber a entrega física da mercadoria, ele precisará fazer uma compensação até 31 de maio (presumindo que seja um bom dia útil).

Suponhamos também que o fabricante decida encerrar a posição futura no final de maio, quando o preço para entrega em junho estiver em US$ 1.250 por tonelada. Lembre-se de que o preço final dos futuros será igual ao preço à vista em vigor na mesma época. Tendo comprado o futuro por US$ 1.185 e vendido por US$ 1.250, o fabricante teve um lucro de US$ 65 por tonelada. O fabricante não receberá esse pagamento pelo sistema de margem de variação, mas o fará no dia de liquidação marcado pela troca (a terceira quarta-feira do mês de entrega). Se o fabricante puder cronometrar o fechamento do contrato futuro com o preço da mercadoria física, a incompatibilidade entre os dois preços não deve ser significativa. Isso, no entanto, pressupõe que o preço do contrato subjacente seja baseado na LME em vez de, digamos, uma fonte alternativa como os Independent Commodity Inteligence Services (ICIS).

Se a compra do material físico tivesse sido baseada no preço da LME em 31 de maio, o custo líquido para o fabricante seria de US$ 1.250 menos o lucro de US$ 65 por tonelada no futuro. Isso dá um custo líquido de US$ 1.185, que é igual ao preço do futuro comprado original. Isso ignora qualquer prêmio (*basis*) que possa ter sido negociado com o preço da LME por diferenciais de qualidade e entrega em um local específico.

O *hedger* pode executar simultaneamente uma série de contratos futuros para entrega em meses sequenciais, se souber que haverá uma exposição física subjacente regular. Isso é descrito como uma faixa de futuros.

Estudo de caso 2

Vamos supor que um distribuidor tenha concordado em vender polipropileno em 2 meses. O distribuidor concordou com um preço de venda fixo com o cliente com base no preço futuro da CME de 2 meses (US$ 1.055) mais uma margem. O distribuidor não é obrigado a fazer *hedge* dessa exposição, mas corre o risco de que o custo da matéria-prima suba antes da entrega prometida, corroendo qualquer margem de lucro. Como resultado, ele decide comprar futuros pelo preço atual.

Suponhamos que a posição comprada em futuros seja fechada pouco antes do vencimento para evitar a entrega física. Também vamos supor que o preço do polipropileno subiu para US$ 1.100 por tonelada. Isso resultará em um lucro de US$ 45 por tonelada no contrato futuro. O distribuidor vai ao mercado físico e compra a quantidade necessária de polipropileno, pagando o preço vigente, que também presumiremos ser de US$ 1.100. A posição líquida do distribuidor é:

Transação de futuros (instrumento de *hedge*):

- Futuros de polipropileno comprados a US$ 1.055.
- Futuros de polipropileno vendidos a US$ 1.100.
- Lucro e perda líquida de futuros US$ 45 de lucro por tonelada.

Contrato comercial subjacente (objeto de *hedge*):

- Polipropileno vendido ao cliente por US$ 1.055 + margem.
- Polipropileno comprado por US$ 1.100.
- Lucro e perda física líquida = perda de US$ 45 por tonelada + margem.

O efeito desse *hedge* de futuros é travar a margem acordada com o cliente. Mais uma vez, o exemplo assume que a compra física do polipropileno é precificada de acordo com a CME sem considerar o efeito do risco de base, na relação de *hedge*.

5.13.4 *Hedge* no setor elétrico

De acordo com a Agência Nacional de Energia Elétrica (ANEEL), no Brasil, a principal fonte de geração é a hidrelétrica (água corrente dos rios), que responde por 62% da capacidade instalada em operação no país, seguida das termelétricas (gás natural, carvão mineral, combustíveis fósseis, biomassa e nuclear), com 28%. O restante é proveniente de usinas eólicas (energia dos ventos) e importação da energia de outros países.

O setor elétrico é composto pelos seguintes participantes:

- **Geradoras**: responsáveis pela produção de energia em sua respectiva fonte de geração.

- **Transmissoras**: responsáveis pelo transporte dos pontos de geração até os centros consumidores.

- **Distribuidoras**: responsáveis pelo transporte dos centros consumidores até os consumidores.

- **Comercializadoras**: responsáveis pela compra e pela venda de energia elétrica para os consumidores participantes do mercado livre de energia (MLE).

- **Consumidores**: clientes finais de energia elétrica, podendo ser ou não ser participantes do MLE.

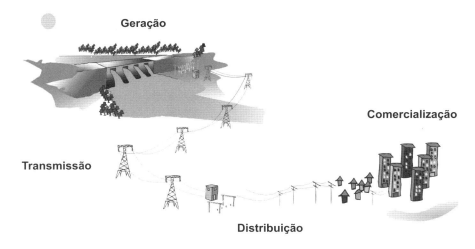

Figura 5.24 Funcionamento do setor elétrico brasileiro.

Fonte: Adaptada de ANEEL.

No mercado livre de energia, consumidores e geradoras (por intermédio das comercializadoras ou por conta própria) negociam contratos de energia elétrica com preço, volume, submercado, prazo de fornecimento e tipo de energia. Os contratos negociados nesse ambiente requerem a entrega física da energia.

De modo geral, a liquidação financeira desses contratos ocorre no 6º dia útil (DU) do mês subsequente ao do suprimento de energia. A parte vendedora deve registrar o contrato na Câmara de Comercialização de Energia Elétrica (CCEE) até o 6º DU, não sendo necessário informar a quantidade energética. A parte compradora, por sua vez, deve validá-lo até o 7º DU. Se necessárias, alterações podem ser efetuadas até o 8º DU. A CCEE é responsável pela viabilização das atividades de compra e venda de energia.

O evento conhecido como "liquidar na CCEE" refere-se às diferenças apuradas entre a quantidade contratada e a quantidade consumida ou produzida, positivas ou negativas, valoradas ao Preço de Liquidação das Diferenças (PLD) para posterior liquidação financeira no Mercado de Curto Prazo (MCP).

Para fins de exemplificação, consideremos que "X" consumiu uma quantidade maior que aquela que fora contratada. Neste caso, "X" deverá pagar a quantidade excedente consumida valorada ao PLD à CCEE. Entretanto, se "X" consumiu menos, a CCEE pagará a quantidade consumida a menor, também valorada ao PLD, para "X". Vejamos mais exemplos.

Exemplo 1

A Indústria "X" prevê o consumo, no próximo mês, do volume de 744 megawatts/hora (MWh). Por esse motivo, negocia com a Comercializadora "Y" a compra do referido volume pelo preço de R$ 60/MWh. Na outra ponta, a Geradora "Z" negocia com a Comercializadora "Y" a venda do mesmo volume ao preço de R$ 59 por MWh. Para melhor ilustrar, veja a Figura 5.25.

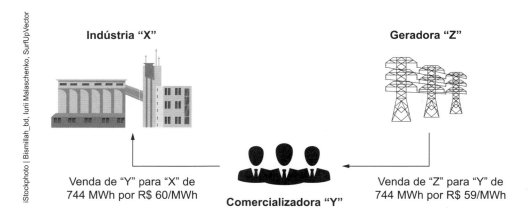

Figura 5.25 Fluxo de operação.

Para fins deste exemplo, ao considerarmos que o volume negociado foi o mesmo volume consumido/produzido na data da medição, as partes não estão expostas à liquidação de diferenças na CCEE, ou seja, não estão suscetíveis ao PLD.

	Indústria "X"	Geradora "Z"	Comercializadora "Y"
Quantidade negociada	744 MWh	744 MWh	1.488 MWh
Posição	Comprada	Vendida	Zerada
Quantidade de exposição	–	–	–
Valor a (pagar) receber pelos contratos	(R$ 44.640)	R$ 43.896	R$ 744
Valor a (pagar) receber pela exposição	–	–	–

Exemplo 2

A Indústria "X", prevendo um consumo de 744 MWh no mês subsequente, negocia com a Comercializadora "Y" a compra do referido volume pelo preço de R$ 60/MWh, totalizando R$ 44.640. Quando da medição efetiva, observa-se que a entidade consumiu 800 MWh, ou seja, 56 MWh mais que o contratado. Nesta situação, conforme se vê na Figura 5.26, "X" pagará o excedente à CCEE, valorado ao PLD divulgado.

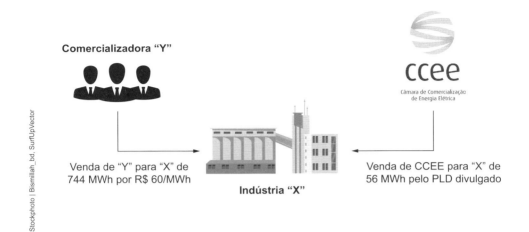

Figura 5.26 Fluxo de negociação.

Exemplo 3

A situação apresentada no exemplo anterior ocorre, também, com as empresas comercializadoras de energia. Vamos aos seguintes eventos: a Indústria "X" negociou a compra de 600 MWh pelo preço unitário de R$ 60, a serem consumidos no próximo mês, com a Comercializadora "Y", enquanto a Geradora "Y" negociou a venda de 550 MWh pelo valor total de R$ 30.800 para o mesmo período. Entre a data das negociações e do encerramento do mês de suprimento, "Y" não efetivou outras operações, ficando em posição vendida e exposta em 50 MWh. Considerando o PLD de R$ 62/MWh, na data da liquidação financeira dos contratos, geralmente no 6º DU, teremos:

	Indústria "X"	Geradora "Z"	Comercializadora "Y"
Quantidade negociada	600 MWh	550 MWh	1.150 MWh
Posição	Comprada	Vendida	Vendida 50 MWh
Quantidade de exposição	–	–	50 MWh a comprar
Valor a (pagar) receber pelos contratos	(R$ 36.000)	R$ 30.800	R$ 5.200
Valor a (pagar) receber pela exposição	–	–	(R$ 3.100)

Os participantes do mercado físico estão sujeitos às seguintes legislações tributárias:

- IRPJ e CSSL;
- PIS e Cofins sobre as compras e vendas de energia;
- ICMS onerando financeiramente o consumidor final e recolhido por meio de substituição tributária.

Para melhor ilustração, vejamos os impactos tributários na DRE decorrente das transações apresentadas no Exemplo 3:

	Indústria "X"	Geradora "Z"	Comercializadora "Y"
Receita pela venda de energia	–	R$ 30.800	R$ 36.000
(–) Despesa com PIS e Cofins	–	(R$ 2.849)	(R$ 3.330)
(=) Receita Líquida	–	**R$ 27.951**	**R$ 32.670**
(–) Compra de energia	(R$ 36.000)	–	(R$ 30.880)
(–) Compra de energia: exposição	–	–	(R$ 3.100)
(+) Créditos com PIS e Cofins	R$ 3.330	–	R$ 3.143
(=) Resultado Bruto	**(R$ 32.670)**	**R$ 27.951**	**R$ 1.833**
(–) Despesa com IRPJ e CSSL	–	(R$ 9.503)	(R$ 623)
(=) Resultado Líquido	**(R$ 32.670)**	**R$ 18.448**	**R$ 1.210**

Os participantes do MLE podem proteger as suas exposições com instrumentos derivativos atrelados ao PLD, como apresentado a seguir.

Hedge no mercado derivativo

Os participantes do mercado livre de energia e do mercado financeiro (bancos, fundos de investimento, investidores etc.) podem negociar contratos de derivativos de energia, para os quais não há a entrega física de energia. Além disso, diferentemente dos contratos firmados no mercado físico, os contratos no mercado derivativo não são registrados na CCEE, mas devem, na data da negociação, ser registrados em administradora de mercado organizado, como o Balcão Brasileiro de Comercialização de Energia (BBCE).

Outra expressiva diferença entre os contratos negociados nesses dois mercados é o valor liquidado na data do vencimento. Enquanto o contrato negociado no mercado físico é liquidado pela função preço multiplicado pela quantidade negociada, o negociado no mercado derivativo é liquidado pelo volume do contrato valorado pela variação entre o PLD e o preço contratado.

Os valores tanto a pagar quanto a receber na data de liquidação dos termos sem entrega física são calculados pela função: $VL = (PLD - PT) \times Q$

Onde:

VL: valor de liquidação, expresso em reais;

PT: preço a termo negociado, conforme definido em contrato; e

Q: quantidade de MWh negociada, conforme definida contratualmente.

Para fins de ilustração, consideremos que a Indústria "X" estima consumir 744 MWh de energia no próximo mês e, diante disso, para se proteger de possível alta de preço, negocia um contrato a termo, ou seja, sem entrega física (posição comprada), do volume previsto de consumo com a Comercializadora "Y" ao preço de R$ 60/MWh.

Ademais, a Geradora "Z" negocia também um contrato a termo com a Comercializadora "Y", porém em posição vendida, de 744 MWh ao preço unitário de R$ 59, pois almeja proteger-se de uma possível queda de preço.

Na data de liquidação, o PLD é de R$ 70 por MWh. Vejamos no Quadro 5.13 a liquidação dos contratos.

Quadro 5.13 Exemplo de *hedge* de preço de energia

	Indústria "X"	Geradora "Z"
Valor de liquidação	R$ 7.440 = (R$ 70 – R$ 60) × 744 MWh	R$ 8.184 = (R$ 70 – R$ 59) × 744 MWh
Posição	Comprada	Vendida
Liquidação financeira	Receberá da Comercializadora "Y"	Pagará a Comercializadora "Y"

Adotemos como orientação:

	Posição Comprada	Posição Vendida
VL positivo	Comprador: recebe Vendedor: paga	Comprador: recebe Vendedor: paga
VL negativo	Comprador: paga Vendedor: recebe	Comprador: paga Vendedor: recebe

No âmbito tributário, a apuração dos tributos e das contribuições depende da finalidade da contratação dos instrumentos derivativos, a saber, especulativa ou protetiva. Vejamos:

- IRPJ incide sobre o ganho líquido apurado no mês da liquidação, cessão ou encerramento de posição:
  - finalidade protetiva: as perdas são dedutíveis sem limitação de natureza;
  - finalidade especulativa: as perdas são dedutíveis até o limite de ganhos em operações de mesma natureza. As perdas não tomadas como dedutíveis são acumuladas para serem utilizadas em períodos subsequentes.
- CSLL incide sobre ganho líquido apurado no mês da liquidação, cessão ou encerramento de posição. As perdas são dedutíveis sem limitação de natureza, independentemente da finalidade.
- PIS e Cofins quando do regime não cumulativo:
  - finalidade protetiva: não há incidência quando do ganho e não há créditos quando da perda (Decreto nº 8.426, de 2015);
  - finalidade especulativa: há a incidência sobre a receita bruta auferida, pois tal é tratada como receita financeira. Não há créditos pela perda (Decreto nº 8.426, de 2015).
- IOF: sem incidência.
- ICMS: sem incidência, uma vez que não há a circulação da mercadoria.

216 Contabilidade de Derivativos e *Hedge Accounting* • *Barreto e Carvalho*

Quadro 5.14 Ilustração das diferenças entre os mercados de energia físico e derivativo

	Mercado Físico	Mercado Derivativo
Entrega física	Sim	Não
Valor Liquidação	Preço × Quantidade	(PLD – Preço) × Quantidade
Data do Registro	Registro até o 6º dia útil do mês seguinte ao da geração ou do consumo	Registro no momento da negociação
Local do Registro	Registro na CCEE	Registro na administradora de mercado organizado (ex.: BBCE)
Participantes	Mercado livre de energia	Mercado livre de energia e instituições financeiras (bancos, fundos e corretoras)
Risco de Crédito	Risco de crédito bilateral + Riscos associados ao MCP (GSF, insuficiência de lastro, rateio de inadimplência...)	Risco de crédito bilateral
IRPJ	Sim	Sim, com limitações
CSLL	Sim	Sim
PIS e Cofins	Sim	Depende
ICMS	Sim	Não

Fonte: Elaboração própria e BBCE.

5.13.5 Casos reais de prática de *hedge accounting*

Hedge de fluxos de caixa previstos: Caso Petrobras

Hedge tira R$ 36 bilhões do prejuízo da Petrobras

Por Thais Carrança – *Valor Econômico* (30 mar. 2016)

A matéria do *Valor Econômico* menciona uma das operações de *hedge accounting* mais famosas do Brasil: o *hedge* de fluxos de caixa previstos da Petrobras.

Em 2013, a estatal brasileira designou sua dívida como instrumento de *hedge*, tendo parte dos fluxos de caixa futuros de exportação designados como item protegido.

Por que a estratégia faz sentido? Porque, provavelmente, a Petrobras não teria contratado empréstimos em dólares sem proteção com derivativos, caso não visse os fluxos de exportação como um *hedge* natural.

Pensando em uma estratégia envolvendo somente as exportações e a dívida em dólares, a ideia é que, mesmo que as exportações ainda não tenham sido performadas e, portanto, estejam fora do balanço, elas afetam a exposição da companhia, uma vez que são altamente prováveis. Assim, um movimento de alta ou de baixa na cotação da moeda americana causará efeitos inversos nas exportações e na dívida.

Basicamente, qual o efeito contábil dessa estratégia? Por ser um *hedge* de fluxo de caixa, nada acontece com o item protegido, logo, as exportações futuras, que estavam fora do balanço, continuariam da mesma forma. De outro lado, a variação cambial da dívida em dólares, aquela parcela designada como *hedge*, teria sua variação cambial sendo registrada em contrapartida do PL e não mais do resultado.

A partir de 2014, quando a tempestade perfeita caiu sobre a Petrobras, essa estratégia de *hedge* também foi criticada, e um dos argumentos era que a estatal, no líquido, importava mais do que exportava. A justificativa da companhia, neste caso, é que a variação cambial das importações é protegida por meio de uma estratégia de preços, portanto, em termos de estratégia, teríamos dívida em dólar protegendo exportações e variações das importações sendo repassadas nos preços.

Ajuda contábil
Como seriam os números da Petrobras sem o uso da contabilidade de *hedge*
Resultados atribuídos à empresa controladora – em R$ bilhões

	2013	2014	2015
Resultado do exercício	23,4	–21,7	–34,8
Variação cambial diferida registrada no patrimônio líquido	–12,2	–13,9	–60,7
Reclassificação do patrimônio líquido para o resultado	0,6	1,3	6,2
Efeito tributário	3,2	4,3	18,5
Resultado do exercício sem contabilidade de *hedge*	15	–30	–70,8

Figura 5.27 Efeito da variação cambial nos resultados da Petrobras, se não estivesse aplicando *hedge accounting*.
Fonte: Petrobras, elaboração *Valor Econômico*.

Alguns conselheiros e a própria Comissão de Valores Mobiliários (CVM) entenderam que, com o aumento do dólar, a Petrobras estava mascarando uma variação cambial negativa que deixaria seus prejuízos de 2014 e 2015 ainda maiores.

A intenção da CVM de punir a petroleira não prosseguiu, pois prevaleceu a norma contábil, que nunca deixou de permitir que uma companhia com o perfil da Petrobras (importadora líquida) designasse somente seus fluxos de exportações e de dívida em dólares para uma estratégia de *hedge accounting*.

Mais informações podem ser obtidas por meio da página do jornal *Valor Econômico*. Acesse o Qr Code.

uqr.to/187g8

Efeito do *hedge accounting* na empresa Terra Santa

A Terra Santa Agro é uma empresa produtora de *commodities* agrícolas, com foco na produção de soja, milho e algodão. Possui sete unidades de produção localizadas no estado brasileiro do Mato Grosso.

No início de março de 2020, em notas explicativas da companhia e algumas matérias veiculadas na imprensa, o mercado foi informado de que seus resultados foram negativamente influenciados, entre outros fatores, pela contabilidade de *hedge*. Cabe-nos esclarecer que a contabilidade de *hedge* não cria resultados, embora ajuste a competência do instrumento de *hedge* à do item protegido. Assim, produzimos esse texto com finalidade exclusivamente didática, e somente a partir de dados públicos divulgados.

A companhia opera com vendas nos mercados interno e externo, e a variação cambial das vendas indexadas ao dólar norte-americano é protegida por dívidas em dólar, em uma estratégia que costumamos chamar de *hedge* natural.

Quando a dívida é designada para uma relação de *hedge* de fluxo de caixa, a variação cambial do dólar à vista dessa dívida, referente à parcela efetiva do *hedge*, é contabilizada como reserva de *hedge* no patrimônio líquido (PL), ou seja, em vez de afetar o resultado, a variação cambial vai sendo acumulada no PL. De acordo com o cronograma de realização das vendas, essa parcela efetiva, acumulada no PL, vai sendo baixada para o resultado operacional, compensando a variação cambial que afetou as receitas de vendas.

Para o ano de 2019, a receita bruta de vendas e serviços da Terra Santa foi impactada negativamente em −13,7% pelo efeito da baixa da parcela efetiva do *hedge* no resultado, como é possível observar na nota explicativa 25:

	Controladora		Consolidado	
	2019	2018	2019	2018
Receita bruta de vendas e serviços	903.411	850.035	904.801	877.633
Variação cambial (*Hedge* de fluxo de caixa)	(123.474)	(22.646)	(123.474)	(22.646)
(–) Devoluções e abatimentos	(246)	(496)	(614)	(1.425)
(–) Impostos sobre vendas	(27.343)	(32.481)	(27.104)	(34.640)
Receita líquida de vendas e serviços	752.348	794.412	753.582	818.922

O resultado do *hedge* reduziu a receita líquida da companhia, pois desde a data da designação, certamente, houve aumento no preço do dólar, o que tornou a dívida mais cara, porém, na mesma medida, a receita foi impactada positivamente, embora isso não fique explícito nas demonstrações financeiras. Se houvesse redução no preço do dólar no referido período, a variação cambial da dívida seria positiva e a receita, menor. Esse é o resultado esperado de uma estratégia de *hedge*, quando a companhia não tem o desejo de ganhar ou perder com a variação cambial, e sim de proteger uma margem aceitável da sua receita.

Ainda hoje, as empresas não fazem uma evidenciação clara dos efeitos do *hedge accounting* nas demonstrações financeiras, pois geralmente é evidenciado apenas o efeito do instrumento de *hedge*. Uma apresentação dos efeitos em conjunto, da relação de *hedge*, ou seja, do instrumento e também do item protegido, poderia tornar mais fácil a interpretação dos impactos do *hedge accounting*.

Uma sugestão poderia ser um quadro demonstrativo da efetividade do *hedge*, apresentando as variações ocorridas no item protegido e no instrumento de *hedge*, bem como os seus respectivos efeitos contábeis.

Efeito do *hedge accounting* na empresa São Martinho

A São Martinho S.A. ("Companhia" ou "Controladora"), é uma sociedade anônima de capital aberto, com sede em Pradópolis, no estado de São Paulo, listada na Brasil, Bolsa, Balcão (B3). A Companhia e suas controladas (conjuntamente, "São Martinho") têm como objeto social e atividade preponderante o plantio de cana-de-açúcar; cogeração de energia elétrica; exploração de empreendimentos imobiliários; exploração agrícola; importação e exportação de bens, de produtos e de matéria-prima; e a participação em outras sociedades.

Para o exercício de 30 de junho de 2020, a São Martinho optava pela utilização da contabilidade de *hedge* (*hedge accounting*) para a contabilização de parte de seus instrumentos financeiros. Os instrumentos eleitos para designação são:

a. derivativos de açúcar, etanol e moeda estrangeira – dólar americano; e

b. dívidas em moeda estrangeira – dólar americano – que efetuam coberturas de vendas das safras 2020/2021 a 2025/2026 e foram classificados como *hedge* de fluxo de caixa de transações esperadas altamente prováveis (vendas futuras).

Os instrumentos financeiros derivativos são contratados exclusivamente com a finalidade de precificar e proteger as operações de exportação de açúcar, etanol e outros produtos e variações nas taxas de juros. Não são efetuadas operações com instrumentos financeiros para fins especulativos.

Em alguns dos fatores utilizados para comprovação da relação econômica do *hedge accounting*, foram realizados testes prospectivos e retrospectivos de eficácia que demonstraram que os instrumentos designados para *hedge* proporcionam uma compensação altamente eficaz aos efeitos de variações de preços sobre o valor das vendas futuras.

Com relação aos *hedge*s de açúcar, os derivativos foram designados para proteção da variação dos fluxos de caixa das vendas futuras de açúcar. Tais operações são realizadas na Bolsa de Nova York – Intercontinental Exchange (ICE Futures US) e com instituições financeiras de primeira linha mediante contratos de balcão ou diretamente com os clientes.

Para os *hedge*s de câmbio, os instrumentos financeiros derivativos e não derivativos foram designados como proteção de fluxos de caixa das vendas futuras em moeda estrangeira. Segundo o quadro da composição dos instrumentos financeiros designados, são utilizadas estratégias de *hedge* com opções, NDFs e dívidas em moeda estrangeira junto a instituições financeiras de primeira linha.

A composição dos instrumentos financeiros designados para *hedge accounting* na data das demonstrações financeiras atuais é como apresentada no Quadro 5.15.

Quadro 5.15 Valores dos instrumentos financeiros designados para *hedge accounting*

Controladora e Consolidado	Ativo	Passivo	Total em outros resultados abrangentes
Instrumentos financeiros:			
Derivativos de mercadorias – futuro, opções e contratos a termo	81.247	101.547	(20.300)
Derivativos de câmbio – opções/NDF	463	207.055	(206.592)
Variação cambial de contratos de financiamentos (*trade finance*)	–	713.903	(713.903)
	81.710	1.022.505	(940.795)
Tributos diferidos sobre os itens acima	(27.781)	(347.652)	319.871
	53.929	674.853	(620.924)

As variações no valor justo dos derivativos designados como *hedge* efetivo de fluxo de caixa têm seu componente eficaz registrado contabilmente no patrimônio líquido ("ajuste de avaliação patrimonial") e o componente ineficaz é registrado no resultado do exercício ("resultado financeiro"). Os valores acumulados no patrimônio líquido são realizados na demonstração do resultado nos exercícios em que o item protegido por *hedge* afetar o resultado, cujos efeitos são apropriados ao resultado, na rubrica "Receita líquida de vendas", de modo a minimizar as variações do objeto de *hedge*.

Nas informações contábeis intermediárias atuais, os impactos contabilizados, o patrimônio líquido da Companhia e a estimativa de realização no resultado estão demonstrados no Quadro 5.16.

Quadro 5.16 Valores dos instrumentos financeiros designados para *hedge accounting* por safra

Controladora e Consolidado	Safra 20/21	Safras 21/22	Safras 22/23 e 23/24	Safras 24/25 a 25/26	TOTAL
Instrumentos financeiros derivativos:					
Derivativos de mercadorias – futuro, opções e contratos a termo	(23.035)	2.735	–	–	(20.300)
Derivativos de câmbio – opções/NDF	(197.247)	(9.345)	–	–	(206.592)

(Continua)

(Continuação)

Variação cambial de contratos de financiamentos (*trade finance*)	(1.829)	(144.718)	(292.634)	(274.722)	(713.903)
	(222.111)	(151.328)	(292.634)	(274.722)	(940.795)
Tributos diferidos sobre os itens anteriores	75.518	51.452	99.496	93.405	319.871
	(146.593)	**(99.876)**	**(193.138)**	**(181.317)**	**(620.924)**

Além dos *hedge*s efetuados, a Companhia apresenta em suas notas explicativas um quadro considerando sua exposição líquida cambial, desconsiderando os instrumentos e itens designados para *hedge accounting*.

Quadro 5.17 Exposição líquida cambial

Consolidado	30 de junho de 2020	Milhares de US$ equivalentes
Ativo circulante e não circulante		
Caixa e equivalentes de caixa (bancos – depósitos à vista)	234.320	42.795
Contas a receber de clientes	135.106	24.675
Instrumentos financeiros derivativos	133.359	24.356
Total dos ativos	502.785	91.826
Passivo circulante e não circulante:		
Empréstimos e financiamentos	2.299.220	419.872
Instrumentos financeiros derivativos	387.755	70.810
Total dos passivos	2.686.975	490.682
Subtotal ativo (passivo)	(2.184.190)	(398.856)
(–) Empréstimos e financiamentos em moeda estrangeira	2.299.220	419.872
Exposição líquida ativa	**115.030**	**21.016**

A exposição líquida deduz empréstimos e financiamentos em moeda estrangeira, uma vez que estes serão liquidados com recursos oriundos das receitas com exportações futuras e, portanto, já designados em relações de *hedge*.

Nesse caso, é sempre importante avaliar o limite de exposições a riscos de mercado na política de *hedge*. Haveria a possibilidade de avaliar a elegibilidade da exposição líquida cambial para *hedge accounting*, no entanto, quem deve nortear as decisões de risco é a política de *hedge* (mencionada também como política de gestão de riscos).

Hedge nas instituições financeiras

Os professores Eric Barreto e Berenice Damke fizeram uma pesquisa observando as práticas de *hedge* da carteira bancária em 33 bancos que operam no Brasil, incluindo as instituições que negociam ações na B3 e aquelas dos segmentos S1 e S2.

A divulgação desse resumo tem como objetivo divulgar as práticas de *hedge* e *hedge accounting* comuns no mercado bancário. Em cada diferente setor, temos observado práticas comuns e sugerido as melhores práticas nos projetos em que participamos.

Voltando à pesquisa dos bancos, em pouquíssimos casos conseguimos todas as informações relevantes, como uma descrição breve sobre instrumentos e objetos de *hedge* e riscos protegidos, nas demonstrações financeiras.

A categoria do *hedge*, via de regra, é divulgada, mas em nenhuma DF encontramos nas notas de práticas contábeis uma descrição do critério que levou uma entidade a classificar uma estrutura como *hedge* de valor justo ou *hedge* de fluxo de caixa. Menções sobre os testes de efetividade utilizados pelas instituições praticamente não existem nas notas explicativas.

Dadas as limitações das demonstrações publicadas, fizemos contato com colegas de aproximadamente dez instituições, assim melhoramos nosso entendimento sobre o *hedge* ou o *hedge accounting* realizado pela empresa para proteção de dois riscos: moeda e taxa. A pesquisa foi importante para entendermos as práticas comuns nos bancos brasileiros, incluindo, em alguns casos, a forma como contratam os derivativos para esse tipo de proteção.

Das instituições da nossa amostra, seis não operaram com derivativos nos dois últimos anos e duas possuem *hedge* natural de taxa em reais, sem uso de derivativos (uma delas capta e empresta a taxas prefixadas, enquanto a outra capta e aplica a taxas pós-fixadas).

São nove as instituições da amostra que fazem *hedge* de moeda ou taxa, porém, sem designar as estruturas para *hedge accounting*. A maior vantagem da contabilidade de *hedge* seria reduzir a volatilidade dos resultados nos períodos em que a marcação a mercado dos derivativos gera valores significativos, enquanto o maior desafio costuma ser documentar a relação de *hedge* adequadamente, incluindo a comprovação de que o *hedge* é efetivo.

Hedge do risco de taxa de juros

Na Tabela 5.9, demonstramos que a maior parte das instituições protege o risco de taxa de juros por meio de contratos futuros negociados na B3 (16 incidências contra 10 que usaram *swaps*). Das instituições que usaram futuros, todas que designaram o passivo pós-fixado como objeto de *hedge* classificaram a estrutura como *hedge* de fluxo de caixa. Já as que designaram o ativo prefixado como item protegido, em sua maioria, classificaram a estrutura como *hedge* de valor justo (6 incidências contra 3 *hedges* de fluxo de caixa). Das que usaram *swaps*, 6 designaram suas estruturas como *hedge* de fluxo de caixa, contra 2 que optaram pela classificação como *hedge* de valor justo.

No *hedge* de moeda, uma parte menor (7 instituições) utilizou futuros ou termos como instrumento de proteção e 15 instituições usaram *swaps*. Entre as primeiras, encontramos 2 designações como *hedge* de investimento líquido no exterior e 2 designações como *hedge* de fluxo de caixa que tiveram ativos em moeda estrangeira como item protegido. Entre os 15 bancos que usaram *swaps*, todos protegeram captações em moeda estrangeira, sendo que, entre os que fizeram designação para *hedge accounting*, 10 bancos optaram pela classificação como *hedge* de valor justo e 6 como *hedge* de fluxo de caixa. A soma é superior aos 15 bancos que utilizam *swaps* para esse tipo de *hedge*, pois algumas instituições tiveram *hedge*s nas duas categorias. Infelizmente, não obtivemos muitas informações sobre os *swaps* utilizados nessas estruturas, algo que seria fundamental para entendermos as classificações escolhidas.

Importante lembrar que alguns dos grandes bancos possuíam outros derivativos e estratégias de *hedge accounting*, porém, optamos por tabular somente as estratégias de *hedge* comuns à maioria dos bancos da amostra.

Tabela 5.9   Resumo das estruturas de *hedge* nas instituições financeiras estudadas

Risco	Instrumen-to de *hedge*	Objeto de *hedge*	*Hedge* econômico	*Hedge* VJ	*Hedge* FI Cx	*Hedge* invest. líquido
Taxa de juros	Futuros	Ativo Pré	16	6	3	0
		Passivo CDI		0	4	0
	Swaps	Ativo Pré/ Index	10	1	4	0
		Passivo CDI		1	2	0
Moeda	Futuros e termos	Investidas no exterior	7	0	0	2
		Ativo ME		0	2	0
	Swaps	Captações ME	15	10	6	0

Fonte: os autores.

5.14   Tópicos avançados de *hedge accounting*

5.14.1   *Hedge* de uma exposição agregada

• •

IFRS 9.BC6.158-BC6.159

A orientação sobre a implementação da IAS 39 afirmava que os derivativos poderiam ser designados apenas como instrumentos de *hedge*, não como itens protegidos (individualmente ou como parte de um grupo de itens protegidos).

Na prática, isso geralmente evita que os derivativos sejam qualificados como itens protegidos. Da mesma forma, as posições que combinam uma exposição e um derivativo ("exposições agregadas") não se qualificavam como itens protegidos. A orientação de implementação que acompanha o IAS 39 forneceu a justificativa para não permitir que derivativos (ou exposições agregadas que incluem um derivativo) sejam designados como itens protegidos. A justificativa era de que os instrumentos derivativos sempre foram destinados para negociação e mensurados ao justo valor com os ganhos ou perdas reconhecidas no resultado, a menos que sejam designados como instrumentos de *hedge*.

No entanto, este raciocínio é difícil de justificar à luz da exceção de permitir que algumas opções adquiridas sejam qualificadas como itens protegidos, a despeito de a opção ser um derivativo independente ou um derivativo embutido. Se uma opção de compra independente pode ser um item protegido, então é arbitrário proibir os derivativos que fazem parte de uma exposição agregada de fazerem parte de um item protegido. Muitos levantaram preocupações semelhantes em resposta ao *Discussion Paper Reducing Complexity in Reporting Financial Instruments* sobre a proibição de designar derivativos como itens protegidos.

• •

Portanto, um dos tópicos abordados pela nova norma IFRS 9/CPC 48 é a contabilização de *hedge* (*hedge accounting*), cujo tema recebeu algumas mudanças com o intuito de refletir de forma mais transparente a prática de gestão de riscos financeiros das companhias nas demonstrações financeiras. Uma das mudanças trouxe a possibilidade da aplicação da contabilização de *hedge* para objetos de *hedge* cuja composição incluísse um instrumento financeiro derivativo, o que é mencionado pela norma de exposição agregada.

A **exposição agregada** nada mais é do que um *hedge* de 1º nível, ou seja, já é uma estrutura de *hedge*, porém, a exposição resultante desse *hedge*, por algum motivo, à luz da política de gestão de riscos da entidade, é ou torna-se um risco indesejável para o negócio em determinado momento. Em um cenário equivalente, sob a prática das normas anteriores (IAS 39/CPC 38), a companhia não poderia designar para *hedge accounting* uma exposição agregada, uma vez que derivativos não poderiam ser designados como objetos de *hedge*.

O *hedge* de exposição agregada, do mesmo modo que qualquer outro modelo de *hedge accounting*, deve ser formalizado e deve-se observar sua relação econômica, bem como aplicação de teste de efetividade, no mínimo na cada data de balanço.

Um exemplo de *hedge* de exposição agregada: uma entidade cuja moeda funcional é o real (BRL) toma um empréstimo em dólar + 3% e faz um *swap* que troca dólar + 3% por uma taxa prefixada de 9%. Esse seria o *hedge* de 1º nível (exposição agregada).

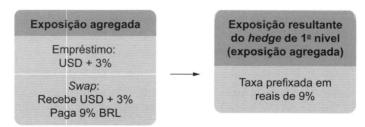

Figura 5.28 Exemplo de exposição agregada.
Fonte: os autores.

Em algum momento, por ter aplicações financeiras indexadas ao CDI, essa entidade poderia contratar outro derivativo para sair do risco de taxa prefixada, assim ela designaria como item protegido o conjunto "empréstimo em dólar + 3% e *swap* que troca dólar + 3% por taxa prefixada de 9%" e teria como instrumento de *hedge* algo como um *swap* que troca a taxa prefixada de 9% por um percentual do CDI ou por CDI + taxa.

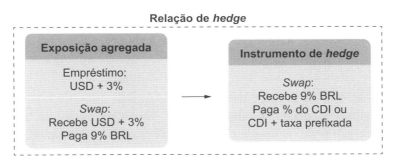

Figura 5.29 Exemplo de *hedge* de exposição agregada.
Fonte: os autores.

Podemos afirmar que um dos maiores desafios para esse tipo de *hedge* é a definição das classificações de *hedge accounting*, tanto para o *hedge* de 1º nível (exposição agregada) quanto para o *hedge* de 2º nível, cujo *hedge* possui a função de eliminar ou reduzir o risco proveniente da exposição resultante do *hedge* de 1º nível, ou seja, no *hedge* de 2º nível o *hedge* de 1º nível torna-se o objeto de *hedge*. Portanto, antes de definir a classificação contábil do *hedge*, é importante que a companhia tenha clara a sua intenção com essas estratégias, sobretudo no que tange a seu ponto de vista econômico e de gestão. E mais: ao contratar o *hedge* de 2º nível, a entidade já deveria elaborar um estudo sobre os efeitos contábeis do novo instrumento financeiro e da nova exposição agregada.

Com relação aos elementos que podem ser excluídos para avaliação da efetividade do *hedge* de exposição agregada, Ramirez (2015, p. 31) defende que a forma como um derivativo é incluído como parte de uma exposição agregada deve ser consistente com a designação desse derivativo como o instrumento de cobertura no nível da exposição agregada. Por exemplo, se uma entidade excluir o elemento a termo de um derivativo de sua designação como o instrumento de *hedge* para a relação de *hedge* entre os itens que constituem a exposição agregada, ela também deve excluir o elemento a termo ao incluir esse derivativo como um item coberto como parte da exposição agregada. Caso contrário, a exposição agregada deve incluir um derivativo, seja em sua totalidade ou numa proporção dele.

O IASB colocou em pauta, durante o desenvolvimento da norma, uma solicitação para esclarecer se uma entidade teria que, primeiro (como uma pré-condição), alcançar a contabilidade de *hedge* para a combinação da exposição subjacente e o derivativo que constituem a exposição agregada (a relação de *hedge* de primeiro nível), de modo que a própria exposição agregada seja elegível como o item protegido na outra relação de *hedge* (a relação de *hedge* de 2º nível). O IASB observou que o efeito de não designar para *hedge accounting* a relação de *hedge* de 1º nível dependia das circunstâncias (em particular, os tipos de relações de *hedge*). Em muitas circunstâncias, a não aplicação do *hedge accounting* para relação de *hedge* de primeiro nível tornaria a contabilização da exposição agregada mais complicada e o resultado inferior em comparação com a obtenção da contabilização de *hedge* para a relação de *hedge* de 1º nível.

Consequentemente, o IASB decidiu não tornar a aplicação de *hedge accounting* para a relação de *hedge* de 1º nível um pré-requisito para se qualificar para a contabilidade de *hedge* para a relação de *hedge* de 2º nível (IFRS 9.BC6.167).

Assim, o IFRS 9/CPC 48 exige apenas que a relação de *hedge* de 1º nível seja aquela que se pode qualificar para contabilidade de *hedge*. No entanto, a aplicação da contabilidade de *hedge* na exposição agregada é mais complexa quando a contabilidade de *hedge* não é aplicada à relação de *hedge* de 1º nível (EY, 2014). Em muitos casos, a não aplicação do *hedge accounting* de 1º nível, pode ocasionar um resultado contábil não desejado, sobretudo, pelo efeito do descasamento contábil do *hedge* de 1º nível. Portanto, em muitos casos, é desejado que as entidades apliquem a contabilidade de *hedge* à relação de *hedge* de 1º nível, mesmo que isso não seja necessário.

Também não há necessidade de descontinuar e redesignar o *hedge* de primeiro nível ao estabelecer o *hedge* de 2º nível. Isso evita a complexidade e o aumento da ineficácia, pois o derivativo no primeiro *hedge* provavelmente teria um valor justo diferente de zero naquele momento (KPMG, 2013, p. 46).

A avaliação da efetividade e da mensuração da inefetividade deve ser testada de acordo com o nível da relação de *hedge* – ou seja, no teste de efetividade de uma exposição agregada, a variação do valor justo ou dos fluxos de caixa do objeto de *hedge* deve ser considerada conforme a variação de valor integral do resultado do *hedge* de 1º nível em comparação com a variação do valor justo ou fluxos de caixa do instrumento de *hedge* da exposição agregada, conforme ilustrado na Figura 5.30.

Figura 5.30 Avaliação da eficácia e medição da ineficácia da cobertura de uma exposição agregada.

Fonte: KPMG, 2013 (2013, p. 44).

Conforme o IFRS 9/CPC 48.B6.3.4, ao designar o item protegido com base na exposição agregada, a entidade deve considerar o efeito combinado dos itens que constituem a exposição agregada para a finalidade de avaliar a efetividade de *hedge* e mensurar a inefetividade de *hedge*. Entretanto, os itens que constituem a exposição agregada devem permanecer contabilizados separadamente. Isso significa que, por exemplo:

a. derivativos, que fazem parte de exposição agregada, devem ser reconhecidos como ativos ou passivos separados mensurados ao valor justo; e

b. se a relação de proteção for designada entre os itens que constituem a exposição agregada, a forma como o derivativo é incluído como parte da exposição agregada deve ser consistente com a designação desse derivativo como instrumento de *hedge* no nível da exposição agregada. Por exemplo, se a entidade excluir o elemento a termo do derivativo de sua designação como instrumento de *hedge* para a relação de proteção entre os itens que constituem a exposição agregada, ela também deve excluir o elemento a termo ao incluir esse derivativo como item protegido, integrante da exposição agregada. De outro modo, a exposição agregada deve incluir o derivativo, seja em sua totalidade ou em uma proporção dele.

Uma exposição agregada que seja uma combinação de exposição pode qualificar-se como item protegido. Isso inclui uma transação futura de exposição agregada, ou seja, transações futuras não comprometidas, mas altamente prováveis, que resultariam em uma exposição e um derivativo.

Exemplo IFRS 9.IE115

Risco combinado de preço de *commodities* e risco de moeda estrangeira (*hedge* de fluxo de caixa/combinação de *hedge* de fluxo de caixa)

A Entidade A deseja fazer o *hedge* de uma previsão de compra de café altamente provável (que deve ocorrer no final do Período 5). A moeda funcional da Entidade A é sua Moeda Local (ML). O café é comercializado em Moeda Estrangeira (ME). A Entidade A tem as seguintes exposições ao risco:

• **risco de preço de *commodities*:** a variabilidade nos fluxos de caixa para o preço de compra, que resulta das flutuações do preço à vista do café em ME; e

• **risco de moeda estrangeira (FX):** a variabilidade nos fluxos de caixa que resultam das flutuações da taxa de câmbio à vista entre ML e ME.

A Entidade A protege suas exposições de risco usando a seguinte estratégia de gestão de risco:

a. A Entidade A usa contratos a termo de *commodities* de referência, denominados em ME, para proteger suas compras de café quatro períodos antes da entrega.

O preço do café que a Entidade A realmente paga em sua compra é diferente do preço de referência em razão das diferenças no tipo de café, na localização e no arranjo de entrega.[18] Isso dá origem ao risco de mudanças na relação entre os dois preços do café (por vezes, referido como "risco de base"), o que afeta a eficácia da relação de cobertura. A Entidade A não cobre esse risco porque não é considerada econômica sob considerações de custo/benefício.

b. A Entidade A também protege seu risco cambial. No entanto, o risco cambial é coberto em um horizonte diferente – apenas três períodos antes da entrega. A Entidade A considera a exposição cambial dos pagamentos variáveis para a compra de café em ME e o ganho ou perda no contrato a termo de *commodities* em ME como uma exposição cambial agregada. Portanto, a Entidade A usa um único contrato a termo de câmbio para proteger os fluxos de caixa de câmbio de uma compra de café prevista e o contrato a termo de *commodity* relacionado.

A Tabela 5.10 estabelece os parâmetros usados para o exemplo (o "*spread base*" é o diferencial, expresso como uma porcentagem, entre o preço do café que a Entidade A realmente compra e o preço do café de referência).

Tabela 5.10

Período	1	2	3	4	5
Taxa de juros para o vencimento restante (ME)	0,26%	0,21%	0,16%	0,06%	0,00%
Taxa de juros para o vencimento restante (ML)	1,12%	0,82%	0,46%	0,26%	0,00%
Preço futuro (ME/lb)	1,25	1,01	1,43	1,22	2,15
Spread base (risco de base)	–5,00%	–5,50%	–6,00%	–3,40%	–7,00%
Taxa de câmbio à vista (ME/ML)	1,38	1,33	1,41	1,46	1,43

Tratamento contábil

A Entidade A designa como *hedge* de fluxo de caixa as duas relações de *hedge* a seguir:

a. Uma relação de cobertura de risco de preço de *commodity* entre a variabilidade relacionada com o preço do café nos fluxos de caixa atribuíveis à previsão de compra de café em ME como o item coberto e um contrato a termo de café denominado em ME como o instrumento de cobertura (o "relacionamento de 1º nível"). Essa relação de *hedge* é designada no final do Período 1 com um prazo até o final do Período 5. Em face do *spread* base entre o preço do café que a Entidade A realmente compra e o preço do café de referência, a Entidade A designa um volume de 112.500 libras (lbs) de café como instrumento de cobertura e um volume de 118.421 lbs como item de cobertura.[19]

---

[18] Para os fins deste exemplo, presume-se que o risco coberto não é designado com base em um componente de risco do preço do café de referência. Consequentemente, todo o risco do preço do café é protegido.

[19] Neste exemplo, o *spread* da base atual no momento da designação é coincidentemente idêntico à visão de longo prazo da Entidade A do *spread* base (–5%) que determina o volume de compras de café que ele realmente protege. Além

b. Uma relação de cobertura de risco cambial entre a exposição agregada como o item coberto e um contrato a termo de câmbio como o instrumento de cobertura (a "relação de 2° nível"). Essa relação de *hedge* é designada no final do Período 2 com um prazo até o final do Período 5. A exposição agregada que é designada como o item coberto representa o risco cambial que é o efeito das mudanças na taxa de câmbio, em comparação com a taxa de câmbio futura no final do Período 2 (ou seja, o momento de designação da relação de cobertura de risco cambial), nos fluxos de caixa cambiais combinados em ME dos dois itens designados na relação de cobertura de risco de preço de *commodities*, que são a compra de café prevista e o contrato a termo de café. A visão de longo prazo da Entidade A do *spread* base entre o preço do café que ela realmente compra e o preço do café de referência não mudou desde o final do Período 1. Consequentemente, o volume real do instrumento de cobertura que a Entidade A celebra (o valor nominal do contrato de câmbio a termo de ME 140.625) reflete a exposição do fluxo de caixa associada a um *spread* base que permaneceu em –5%. Contudo, a exposição real agregada da Entidade A é afetada por mudanças no *spread* base. Como o *spread* base mudou de –5% para –5,5% durante o Período 2, a exposição agregada real da Entidade A no final do Período 2 é de ME 140.027.

A Tabela 5.11 apresenta o valor justo dos derivativos, as mudanças no valor dos itens cobertos e o cálculo das reservas de *hedge* de fluxo de caixa e ineficácia do *hedge*.

Tabela 5.11

Período		1	2	3	4	5
Relação de *hedge* de risco de preço de *commodities* (*hedge* de 1° nível)						
Contrato de compra a termo de café						
Volume (lbs)	112.500					
Preço futuro (ME/lb)	*Price forward* (ME/lb)	1,25	1,01	1,43	1,22	2,15
	Valor justo (ME)	0	–26.943	20.219	–3.373	101.250
	Valor justo (ML)	0	–20.258	14.339	–2.310	70.804
	Variação do valor justo (ML)		–20.258	34.598	–16.650	73.114
Previsão de compra de café coberta						

---

disso, este exemplo assume que a Entidade A designa o instrumento de cobertura em sua totalidade. Isso resulta em um **índice de *hedge* de 1 / (100% – 5%) = 105,26% ou de (100% – 5%) / 1 = 95%**. Outras entidades podem seguir abordagens diferentes ao determinarem o volume de sua exposição que elas realmente protegem, o que pode resultar em uma relação de *hedge* diferente, e também designando menos do que um instrumento de *hedge* em sua totalidade (ver parágrafo 6.4.1 do IFRS 9).

Índice de *hedge* 105,26%	*Spread* base	-5,00%	-5,50%	-6,00%	-3,40%	-7,00%
Volume protegido 118.421	Preço futuro (ME/lb)	1,19	0,95	1,34	1,18	2,00
Preço futuro implícito 1,1875	Valor presente (ME)	0	27.540	-18.528	1.063	-96.158
	Valor presente (ML)	0	20.707	-13.140	728	-67.243
	Variação do valor justo (ML)		20.707	-33.847	13.868	-67.971
Contabilização		ML	ML	ML	ML	ML
Derivativo		–	-20.258	14.339	-2.310	70.804
Reserva de *hedge* de fluxo de caixa		–	-20.258	13.140	-728	67.243
Variação da reserva de *hedge* de fluxo de caixa			-20.258	33.399	-13.868	67.971
Ganhos/Perdas			–	1.199	-2.781	5.143
Lucros acumulados		–	–	1.199	-1.582	3.561

Período		1	2	3	4	5
Relação de *hedge* de risco de preço de câmbio (*hedge* de segundo nível)						
Taxa de câmbio (ME/ML)	À vista	1,3800	1,3300	1,4100	1,4600	1,4300
	Futura	1,3683	1,3220	1,4058	1,4571	1,4300
Contrato a termo de câmbio (compra ME/ vende ML)						
Volume (ME) 140.625						
Taxa futura 1,3220	Valor justo (ML)		0	-6.313	-9.840	-8.035
	Variação do valor justo (ML)			-6.313	-3.528	1.805
Hedge de risco de câmbio						
Exposição agregada em moeda estrangeira	Volume de *hedge* (ML)		140.027	138.932	142.937	135.533
	Valor presente (ML)		–	6.237	10.002	7.744

				6.237	3.765	−2.258
Variação do valor justo (ML)						
Contabilização			ML	ML	ML	ML
Derivativo			−	−6.313	−9.840	−8.035
Reserva de *hedge* de fluxo de caixa			−	−6.237	−9.840	−7.744
Variação da reserva de *hedge* de fluxo de caixa				−6.237	−3.604	2.096
Ganhos/Perdas				−76	76	−291
Lucros acumulados			−	−76	0	−291

A relação de cobertura de risco de preço de *commodities* é uma cobertura de fluxo de caixa de uma transação prevista altamente provável que começa no final do Período 1 e permanece em vigor quando a relação de cobertura de risco cambial começa no final do Período 2, ou seja, o relacionamento de 1º nível continua como um relacionamento de *hedge* separado.

O volume da exposição cambial agregada (em ME), que é o volume coberto da relação de *hedge* de risco cambial, é o total de:

a. o volume de compra de café protegido multiplicado pelo preço atual a prazo (isso representa o preço à vista esperado da compra real de café); e

b. o volume do instrumento de *hedge* (valor nominal designado) multiplicado pela diferença entre a taxa a termo contratual e a taxa a termo atual (isso representa o diferencial de preço esperado dos movimentos do preço de referência do café em ME que a Entidade A receberá ou pagará sob o contrato a termo de café).

O valor presente (em ML) do item coberto da relação de cobertura de risco cambial (ou seja, a exposição agregada) é calculado como o volume coberto (em ME) multiplicado pela diferença entre o câmbio a prazo – a taxa na data de medição – e a taxa de câmbio a termo na data de designação da relação de *hedge* (ou seja, no final do Período 2).

Usando o valor presente do item coberto e o valor justo do instrumento de *hedge*, a reserva de *hedge* de fluxo de caixa e a ineficácia do *hedge* são então determinadas (ver parágrafo 6.5.11 do IFRS 9).

A Tabela 5.12 mostra o efeito na demonstração de lucros ou perdas da Entidade A e outros resultados abrangentes e sua demonstração da posição financeira (por uma questão de transparência, os itens de linha são desagregados na face das declarações pelas duas relações de cobertura, ou seja, para a relação de cobertura de risco de preço de *commodities* e a relação de cobertura de risco cambial).

Tabela 5.12

Período (valores expressos em ML)	1	2	3	4	5
Demonstração de ganhos ou perdas e outros resultados abrangentes					
Inefetividade do *hedge*					
Hedge de *commodity*		–	–1.199	2.781	–5.143
Hedge de câmbio		–	76	–76	–291
Ganhos e perdas	–	–	–1.123	2.705	–4.852
Outros resultados abrangentes (OCI)					
Hedge de *commodity*		20.258	–33.399	13.868	–67.971
Hedge de câmbio		–	6.237	3.604	–2.096
Total outros resultados abrangentes	–	20.258	–27.162	17.472	–70.067
Variação total dos derivativos	–	20.258	–28.285	20.177	–74.920
Demonstração da posição financeira					
Contrato a termo de *commodity*	–	–20.258	14.339	–2.310	70.804
Contrato a termo de câmbio		–	–6.313	–9.840	–8.035
Total líquido de ativos	–	–20.258	8.026	–12.150	62.769
Patrimônio líquido					
OCI acumulado	–	20.258	–13.140	728	–67.243
Hedge de *commodity*		–	6.237	9.840	7.744
Hedge de câmbio	–	20.258	–6.904	10.568	–59.499
Ganhos represados					
Hedge de *commodity*	–	–	–1.199	1.582	–3.561
Hedge de câmbio		–	76	–	291
	–	–	–1.123	1.582	–3.270
Total patrimônio líquido	–	20.258	–8.027	12.150	–62.769

O custo total do estoque após o *hedge* é o seguinte:

Custo do estoque sem considerar a ineficácia (valores expressos em ML)	
Preço em dinheiro (preço à vista para risco de preço de *commodity* e risco de câmbio)	165.582
ganho/perda de CFHR para risco de preço de *commodity*	–67.243
ganho/perda de CFHR para risco de preço de câmbio	7.744
Custo do estoque	106.083

> O fluxo de caixa total geral de todas as transações (a compra real de café ao preço à vista e a liquidação dos dois derivativos) é de ML 102.813. É diferente do custo de estoque ajustado pelo *hedge* por ML 3.270, que é o valor líquido da ineficácia cumulativa do *hedge* das duas relações de *hedge*. A ineficácia da cobertura tem um impacto no fluxo de caixa, mas é excluído do reconhecimento inicial do estoque.

Por fim, apresentamos no Quadro 5.18 as possibilidades que podem resultar em um *hedge* de exposição agregada.

Quadro 5.18 Tipos de relações de *hedge* de exposição agregada

Hedge nível 1	*Hedge* nível 2
Hedge econômico (não H.A.)	*Hedge* de fluxo de caixa
Hedge econômico (não H.A.)	*Hedge* de valor justo
Hedge de fluxo de caixa	*Hedge* de fluxo de caixa
Hedge de fluxo de caixa	*Hedge* de valor justo
Hedge de valor justo	*Hedge* de fluxo de caixa
Hedge de valor justo	*Hedge* de valor justo

5.14.2 *Cross hedge*

O termo *"cross hedge"* refere-se à prática de *hedge* usando dois ativos subjacentes distintos entre instrumento e objeto de *hedge*, com movimentos de preço correlacionados positivamente. Para que haja a proteção, a entidade assume uma posição oposta no instrumento de *hedge* na tentativa de reduzir o risco originado no objeto de *hedge*, geralmente trocando uma posição flutuante para uma posição fixada.

Como o *cross hedge* depende de ativos que não estão perfeitamente correlacionados, a entidade que pratica este tipo de estrutura assume o risco de que os ativos não se movam na mesma direção, em alguns momentos, fazendo com que a posição fique sem cobertura.

O *cross hedge* ocorre com frequência nas proteções de *commodities* que precisam ser protegidas, mas não possuem um derivativo com liquidez negociado no mercado.

Por exemplo, uma cooperativa agrícola que compra milho para produção de ração animal pode ter a necessidade de medir a razão ótima de *hedge* (aplicação do *cross hedge*), para saber qual a quantidade necessária de contratos derivativos que deverá contratar para proteger a posição no físico, e como isso acontece. Podemos supor que a negociação de compra do milho está referenciada nos preços médios negociados em Chapecó, Santa Catarina, e os futuros da B3 utilizados para proteção possuem referência nos preços médios negociados em Campinas, São Paulo; logo, apesar de serem ativos iguais, possuem preços de mercado diferentes por causa da diferença da região onde são referenciados, o que acarreta custos diferentes e, consequentemente, diferentes preços de mercado.

Essa estratégia de *hedge*, por motivos econômicos, poderia ser mais efetiva caso a contratação do derivativo fosse feita com base no conceito de "*hedge* de mínima variância", o qual é fundamento para construção de uma estrutura de *cross hedge* (também conhecido por *hedge* de correlação). O modelo teórico para mensuração do *hedge* de mínima variância foi apresentado na seção 5.10.3, em que falamos sobre o índice de *hedge*.

Quando observamos essa prática de *hedge* sob os requisitos contábeis, o seguinte item da norma torna-se crucial para avaliar se a respectiva relação de *hedge* é elegível para fins de *hedge accounting*:

Conforme o IFRS 9/CPC 48.B6.4.5, **se os itens subjacentes não forem os mesmos, mas estiverem economicamente relacionados, pode haver situações em que os valores do instrumento de *hedge* e do item protegido movem-se no mesmo sentido** – por exemplo, em face do diferencial de preços entre as duas alterações subjacentes relacionadas, enquanto os próprios itens subjacentes não se movem significativamente. **Isso ainda é coerente com uma relação econômica entre o instrumento de *hedge* e o item protegido, se ainda for esperado que os valores do instrumento de *hedge* e o item protegido movam-se normalmente em sentidos opostos, quando os itens subjacentes se moverem.**

Ou seja, na relação de *hedge* em que o instrumento de *hedge* varia com base no preço de milho referenciado em Campinas, SP, e o preço do ativo físico negociado é referenciado em Chapecó, SC, pode haver momentos que os ativos negociados variem em direções opostas, logo resultando em variações de valor justo iguais nos resultados do instrumento e do objeto de *hedge*, e por consequência, não haverá efetividade no *hedge* no respectivo período. Mas se houver perspectiva de relação econômica para o período remanescente do *hedge*, a relação de *hedge* ainda será coerente com os requisitos da norma.

5.14.3 Portfólio *fair value hedge* nas instituições financeiras

Os comitês de gestão de ativos e passivos (*asset liability management* – ALM) dos bancos monitoram sua exposição a taxas de juros com muito cuidado. Um dos primeiros passos é combinar as *durations* de ativos e passivos, mas isso não protege o banco contra movimentos não paralelos na curva de juros (HULL, 2016, p. 157), sobretudo ativos e passivos que possuem formas de remuneração diferentes. Uma das formas mais usuais para se atingir essa proteção é a contratação de derivativos, que permite realizar a proteção das exposições à movimentação desfavorável das taxas de juros quando uma das carteiras é remunerada por uma taxa de juros prefixada e outra por uma carteira remunerada por taxa de juros pós-fixada. Ou seja, um banco que internaliza recursos a uma taxa de juros pós-fixada e externaliza recursos a uma taxa de juros prefixada corre o risco de enfrentar aumento na taxa de juros de referência às internalizações de recursos, logo reduzirá sua margem (*spread*).

Esse tipo de relação de *hedge* gera descasamentos contábeis, uma vez que o derivativo que protege a carteira de taxa de juros pós ou prefixada é mensurado na contabilidade pelo valor justo por meio do resultado (VJPR) e a carteira de taxa de juros, por ser um conjunto de instrumentos de dívida, é contabilizada pelo custo amortizado (CA), sendo que a diferença do valor justo (VJ) para o custo amortizado (CA) é o denominado *clean fair value* (CFV). Assim, para reduzir a volatilidade no resultado contábil gerada por essa diferença, é possível designar esta relação de *hedge* para *hedge accounting*, cuja norma contábil vigente para aplicação do respectivo *hedge* é o IAS 39/CPC 38.

Para *hedge* de valor justo da exposição à taxa de juros de carteira de ativos financeiros ou passivos financeiros (e somente para tal *hedge*), **a entidade pode aplicar os requisitos de contabilização de *hedge* do CPC 38 (IAS 39) em vez daqueles nesse pronunciamento.** Nesse caso, a entidade também deve aplicar os requisitos específicos para a contabilização de *hedge* de valor justo para *hedge* de carteira de risco de taxa de juros e designar uma parte que seja um valor monetário como item protegido. Ver itens 81A, 89A e AG114 a AG132 do CPC 38 (IAS 39) (IFRS 9/CPC 48.6.1.3).

Em *hedge* de valor justo de exposição à taxa de juros da carteira de ativos financeiros ou passivos financeiros (e apenas nesse tipo de *hedge*), a parte coberta pode ser designada em termos de quantia de moeda (por exemplo, quantia em dólares, euros, libras ou rands) em vez de ativos (ou passivos) individuais. Embora a carteira possa, para finalidades de gestão do risco, incluir ativos e passivos, a quantia designada é uma quantia de ativos ou de passivos. **A designação de quantia líquida incluindo ativos e passivos não é permitida.** A entidade pode cobrir parte do risco de taxa de juros associada a essa quantia designada. Por exemplo, **no caso de *hedge* de carteira que contenha ativos pagáveis antecipadamente, a entidade pode cobrir a alteração no valor justo que seja atribuível a uma alteração na taxa de juros coberta com base nas datas de reprecificação esperadas, em vez de nas datas contratuais.**

Portanto, é importante enfatizar que, sob a norma contábil atual, somente é possível realizar a designação de *hedge* de portfólio para risco de taxa de juros e não outros tipos de risco como o de câmbio, por exemplo. Outro aspecto importante a enfatizar neste modelo de *hedge accounting* é a relação de *hedge*, que também se limita ao *hedge* de valor justo.

Quando o objeto de *hedge* se baseia em datas de reprecificação esperadas, o efeito que as mudanças na taxa de juros de *hedge* têm nessas datas de reprecificação esperadas é incluído quando se determina a mudança no valor justo do objeto de *hedge*. Assim, se uma carteira que contém itens de pagamento antecipado é coberta com derivativo não pagável antecipadamente, surgirá ineficiência se forem revisadas as datas em que se espera que os itens na carteira protegida sejam pagos antecipadamente, ou se as datas do pagamento antecipado em si diferirem do esperado (IAS 39/CPC 38.81A).

Ou seja, geralmente nesse modelo de *hedge* são determinadas datas de reprecificação, que estão geralmente associadas às datas de vencimento dos instrumentos de *hedge*, onde é feito o reequilíbrio da estrutura, pois a carteira protegida contém ativos ou passivos com possibilidade de resgate antecipado e, acontecendo tal fato, será necessário substituí-los por ativos ou passivos semelhantes para incluí-los na porção estável designada na relação de *hedge* como objeto de *hedge*.

Para esta modalidade de *hedge accounting*, pode-se satisfazer o requisito do item CPC.38.89(b) apresentando o ganho ou a perda atribuível a item coberto:

a. em item individual em linha separada com ativos, para aqueles períodos de reprecificação nos quais o item coberto é um ativo; ou

b. em item individual em linha separada com passivos, para aqueles períodos de reprecificação nos quais o item coberto é um passivo.

As linhas de itens separadas mencionadas em (a) e (b) devem ser apresentadas junto dos ativos ou passivos financeiros. As quantias incluídas nessas linhas de itens devem ser retiradas do balanço patrimonial quando os ativos ou passivos a que se referem são desreconhecidos (IAS 39/CPC 38.89A).

O item 89A exige que, se a posição coberta para um período de reprecificação particular for um ativo, a alteração no seu valor seja apresentada em linha de item separada dentro dos ativos. Pelo contrário, se a posição coberta para um período de reprecificação particular for um passivo, a alteração no seu valor será apresentada em linha de item separada dentro dos passivos. Essas são as linhas de itens separadas mencionadas no item AG114(g). Não é exigida a alocação específica a ativos (ou passivos) individuais (IAS 39/CPC 38.AG123).

Segundo o IAS 39/CPC 38.AG114, a entidade satisfaz os requisitos para designação deste modelo de *hedge* se cumpre os procedimentos definidos nas alíneas (*a*) a (*i*) e nos itens AG115 a AG132 do CPC 38, apresentados a seguir:

a. Como parte do seu processo de gestão do risco, a entidade identifica a carteira de itens cujo risco de taxa de juros pretenda cobrir. A carteira pode compreender apenas ativos, apenas passivos ou ativos e passivos. A entidade pode identificar duas ou mais carteiras (por exemplo, a entidade pode agrupar os seus ativos disponíveis para venda em carteiras separadas), caso em que aplica a orientação adiante a cada carteira separadamente.

b. A entidade analisa a carteira em períodos de tempo de reprecificação com base nas datas de reprecificação esperadas, em vez de contratuais. A análise em períodos de reprecificação pode ser efetuada de várias formas, incluindo a programação de fluxos de caixa nos períodos em que se espera que ocorram, ou a programação de quantias nocionais de capital em todos os períodos até o momento em que se espera que a reprecificação ocorra.

c. Com base nessa análise, a entidade decide a quantia que pretende pôr sob *hedge*. A entidade designa como posição coberta a quantia de ativos ou passivos (mas não a quantia líquida) da carteira identificada igual à quantia que pretende designar como estando coberta. Essa quantia também determina a mensuração de porcentagem usada para testar a eficácia em harmonia com o item AG126(b).

d. A entidade designa o risco de taxa de juros que está pondo sob *hedge*. Esse risco pode ser parte do risco de taxa de juros em cada um dos itens na posição coberta, como taxa de juros de referência (por exemplo, a taxa Libor).

e. A entidade designa um ou mais instrumentos de *hedge* para cada período de reprecificação.

f. Usando as designações feitas nas alíneas *c* a *e*, a entidade avalia, no início e em períodos posteriores, se espera que o *hedge* seja altamente eficaz durante o período para o qual o *hedge* esteja designado.

g. Periodicamente, a entidade mede a alteração no valor justo da posição coberta (como designado na alínea *c*) que é atribuível ao risco coberto (como designado na alínea *d*), com base nas datas esperadas de reprecificação determinadas na alínea *b*. Desde que se determine realmente que o *hedge* foi altamente eficaz quando avaliado usando o método documentado da entidade de avaliação da eficácia, a entidade reconhece a alteração no valor justo da posição coberta como ganho ou perda no resultado e em duas linhas de itens no balanço geral, como descrito no item 89A. A alteração no valor justo não precisa ser alocada a ativos ou passivos individuais.

h. A entidade mede a alteração no valor justo do instrumento de *hedge* (como designado em *e*) e reconhece-a como ganho ou perda no resultado. O valor justo do instrumento de *hedge* é reconhecido como ativo ou passivo no balanço.

i. Qualquer ineficácia é reconhecida no resultado como a diferença entre a alteração no valor justo mencionado em *g* e o mencionado em *h*.

A carteira identificada no item AG114(a) pode conter ativos e passivos. Como alternativa, pode tratar-se de carteira contendo apenas ativos ou apenas passivos. A carteira é usada para determinar a quantia dos ativos ou passivos que a entidade pretende cobrir. Contudo, a carteira não é ela mesma designada como objeto de *hedge* (IAS 39/CPC 38.AG116).

Ao aplicar o item AG114(b), a entidade determina a data de reprecificação esperada de item como a mais antiga das datas em que se espera que o item atinja o vencimento ou a reprecificação de acordo com as taxas de mercado. As datas de reprecificação esperadas são estimadas no início do *hedge* e durante o prazo do *hedge*, com base na experiência histórica e em outras informações disponíveis, incluindo informações e expectativas relativas a taxas de pagamento antecipado, taxas de juros e interação entre ambas. As entidades que não tenham experiência específica da entidade ou suficiente experiência usam a experiência de grupos pares para instrumentos financeiros comparáveis. Essas estimativas são revistas periodicamente e atualizadas à luz da expectativa. **No caso de item de taxa fixa que seja pagável antecipadamente, a data de reprecificação esperada é a data em que se espera que o item seja pago antecipadamente**, a menos que seja reprecificado de acordo com as taxas de mercado em data anterior. Para um grupo de itens semelhantes, a análise em períodos com base nas datas de reprecificação esperadas pode tomar a forma de alocação (uma percentagem do grupo, em vez de itens individuais) para cada período. A entidade pode aplicar outras metodologias para essas finalidades de alocação. Por exemplo, pode usar um multiplicador da taxa de pagamento antecipado para alocar empréstimos amortizáveis a períodos baseados em datas de reprecificação esperadas. Contudo, a metodologia para esse tipo de alocação deve estar de acordo com os procedimentos e objetivos de gestão do risco da entidade (IAS 39/CPC 38.AG117).

O Pronunciamento não especifica as técnicas usadas para determinar a quantia mencionada no item AG114(g), a saber, a alteração no valor justo da posição coberta que é atribuível ao risco coberto. Se forem usadas técnicas estatísticas ou outra estimativa para essa mensuração, a gerência deve esperar que o resultado se aproxime muito do que seria obtido pela mensuração de todos os ativos ou passivos individuais que constituem a posição coberta. Não é apropriado presumir que as alterações no valor justo da posição coberta sejam iguais às alterações no valor do instrumento de *hedge* (IAS 39/CPC 38.AG122).

A ineficácia do *hedge* resulta até o ponto em que a alteração no valor justo da posição coberta que é atribuível ao risco coberto difira da alteração no valor justo do derivativo de *hedge*. Uma diferença dessas pode surgir por uma série de razões, incluindo:

a. as datas reais de reprecificação são diferentes das esperadas, ou as datas esperadas de reprecificação foram revisadas;

b. itens da carteira coberta passaram a estar com perda por redução ao valor recuperável de ativos ou não ser reconhecidos;

c. as datas de pagamento do instrumento de *hedge* e da posição coberta são diferentes; e

d. outras causas (por exemplo, quando algumas das posições cobertas geram juros a uma taxa inferior à taxa de referência para a qual eles são designados como estando sob *hedge*, e a resultante ineficácia não é tão grande que a carteira como um todo deixe de se qualificar para contabilidade de *hedge*).

IAS 39/CPC 38.AG126: a entidade testa a eficácia periodicamente. Se as estimativas de datas de reprecificação mudarem entre uma data em que a entidade avalia a eficácia e a próxima, ela calculará o nível de eficácia:

a. como a diferença entre a mudança no valor dos juros do instrumento de *hedge* (ver item AG114(h)) e a mudança no valor da posição inteira coberta atribuível a mudanças na taxa de juros de *hedge* (incluindo o efeito que as mudanças na taxa de juros de *hedge* tiveram no valor justo de qualquer opção de pagamento antecipado incorporada); ou

b. usando a seguinte aproximação. A entidade:

   i. calcula a percentagem dos ativos (ou passivos) em cada período de reprecificação que foi posto sob *hedge*, com base nas datas estimadas de reprecificação na última data em que ela testou a eficácia;

   ii. aplica essa percentagem à sua estimativa revisada da quantia naquele período de reprecificação para calcular a quantia da posição coberta com base na estimativa revisada;

   iii. calcula a mudança no valor justo da estimativa revisada da posição coberta atribuível ao risco coberto e o apresenta como mencionado no item AG114(g);

iv. reconhece a ineficácia igual à diferença entre a quantia determinada em (iii) e a mudança no valor justo do instrumento de *hedge* (ver o item AG114(h)).

Por fim, embora o IFRS 9/CPC 48 permita que as entidades continuem a designar *hedges* de valor justo de portfólio para o risco de taxa de juros de acordo com o IAS 39/CPC 38, essas estratégias de *hedge* estão sujeitas a novos requisitos de divulgação (KPMG, 2018, p. 119).

Exemplo
Hedge de valor justo de carteira bancária de taxa de juros

- **Contexto da estratégia de *hedge***

A gestão dos ativos e passivos de um Banco busca o equilíbrio entre o apetite pelo risco e o retorno financeiro da carteira bancária. O *hedge* da carteira bancária tem como objetivo reduzir a exposição a risco de taxas de juros e garantir a margem bruta da instituição.

Tais riscos são oriundos do descasamento das posições entre ativos e passivos para uma mesma exposição e potencialmente podem afetar os fluxos de caixa e/ou o valor justo de itens aos quais o banco está exposto.

O *hedge* das parcelas de operações de crédito prefixadas e das indexadas a índices de inflação busca proteger o balanço da instituição do risco de variação na taxa de juros (CDI), que remunera boa parte dos seus passivos.

Quando é realizada uma operação de empréstimo ou captação de recursos, surgem riscos de descasamento entre ativos e passivos, os quais potencialmente afetam o resultado ou os fluxos de caixa da entidade.

Ao aplicar a metodologia de *hedge accounting*, o Banco designa, no início da operação, a relação entre os itens protegidos (objetos de *hedge* ou, apenas, objetos) e os instrumentos de *hedge* (instrumentos), de acordo com os objetivos da gestão de risco e a estratégia para a realização do *hedge* documentados.

- **Objeto de *hedge***

Inicialmente, o Banco compara suas exposições ativas e passivas por vértice e, em seguida, contrata *swaps* para os descasamentos de taxa de juros identificados. Ao fazer a designação para *hedge accounting* e controlar suas posições, a instituição seleciona parcelas a receber expostas à taxa prefixada ou indexadas a índices de inflação e associa essas parcelas aos fluxos de caixa de *swaps* contratados.

Os seguintes itens são designados como objetos de *hedge*:

- grupo de parcelas a receber de empréstimos prefixados concedidos com características semelhantes (carteira de CDC);
- grupo de parcelas a receber de empréstimos indexados à inflação concedidos com características semelhantes (carteira de crédito imobiliário);

- grupo de compromissos firmes de parcelas fixas (carteira de *leasing* operacional fora do balanço).

A área de tesouraria seleciona as parcelas com vencimentos dentro do vértice de cada parcela do *swap*, em valores que se aproximam do nocional de cada vencimento do derivativo. Após a primeira designação *(inception* do *hedge accounting)*, o Banco mantém controle com a identificação individual de cada parcela designada, **sendo que as parcelas em atraso ou pagas antecipadamente são substituídas por outras parcelas similares com pagamento esperado para o mesmo vértice.**

- **Instrumento de *hedge***

O Banco utiliza, exclusivamente, instrumentos financeiros derivativos como instrumentos de *hedge accounting*, e a prática vigente é a de contratar *swaps* junto a bancos de primeira linha.

Um derivativo designado pode apresentar vencimento anterior ao item objeto de *hedge*, pois **está prevista a necessidade de renovação, substituição ou rolagem desses contratos para a continuidade da proteção.**

A partir da entrada em vigor da política de *hedge accounting*, **o instrumento de *hedge* será sempre designado de forma prospectiva.**

O Banco utiliza instrumentos financeiros derivativos, registrados em contas patrimoniais e em contas de compensação, que se destinam a atender necessidades próprias para administrar a sua exposição ao risco de taxas de juros (*hedge*). Até 20X0, a gestão de risco do Banco utilizava-se de *swaps* com *leg* ativa a um percentual do CDI equivalente à sua taxa de captação média no período de contratação dos *swaps* DI × Pré. A partir de 20X1, alinhando suas práticas à boa parte dos bancos de porte e negócio similares, o Banco passa a contratar *swaps* com *leg* ativa equivalente a 100% do CDI nos *swaps* DI × Pré. Nos *swaps* indexados à inflação na *leg* passiva, o Banco já fazia contratações com a *leg* ativa equivalente a 100% do CDI.

Também não é feita contratação de *swap* fluxo de caixa, para facilitar as eventuais necessidades de rebalanceamento do instrumento de *hedge*.

- **Risco protegido**

O valor de mercado (valor justo) de um instrumento financeiro deve considerar todos os riscos envolvidos no momento da sua mensuração, incluindo risco de crédito, risco de liquidez e outros. No entanto, **para fins de *hedge accounting*, protegemos e designamos riscos específicos** e, por isso, **quando medimos a efetividade, devemos considerar somente os fatores de risco claramente designados.**

O IAS 39.81 utiliza, entre as ilustrações de item protegido, "uma parcela identificável e separadamente mensurável da exposição à taxa de juros de um ativo com incidência de juros ou passivo com incidência de juros, como, por exemplo, taxa de juros livre de risco ou componente de taxa de juros comparativa da exposição à taxa de juros total de um instrumento financeiro protegido".

A IAS 39/CPC 38 permite que uma entidade designe qualquer porção de risco em um ativo ou passivo financeiro como item objeto de *hedge*. A eficácia da cobertura é geralmente significativamente mais fácil de alcançar se o risco coberto designado corresponder tanto quanto possível ao instrumento de cobertura. A administração deve excluir os riscos não designados e cobrir apenas as mudanças no valor justo do título atribuíveis a mudanças na taxa de juros livre de risco. A nova designação para excluir o risco de crédito do título do relacionamento de *hedge* melhorará a eficácia do *hedge*, porque o risco de crédito do título não é refletido no *hedge*. (PRICE WATER HOUSE COOPERS, 2005, p. 53).

A prática do Banco na contratação de derivativos para proteção do risco de mercado da taxa prefixada tem sido utilizar *swaps* que trocam o custo de captação médio em determinada data (percentual do CDI) por uma taxa prefixada. Nesse caso, **o risco designado para *hedge accounting* é o custo de captação médio na data de contratação de cada *swap***.

A partir de 20X1, o Banco deve alinhar suas práticas de gestão de risco de taxas à maior parte dos bancos do seu porte, passando a contratar derivativos que protejam 100% do CDI (*swaps* que trocam 100% CDI por uma taxa prefixada equivalente). Nesses casos, **o risco protegido é somente a "taxa livre de risco" no Brasil, ou seja, 100% do CDI**.

A efetividade deve ser mensurada considerando somente o fator de risco designado, por isso, essas diferenças estarão refletidas no valor justo do item protegido.

- **Procedimentos contábeis**

O modelo de *hedge accounting* de carteira de taxa de juros é uma forma de realizar *hedge* contábil por meio da qual os itens protegidos e os instrumentos de *hedge* são controlados de maneira agrupada. Nesse tipo de estratégia, que é a adotada pelo Banco no *hedge* de taxas das suas carteiras ativa e passiva sujeitas ao risco de taxa de juros, a designação entre objeto e instrumento não é realizada no formato "um para um". Tal estratégia de contabilidade de *hedge* é eficiente quando se pretende controlar o risco de um portfólio que contenha diversos objetos de *hedge* ou muitos objetos de *hedge* com valores baixos individualmente. Entretanto, para esse tipo de estratégia, são exigidos controles de efetividade de *hedge* mais complexos, tornando constante a necessidade de rebalanceamento das quantidades de instrumentos financeiros para manter os limites estipulados pela administração para as estruturas de *hedge* de carteira.

O *hedge* das parcelas de operações de crédito prefixadas e das indexadas a índices de inflação busca proteger o balanço da instituição do **risco de variação na taxa de juros (CDI)**, que remunera boa parte dos seus passivos.

Os instrumentos financeiros derivativos destinados a *hedge* e os respectivos itens objeto de *hedge* devem ser ajustados ao valor de mercado, no mínimo, por ocasião dos balancetes mensais e balanços. Mais especificamente, tanto os instrumentos quanto os objetos de *hedge* classificados como *hedge* de risco de mercado (*hedge* de valor justo) são mensurados ao valor de mercado (valor justo) **com relação ao risco protegido**, e têm suas valorizações ou desvalorizações reconhecidas diretamente na demonstração de resultados do exercício (DRE), onde tendem a se compensar.

Somente o *clean fair value* do item protegido (diferença entre o valor justo relacionado com risco protegido para o *accrual* virtual desse mesmo risco) deve ser adicionado ao seu valor patrimonial (ativo ou passivo), com contrapartida na DRE, uma vez que as estratégias de *hedge* não protegem riscos de crédito, liquidez, concentração ou qualquer outro que não esteja explicitamente mencionado na política de *hedge accounting*.

▪ Rebalanceamento

Mensalmente, ao revisitar a efetividade do *hedge*, caso seja identificada insuficiência de derivativos, a tesouraria poderá adquirir mais contratos ou alocar derivativos não designados, caso existam e sejam apropriados. De outro lado, se parte das parcelas protegidas for recebida de forma antecipada, a tesouraria deverá executar uma entre as seguintes ações:

a. Desfazer-se de parte da sua posição em derivativos, reequilibrando a relação entre instrumentos de *hedge* e itens protegidos.

b. Substituir os itens recebidos antecipadamente por outros de valor e vencimento próximos.

Se, após o reequilíbrio, o Banco entender que a efetividade prospectiva da relação de *hedge* ainda justifica a contabilidade de *hedge*, deverá documentar esse fato e manter os controles para as parcelas efetivamente protegidas.

▪ Efetividade

Em síntese, a política de *hedge accounting* define que a operação de *hedge* será altamente eficaz quando:

a. no início da operação, e em períodos subsequentes, a metodologia utilizada no teste prospectivo de efetividade demonstrar que as variações no valor justo atribuíveis ao risco protegido são compensadas pelas variações no valor justo do instrumento de *hedge* durante o período designado; e

b. o resultado do teste retrospectivo de efetividade comprova que a proteção ao risco está **dentro da faixa de 80% a 125%**.

A avaliação da efetividade do *hedge* deverá ser feita com base na avaliação de compensação das variações no valor justo ou nos fluxos de caixa do instrumento de *hedge* em comparação com as variações no valor justo ou nos fluxos de caixa do item protegido (IAS 39.84), e as medições devem ser feitas no mínimo na ocasião das demonstrações financeiras anuais ou intermediárias (IAS 39.OA106).

▪ Teste de efetividade prospectivo

A efetividade prospectiva é avaliada e documentada na data inicial do *hedge*, semestralmente, e **sempre que houver um rebalanceamento** da relação de *hedge*.

A avaliação da efetividade prospectiva também deve considerar os efeitos do **risco de crédito da contraparte** do instrumento de *hedge* utilizado, porém, no caso dos *swaps* negociados pelo banco, a contraparte é geralmente outra instituição financeira de primeira linha, com grau de investimento. Assim, entendemos que esse risco não difere materialmente dos contratos futuros negociados na B3, que formam as curvas de juros utilizadas no processo de apreçamento dos *swaps* do Banco.

Quando a operação de *hedge* proteger menos de 100% da exposição do item, a designação do item objeto de *hedge* será feita com base em um percentual da exposição.

No IFRS 9/CPC 48, testes retrospectivos deixam de ser obrigatórios, assim como testes quantitativos nas situações em que os termos críticos do *hedge* são coincidentes. Assim, maior ênfase é dada aos testes prospectivos. Para maior alinhamento com esse novo normativo, o Banco realizará testes prospectivos utilizando metodologia similar à que utiliza nos testes retrospectivos, porém em um contexto similar ao do Ofício-circular/CVM/SNC/SEP/nº 01/2021, evidenciando a efetividade do *hedge* em no mínimo quatro cenários de estresses de elevação e redução da taxa entre –100% e +100%.

O método está alinhado com a estratégia de gerenciamento de risco do Banco e é executado e documentado pela área de tesouraria.

▪ Teste de efetividade retrospectivo

A comprovação da efetividade retrospectiva é avaliada e documentada mensalmente durante todo o período do *hedge*. O *hedge* será considerado altamente efetivo quando a relação de efetividade estiver no intervalo entre 80% e 125%.

A efetividade do *hedge* pode ser medida de maneira retrospectiva a partir de diversos métodos, sendo adotado pelo Banco o método do ***dollar offset***, que compara as variações no valor justo do instrumento de *hedge* e do objeto de *hedge* desde a data da designação para *hedge accounting*.

$$Efetividade = \frac{\Delta \ no \ valor \ justo \ do \ I.H.}{\Delta \ no \ valor \ justo \ do \ O.H.}$$

É razoável esperar que em determinadas circunstâncias (não incomuns) a variação no valor justo do item protegido e instrumento de *hedge* seja irrisória. Nesses casos, em que o denominador de uma equação é um número muito pequeno, o quociente da divisão – e, por conseguinte, o cálculo da Efetividade – perde seu significado. Portanto, quando esse fenômeno for observado, a tesouraria do Banco fará um teste prospectivo para assegurar-se que a efetividade do *hedge* permanece.

No *hedge* de risco de mercado (*hedge* de valor justo), os valores comparados são aqueles registrados na contabilidade.

5.14.4 Diferenças entre *hedge* com NDF/*swap* e futuros

Entre as formas de se proteger determinado risco originado pelas atividades operacionais, de investimento e de financiamento de uma empresa, é possível utilizar diversos tipos de instrumentos financeiros para proteção, por exemplo, *swap* de fluxo de caixa, futuros de taxa de juros, opções *vanilla* de *commodities*, dívidas em moeda estrangeira ou qualquer instrumento financeiro que responda a esses riscos de modo inversamente proporcional ao risco existente sobre o item protegido da relação de *hedge*, sendo que cada instrumento financeiro possui sua característica peculiar de mensuração e resultado, consequentemente ocasionando efetividades de *hedge* diferentes quando utilizamos diferentes tipos de instrumentos financeiros para proteção.

Portanto, neste capítulo, tratamos de um ensaio teórico de efetividades de *hedge* que podem se comportar de maneira diferente quando é utilizado um instrumento de *hedge* diferente.

Exemplo

***Hedge* com futuro de dólar e NDF de dólar**

A empresa ABC, importadora de produtos, avalia seu orçamento em 21/01/2021, para uma compra futura esperada em 01/fev./2021, no valor de US$ 125.000.000. Sabendo que a moeda funcional da ABC é o real, há a originação do risco de variação cambial da importação até a data de faturamento/liquidação.

Portanto, para que nesse período de exposição a ABC fique protegida da alta do dólar, será feita uma avaliação para contratação de um instrumento financeiro para proteção.

Foram levantadas duas opções de instrumentos financeiros:
- futuros comprados de dólar B3; ou
- NDF comprados de dólar.

Para avaliação, não foram considerados custos de transação, como *spread* cobrado na taxa do NDF e taxas de corretagem.

As informações para o exemplo são as seguintes:
- Taxa contratada: 5,2507
- Data da contratação: 21/jan./2021
- Data do vencimento: 01/fev./2021
- Nocional: 125.000.000 US$/2500 contratos futuros ou 500 lotes de futuros de dólar.

Considerando que se trata de um *hedge* de fluxo de caixa, para o item protegido será mensurado um derivativo hipotético, que corresponde às mesmas características de um derivativo inverso aos instrumentos de *hedge*. Como estamos falando de um derivativo hipotético, customizado para o objeto de *hedge*, ele irá representar uma NDF vendida. Entendemos que não faria sentido considerar um contrato futuro, pois o contrato futuro, em seu método de mensuração, não considera o valor do dinheiro do tempo (desconto a valor presente) durante a existência da operação e a norma contábil sugere que na mensuração do valor justo devemos considerar o valor do dinheiro no tempo.

Portanto, o derivativo hipotético terá a mesma taxa utilizada para os derivativos, que corresponde à curva do dólar futuro observada em 21/jan./2021 para o prazo de 11 dias corridos.

Como os futuros são cotados em bolsa, foi necessário somente atualizar o valor justo com base nas cotações diárias.

Para o NDF e o derivativo hipotético (objeto de *hedge*), utilizamos o seguinte método de mensuração, para alcançar os resultados apresentados nas tabelas a seguir:

$$Ponta\ fixa = N \times \frac{Txcontratada}{\left(1+di_{fwd}\right)^{\frac{du}{252}}}$$

$$Ponta\ flutuante = N \times \frac{\left(Tx_{fwd}\right)}{\left(1+di_{fwd}\right)^{\frac{du}{252}}}$$

Valor justo = (Ponta flutuante − Ponta fixa) × ε

Onde:

N: nocional da operação em dólares;

ε: sinal da operação (+ para compra e − para venda);

TX_{fwd}: taxa futura do dólar no período n, para o qual é a diferença de dias entre a data de vencimento e a data-base;

$Txcontratada$: taxa a termo do contrato;

di_{fwd}: taxa futura de DI;

du: quantidade de dias úteis entre a data-base e o vencimento;

dc: quantidade de dias corridos entre a data-base e o vencimento.

Os cálculos de valor justo e testes de efetividade foram realizados entre a data da designação, diariamente, e a primeira quinzena do *hedge* designado (15/jan./2021). Ressaltando que o *hedge accounting* designado é uma relação de *hedge* de fluxo de caixa, onde o componente designado é a variação do valor justo integral do instrumento de *hedge* (método *forward*).

Data	Ajuste diário do contrato Futuro	Valor justo NDF diário	Ajuste diário do contrato NDF	Diferença
04/jan./2021	0	0		
05/jan./2021	86.775,00	86.637,68	86.637,68	−137,32

06/jan./2021	−35.840,00	50.855,58	−35.782,10	57,90
07/jan./2021	674.855,00	724.856,44	674.000,86	−854,14
08/jan./2021	168.165,00	892.867,72	168.011,28	−153,72
11/jan./2021	265.345,00	1.157.983,16	265.115,45	−229,55
12/jan./2021	−614.840,00	543.886,02	−614.097,15	742,85
13/jan./2021	−267.295,00	276.886,62	−266.999,40	295,60
14/jan./2021	−534.965,00	−257.581,33	−534.467,95	497,05
15/jan./2021	456.745,00	198.769,77	456.351,10	−393,90
Total	198.945,00		198.769,77	−175,23

Cálculo do valor justo do NDF:

Data-base	DCatVcto	DUatVcto	Curva DI	Curva DOL	Ponta fixa	Ponta *floating*	VJ
04/jan./2021	28	20	1,92%	5,2507	656.333.575	656.333.575	−
05/jan./2021	27	19	1,92%	5,2680	656.333.575	658.502.625	2.165.942
06/jan./2021	26	18	1,90%	5,2609	656.333.575	657.606.675	1.271.390
07/jan./2021	25	17	1,92%	5,3958	656.333.575	674.478.250	18.121.411
08/jan./2021	24	16	1,92%	5,4295	656.333.575	678.682.238	22.321.693
11/jan./2021	21	15	1,91%	5,4825	656.333.575	685.315.775	28.949.579
12/jan./2021	20	14	1,91%	5,3596	656.333.575	669.945.025	13.597.150
13/jan./2021	19	13	1,91%	5,3061	656.333.575	663.262.500	6.922.165
14/jan./2021	18	12	1,91%	5,1991	656.333.575	649.888.238	−6.439.533
15/jan./2021	17	11	1,91%	5,2905	656.333.575	661.306.925	4.969.244

Cálculo do valor justo do derivativo hipotético (objeto de *hedge*):

Data base	DCatVcto	DUatVcto	Curva DI	Curva DOL	Ponta fixa	Ponta floating	VJ
04/jan./2021	28	20	1,92%	5,2507	656.333.575	656.333.575	−
05/jan./2021	27	19	1,92%	5,2680	656.333.575	658.502.625	−2.165.942
06/jan./2021	26	18	1,90%	5,2609	656.333.575	657.606.675	−1.271.390
07/jan./2021	25	17	1,92%	5,3958	656.333.575	674.478.250	−18.121.411
08/jan./2021	24	16	1,92%	5,4295	656.333.575	678.682.238	−22.321.693
11/jan./2021	21	15	1,91%	5,4825	656.333.575	685.315.775	−28.949.579
12/jan./2021	20	14	1,91%	5,3596	656.333.575	669.945.025	−13.597.150
13/jan./2021	19	13	1,91%	5,3061	656.333.575	663.262.500	−6.922.165
14/jan./2021	18	12	1,91%	5,1991	656.333.575	649.888.238	6.439.533
15/jan./2021	17	11	1,91%	5,2905	656.333.575	661.306.925	−4.969.244

Testes de efetividade:

Hedge com NDF	
Variação do valor justo acumulada do instrumento de hedge	4.969.244
Variação do valor justo acumulada do objeto de hedge	–4.969.244
Efetividade	100,00%

Hedge com Futuro	
Variação do valor justo acumulada do instrumento de hedge	4.973.625
Variação do valor justo acumulada do objeto de hedge	–4.969.244
Efetividade	100,09%

Como observado, o *hedge* com NDF gerou maior efetividade do que o *hedge* com os contratos futuros. O principal motivo deve estar relacionado com o método de mensuração do valor justo dos contratos futuros, sendo que, no caso, não é feito o desconto a valor presente dos preços futuros.

No entanto, é importante ressaltar que uma taxa com *spread* no contrato NDF, que é o que geralmente acontece na prática, acaba gerando uma parcela inefetiva no *hedge* e torna a operação mais cara do que um contrato futuro, também.

Neste caso, será necessário avaliar diversos aspectos para decidir o instrumento mais adequado para o *hedge*. Sabendo também que os contratos futuros possuem liquidação diária e o NDF é liquidado somente no vencimento, para fins de gestão de caixa também é importante considerar a respectiva característica do instrumento de *hedge*.

Exemplo

Hedge com futuro de DI e *swap* pré × DI

O banco BB possui uma carteira de investimentos indexada a um percentual do CDI, mensurada ao custo amortizado, e deseja proteger-se de uma possível queda na taxa de juros DI. Portanto, para travar o risco relacionado com os juros livre de risco (100% do CDI), foi avaliada a possibilidade de contratação de dois tipos de instrumentos derivativos:

- *swap* pré × 100% do CDI; ou
- futuros vendidos de DI B3.

O volume protegido foi de BRL 250.000.000 da carteira.

Para avaliação, não foram considerados custos de transação, como *spread* cobrado na taxa do *swap* e taxas de corretagem.

As informações para o exemplo são as seguintes:

- Taxa pré: 1,92% a.a.
- Data da contratação: 04/jan./2021
- Data do vencimento: 01/fev./2021
- Nocional: 250.000.000 BRL/2500 contratos futuros ou 500 lotes de futuros de DI

Como trata-se de um *hedge* de fluxo de caixa para proteger eventual queda da taxa de juros DI e consequente redução dos recebimentos, para o item protegido será mensurado um derivativo hipotético, que corresponde às mesmas característi-cas de um derivativo inverso aos instrumentos de *hedge*. Como estamos falando de um derivativo hipotético customizado para o objeto de *hedge*, ele irá representar um *swap* 100% do CDI × pré.

Como os futuros são cotados em bolsa, foi necessário somente atualizar o valor justo com base nas cotações diárias.

Para o *swap* e o derivativo hipotético (objeto de *hedge*), utilizamos o seguinte método de mensuração, para alcançar os resultados apresentados nas tabelas a seguir:

$$Accrual_{di} = N \times \left(1 + fator\ di\ histórico\right)^{\frac{dec}{252}}$$

$$Accrual_{pré} = N \times \left(1 + taxa\ pré\right)^{\frac{dec}{252}}$$

$$Valor\ justo_{di} = \frac{Accrual_{di} \times \left(1 + di_{fwd}\right)^{\frac{du}{252}}}{\left(1 + di_{fwd}\right)^{\frac{du}{252}}}$$

$$Valor\ justo_{pré} = \frac{Accrual_{pré} \times \left(1 + di_{fwd}\right)^{\frac{du}{252}}}{\left(1 + di_{fwd}\right)^{\frac{du}{252}}}$$

$$Valor\ justo_{swap} = (Valor\ justo_{pré} - Valor\ justo_{di}) \times \varepsilon$$

Onde:

N: nocional da operação em reais;

ε: sinal da operação (1 para *leg* ativa pré e $\times$ –1 para *leg* ativa di);

taxa pré: taxa pré do contrato;

di_{fwd}: taxa futura de DI;

du: quantidade de dias úteis entre a data-base e o vencimento;

dec: quantidade de dias úteis entre a data da contratação e a data-base.

Data	Ajuste diário do Futuro	Valor justo *swap* diário	Ajuste diário *swap*	Diferença
04/jan./2021	0	0		
05/jan./2021	575,00	195,28	195,28	–379,72
06/jan./2021	2.650,00	3.895,64	3.700,36	1.050,36
07/jan./2021	–1.925,00	585,93	–3.309,71	–1.384,71
08/jan./2021	175,00	781,30	195,37	20,37
11/jan./2021	1.075,00	2.437,39	1.656,09	581,09
12/jan./2021	100,00	2.535,54	98,15	–1,85
13/jan./2021	–125,00	2.633,71	98,17	223,17
14/jan./2021	400,00	2.731,89	98,18	–301,82
15/jan./2021	125,00	2.830,08	98,20	–26,80
Total	3.050,00		2.830,08	–219,92

Cálculo do valor justo do swap:

Data-base	DCat Vcto	DUat Vcto	DU de-corridos	Fator di histórico	Curva DI	ACCRUAL		VALOR FUTURO		VALOR JUSTO		
						PRÉ Ponta ativa	DI Ponta passiva	PRÉ Ponta ativa	DI Ponta passiva	PRÉ Ponta ativa	DI Ponta passiva	VJ
04/jan./2021	28	20	0	1,0000000	1,92%	250.000.000	250.000.000	250.377.626	250.377.626	250.000.000	250.000.000	–
05/jan./2021	27	19	1	1,0000747	1,92%	250.018.868	250.018.673	250.377.626	250.377.431	250.018.868	250.018.673	195
06/jan./2021	26	18	2	1,0000747	1,90%	250.037.737	250.037.346	250.377.626	250.373.725	250.041.242	250.037.346	3.896
07/jan./2021	25	17	3	1,0000747	1,92%	250.056.608	250.056.022	250.377.626	250.377.040	250.056.608	250.056.022	586
08/jan./2021	24	16	4	1,0000747	1,92%	250.075.480	250.074.698	250.377.626	250.376.844	250.075.480	250.074.698	781
11/jan./2021	21	15	5	1,0000747	1,91%	250.094.353	250.093.376	250.377.626	250.375.186	250.095.814	250.093.376	2.437
12/jan./2021	20	14	6	1,0000747	1,91%	250.113.228	250.112.056	250.377.626	250.375.088	250.114.591	250.112.056	2.536
13/jan./2021	19	13	7	1,0000747	1,91%	250.132.104	250.130.737	250.377.626	250.374.990	250.133.370	250.130.737	2.634
14/jan./2021	18	12	8	1,0000747	1,91%	250.150.982	250.149.419	250.377.626	250.374.892	250.152.151	250.149.419	2.732
15/jan./2021	17	11	9	1,0000747	1,91%	250.169.861	250.168.103	250.377.626	250.374.794	250.170.933	250.168.103	2.830

Cálculo do valor justo do derivativo hipotético (objeto de *hedge*):

Data-base	DCat Vcto	DUat Vcto	DU de-corridos	Fator di histórico	Curva DI	ACCRUAL		VALOR FUTURO		VALOR PRESENTE		VJ
						DI	PRÉ	DI	PRÉ	DI	PRÉ	
						Ponta ativa	Ponta passiva	Ponta ativa	Ponta passiva	Ponta ativa	Ponta passiva	
04/jan./2021	28	20	0	1,0000000	1,92%	250.000.000	250.000.000	250.377.626	250.377.626	250.000.000	250.000.000	–
05/jan./2021	27	19	1	1,0000747	1,92%	250.018.673	250.018.868	250.377.431	250.377.626	250.018.673	250.018.868	–195
06/jan./2021	26	18	2	1,0000747	1,90%	250.037.346	250.037.737	250.373.725	250.377.626	250.037.346	250.041.242	–3.896
07/jan./2021	25	17	3	1,0000747	1,92%	250.056.022	250.056.608	250.377.040	250.377.626	250.056.022	250.056.608	–586
08/jan./2021	24	16	4	1,0000747	1,92%	250.074.698	250.075.480	250.376.844	250.377.626	250.074.698	250.075.480	–781
11/jan./2021	21	15	5	1,0000747	1,91%	250.093.376	250.094.353	250.375.186	250.377.626	250.093.376	250.095.814	–2.437
12/jan./2021	20	14	6	1,0000747	1,91%	250.112.056	250.113.228	250.375.088	250.377.626	250.112.056	250.114.591	–2.536
13/jan./2021	19	13	7	1,0000747	1,91%	250.130.737	250.132.104	250.374.990	250.377.626	250.130.737	250.133.370	–2.634
14/jan./2021	18	12	8	1,0000747	1,91%	250.149.419	250.150.982	250.374.892	250.377.626	250.149.419	250.152.151	–2.732
15/jan./2021	17	11	9	1,0000747	1,91%	250.168.103	250.169.861	250.374.794	250.377.626	250.168.103	250.170.933	–2.830

Testes de efetividade:

Hedge com swap pré × DI	
Variação do valor justo acumulada do instrumento de hedge	2.830
Variação do valor justo acumulada do objeto de hedge	–2.830
Efetividade	100%
Hedge com Futuro de DI	
Variação do valor justo acumulada do instrumento de hedge	3.050
Variação do valor justo acumulada do objeto de hedge	–2.830
Efetividade	108%

Como observado, o hedge com swap gerou maior efetividade do que o hedge com os contratos futuros. O principal motivo deve estar relacionado com o método de mensuração do valor justo dos contratos futuros.

No entanto, é importante ressaltar que uma taxa com spread no contrato swap, que é o que geralmente acontece na prática, acaba gerando uma parcela inefetiva no hedge e tornando a operação mais cara do que um contrato futuro.

No caso, é necessário avaliar diversos aspectos para decidir o instrumento mais adequado para o hedge. Sabendo também que os contratos futuros possuem liquidação diária e o swap é liquidado somente no vencimento. Para fins de gestão de caixa, é importante considerar a respectiva característica do instrumento de hedge.

SIGLAS E DEFINIÇÕES

Sigla	Definição
AAP	Ajuste de avaliação patrimonial.
ALM	*Asset-Liability Management.*
ASX	Australian Stock Exchange, bolsa de valores da Austrália (Sydney).
B3	Bolsa de valores oficial do Brasil.
BACEN	Banco Central do Brasil.
BRL	Real, moeda corrente oficial do Brasil.
CADE	Conselho Administrativo de Defesa Econômica.
CA	Custo Amortizado (*accrual*).
CDB	Certificado de Depósito Bancário.
CDI/DI	A taxa DI ou CDI (Certificado de Depósito Interfinanceiro) é a taxa que acompanha diariamente a taxa básica de juros (Selic), de modo que serve como referência para a rentabilidade de investimentos em renda fixa e alguns fundos de investimento. Essa taxa é um dos grandes *benchmarks* dos investimentos no Brasil.
CEPEA	Centro de Estudos Avançados em Economia Aplicada.
CETIP	Central de Custódia e Liquidação Financeira de Títulos.
CFO	Diretor financeiro.
CFV	*Clean fair value* (variação do valor justo): valor justo – custo amortizado.
COPOM	Comitê de Política Monetária.
CPC	Comitê de Pronunciamentos Contábeis.
CVA	Variação do risco de crédito da contraparte.
CVM	Comissão de Valores Mobiliários.
CSLL	Contribuição Social sobre o Lucro Líquido.
DAP	Código utilizado para referenciar o futuro de cupom de IPCA, negociado na B3.
DFs	Demonstrações Financeiras.
DOL FUT	Contrato de dólar futuro negociado na Bolsa de São Paulo (B3).
DRE	Demonstração do Resultado do Exercício.
DVA	Variação do risco de crédito próprio.
EUR	Euro, moeda oficial da Zona do Euro (conjunto de 19 países integrantes da União Europeia).
FIDC	Fundo de Investimento em Direitos Creditórios.
GAAP	*Generally Accepted Accounting Principles* (práticas contábeis geralmente aceitas).

IAS	*International Accounting Standards*. Refere-se aos pronunciamentos internacionais de contabilidade emitidos até 31 de março de 2001 pelo IASC.
IASB	International Accounting Standards Board.
IASC	International Accounting Standards Concil.
ICIS	Independent Commodity Inteligence Services.
IFRS	International Financial Reporting Standards. Refere-se aos pronunciamentos internacionais de contabilidade emitidos a partir de 1º de abril de 2001 pelo IASB.
IPCA	Índice de Preços ao Consumidor Amplo.
IRPJ	Imposto de Renda de Pessoa Jurídica.
KIKO	*Knock-in* e *knock-out* (KIKO) são cláusulas geralmente encontradas em operações com derivativos. *Knock-in*: caso o preço à vista do ativo subjacente, a qualquer momento da vida da operação, atinja o preço de barreira acordado entre as partes, a operação passa a vigorar. *Knock-out*: caso o preço à vista do ativo subjacente, a qualquer momento da operação, atinja o preço de carreira estabelecido entre as partes, cessam os direitos e obrigações relativos às condições da operação. Uma operação pode conter somente uma delas ou ambas.
lb	Libra, unidade de medida.
LIBOR	London Interbank Offered Rate. Taxa média de juros, calculada com base nas taxas de juros oferecidas para grandes empréstimos entre os bancos internacionais que operam no mercado monetário londrino.
LTN	Letra do Tesouro Nacional. Título público que remunera uma taxa de juros prefixada com pagamento de juros e principal no vencimento da operação.
ME/FX	Moeda Estrangeira/*Foreign Currency*.
ML/LC	Moeda Local/*Local Currency*.
MP	Medida Provisória.
MTM	*Mark to Market* – marcação a mercado.
NDF	*Non Delivery Forward*, também conhecido por contrato a termo.
NTN-B	Nota do Tesouro Nacional Série B. Título público que remunera IPCA adicionado a uma taxa real prefixada, com pagamento de cupom semestral.
NYMEX	*New York Mercantile Exchange*. Maior mercado mundial não virtual que negocia futuros de *commodities*, localizado em Nova York.
NYSE	*New York Stock Exchange*. Bolsa de valores de Nova York.
OCI	*Other Comprehensive Income* (outros resultados abrangentes). Conta contábil representante do grupo de patrimônio líquido.
PECLD	Perdas Esperadas de Créditos de Liquidação Duvidosa.
PL	Patrimônio Líquido.
PRA	*Portfolio Revaluation Approach* (abordagem de reavaliação de portfólio).
Ptax	Taxa de câmbio calculada durante o dia pelo Banco Central do Brasil. Consiste na média das taxas informadas pelos *dealers* de dólar durante quatro janelas do dia.
P&J	Principal e Juros.
ROA	*Return On Assets* (retorno sobre ativos). $$ROA = \frac{Lucro\ líquido}{Ativo\ total} \times 100$$

ROE	*Return On Equity* (retorno sobre o Patrimônio Líquido). $$ROE = \frac{Lucro\ líquido}{Patrimônio\ líquido}$$
SIC	*Standard Industrial Classification* (Classificação Industrial Padrão). Sistema para classificar indústrias por um código de quatro dígitos. Estabelecido nos Estados Unidos em 1937, é usado por agências governamentais para classificar as áreas da indústria.
SPPJ	Somente Pagamento de Principal e Juros.
VF	Valor Futuro.
VJ	Valor Justo.
VJORA	Valor Justo por meio de Outros Resultados Abrangentes.
VJPR	Valor Justo por meio do Resultado.
USD	Dólar, moeda corrente oficial do Estados Unidos da América.
ZCC	*Zero Cost Collar.*

REFERÊNCIAS

ABDEL-KHALIK, A. R. *Accounting for risk, hedging & complex contracts*. Abingdon: Routledge, 2014.

ABRACEEL. *Mercado livre*. 2022. Disponível em: https://abraceel.com.br/mercado-livre/#o-papel-da-comercializadora-no-mercado-livre. Acesso em: 21 jul. 2021.

BRASIL. Agência Nacional de Energia Elétrica. *Por dentro da conta de luz*: informação de utilidade pública. 7. ed. Brasília: ANEEL, 2016. Disponível em: https://www.arce.ce.gov.br/wp-content/uploads/sites/53/2017/09/cartilha-aneel-por-dentro-da-conta-de-luz_2016.pdf. Acesso em: 05 ago. 2022.

ALLAYANNIS, G.; WESTON, J. P. The use of foreign currency derivatives and firm market value. *The Review of Financial Studies*, v. 14. n. 1, p. 243-276, Spring 2001.

ALLAYANNIS, G.; LEL, U.; MILLER, D. P. The use of foreign currency derivatives, corporate governance, and firm value around the world. *Journal of International Economics*, p. 65-79, 2012.

ARAUJO, M. *O segredo do grão*: o comércio de commodities agrícolas. 2017.

ASSAF NETO, A. *Mercado financeiro*. 12. ed. São Paulo: Atlas, 2014.

ASSOCIAÇÃO BRASILEIRA DAS ENTIDADES DOS MERCADOS FINANCEIRO E DE CAPITAIS – ANBIMA. *Estrutura a termo da taxa de juros intradiária 12h*: metodologia. São Paulo: ANBIMA, 2017.

B3. *Produtos do mercado futuro*. Disponível em: https://www.b3.com.br/pt_br/produtos-e-servicos/negociacao/renda-variavel/mercado-de-acoes/mercado-futuro.htm. Acesso em: 14 jun. 2022.

BALCÃO BRASILEIRO DE COMERCIALIZAÇÃO DE ENERGIA – BBCE; ASSOCIAÇÃO BRASILEIRA DOS COMERCIALIZADORES DE ENERGIA – ABRACEEL. *Derivativos de energia*. 2021. Disponível em: https://www.bbce.com.br/wp-content/uploads/2021/02/Cartilha-Derivativos-VF.pdf. Acesso em: 14 jun. 2022.

BANCO NACIONAL DE DESENVOLVIMENTO ECONÔMICO E SOCIAL – BNDES. 2018. *Taxa de Juros de Longo Prazo – TJLP*: regulamentação parâmetros, evolução, metodologia de cálculo dos contratos do BNDES. Disponível em: https://www.bndes.gov.br/wps/wcm/connect/site/be407b01-8c28-4973-a6be-5f385868efe7/TJLP_Portugues.pdf?MOD=AJPERES&CVID=mcIweiv. Acesso em: 27 jul. 2022.

BARRETO, E. *A contabilidade a valor justo e a crise financeira mundial*. Dissertação (Mestrado) – Faculdade de Economia, Administração e Contabilidade, Universidade de São Paulo, 2009.

BARRETO, E.; ALMEIDA, D. *Contabilidade a valor justo*: IFRS 13. São Paulo: Saint Paul, 2012.

BARTH, M. E. Fair value accounting: evidence from investment securities and the market valuation of banks. *The Accounting Review*, p. 1-25, jan. 1994. Disponível em: http://www.jstor.org/stable/248258. Acesso em: 14 jun. 2022.

BARTRAM, S. M.; BROWN, G. W.; CONRAD, J. The effects of derivatives on firm risk and value. *Journal of Financial and Quantitative Analysis*, p. 967-999, 2011.

BDO. Hedge Accouting (IFRS 9 Financial Instruments). Disponível em: https://pdfslide.net/documents/bdo-need-to-know-hedge-accounting-ifrs-9-financial-.html?page=1. Acesso em: 28 set. 2022.

BELKAOUI, A. R. *The linguistic shaping of accounting*. St Barbara: Quorum Books, 1995.

BOLSA DE MERCADORIAS & FUTUROS – BM&F. *Mercados derivativos*. São Paulo: BM&F, 2007. (Série Introdutória)

CÂMARA DE COMERCIALIZAÇÃO DE ENERGIA ELÉTRICA – CCEE. *Sobre nós*. 2022. Disponível em: https://www.ccee.org.br/web/guest/sobrenos. Acesso em: 14 jun. 2022.

CARREIRA, M.; BROSTOWICZ, R. *Brazilian derivatives and securities*: pricing and risk management of FX and interest rate portfolios for local and global markets. Londres: Palgrave Macmillan, 2016.

CARMONA, C. M.; AQUINO, J. T.; PAREDES, B. B.; TORRES, M. L. Teoria do hedge: recortes teórico-empíricos aplicados à gestão do risco com derivativos. *RIC – Revista de Informações Contábil*, p. 29-48, 2014.

CARVALHO, W. M. *Hedge accounting no agronegócio brasileiro*. Dissertação (Mestrado) – Fundação Escola de Comércio Álvares Penteado – FECAP, São Paulo, 2020.

CHIQUETO, F. *Hedge accounting no Brasil*. Tese (Doutorado) – Faculdade de Economia, Administração e Contabilidade, Universidade de São Paulo, 2014.

CME GROUP. *Produtos de commodities*: guia autodidático para hedge com futuros e opções de grãos e sementes oleaginosas. 2014. Disponível em: https://www.cmegroup.com/trading/agricultural/files/AC-216.1_GrainsHedgingGuide_port_SR.pdf. Acesso em: 14 jun. 2022.

COMISSÃO DE VALORES MOBILIÁRIOS – CVM; BOLSA DE MERCADORIAS & FUTUROS – BM&F. *Mercado de derivativos no Brasil*: conceitos, produtos e operações. São Paulo, 2015. Disponível em: https://www.investidor.gov.br/portaldoinvestidor/export/sites/portaldoinvestidor/publicacao/Livro/Livro-TOPDerivativos.pdf. Acesso em: 26 jul. 2022.

DUARTE JÚNIOR, A.; LÉLIS, R. F. Unificando a alocação de capital em bancos e seguradoras no Brasil. *Revista de Administração de Empresas*, p. 92-103, 2004.

ESTRELLA, A.; HARDOUVELIS, G. The term structure as a predictor of real economic. *Journal of Finance*, v. 46, p. 55-76, 1991.

ESTRELLA, A.; MISHKIN, F. The predictive power of the term structure of interest rates in Europe and United States: implications for European Central Bank. *European Economic Review*, v. 41, p. 375-401, 1997.

EY. *Hedge accounting under IFRS 9*. 2014. Disponível em: https://www.ey.com/Publication/vwLUAssets/Applying_IFRS:_Hedge_accounting_under_IFRS_9/%24File/Applying_Hedging_Feb2014.pdf. Acesso em: 14 jun. 2022.

EY. *International GAAP*: generally accepted accounting practice under International Financial Reporting Standards. 14. ed. Hoboken: John Wiley & Sons, 2019.

FAMA, E. Term structure forecast of interest rates, inflation and real returns. *Journal of Monetary Economics*, v. 25, p. 59-76, 1990.

FORTUNA, E. *Mercado financeiro*: produtos e serviços. Rio de Janeiro: Qualitymark, 2013.

FRUSH, S. *Commodities demystified*: a self-teaching guide. Nova York: McGraw-Hill, 2008.

FUNDAÇÃO INSTITUTO DE PESQUISAS CONTÁBEIS, ATUARIAIS E FINANCEIRAS – FIPECAFI. *Manual de contabilidade societária*. São Paulo: Atlas, 2018.

GALDI, F. C.; BARRETO, E.; FLORES, E. *Contabilidade de instrumentos financeiros IFRS 9 – CPC 48*: ativos financeiros, passivos financeiros, instrumentos patrimoniais, impairment, derivativos e hedge. São Paulo: Atlas, 2018.

GALDI, F. C.; GUERRA, L. G. Determinantes para utilização de hedge accounting: uma escolha contábil. *Revista de Educação e Pesquisa em Contabilidade*, p. 23-44, 2009.

GAMBIN, M. *Análise da eficiência dos derivativos agropecuários na gestão da variabilidade de preços*. Dissertação (Mestrado) – Faculdade de Ciências Econômicas, Universidade Federal do Rio Grande do Sul, Porto Alegre, 2012.

GARCIA, M. G. P.; DIDIER, T. Taxa de juros, risco cambial e risco Brasil. *Instituto de Pesquisa Econômica Aplicada (Ipea)*, 2003. Disponível em: http://repositorio.ipea.gov.br/bitstream/11058/3378/3/PPE_v33_n02_Taxa.pdf. Acesso em: 26 jul. 2022.

GÓMEZ-GONZÁLEZ, J. E.; RINCÓN, C. L.; RODRÍGUEZ, K. L. Does the use of foreign currency derivatives affect firms' market value? Evidence from Colombia. *Emerging Markets Finance & Trade*, p. 50-66, 2012.

GONÇALVES, A. *Engenharia econômica e finanças*. São Paulo: Elsevier, 2009.

GONZÁLES, F. P.; Yun, H. Risk management and firm value: evidence from weather derivatives. *The Journal of Finance*, p. 2143-2176, 2013.

HULL, J. C. *Opções, futuros e outros derivativos*. 9. ed. Porto Alegre: Bookman, 2016.

HULL, J. C. *Introdução aos mercados futuros e de opções*. 2. ed. São Paulo: BM&F e Cultura, 1995.

INTERCONTINENTAL EXCHANGE – ICE. *Products*: futures & options. 2022. Disponível em: https://www.theice.com/products/Futures-Options. Acesso em: 14 jun. 2022.

KAPLAN SCHWESER. *Fixed income, derivatives, and alternative investment*. Londres: Kaplan, 2010.

KAPLAN, R.; MIKES, A. Managing risks: a new framework. *Harvard Business Review*, jun., 2012.

KPMG. *First impressions*: IFRS 9 – Hedge accounting and transition. 2013. Disponível em: https://assets.kpmg/content/dam/kpmg/pdf/2013/12/First-Impressions-IFRS9-2013%E2%80%93Hedge-accounting-and-transition-O-201312.pdf. Acesso em: 05 ago. 2022.

KPMG. *New on the horizon*: Accounting for dynamic risk management activities. 2014. Disponível em: https://assets.kpmg/content/dam/kpmg/pdf/2014/07/NOTH-dynamic-risk-management.pdf. Acesso em: 05 ago. 2022.

KPMG. *First impressions – IFRS 9 Instrumentos Financeiros*: novas regras sobre a classificação e mensuração de ativos financeiros, incluindo a redução no valor recuperável. 2016. Disponível em: https://assets.kpmg/content/dam/kpmg/pdf/2016/04/ifrs-em-destaque-01-16.pdf. Acesso em: 05 ago. 2022.

KPMG. *Insights into IFRS*. 14. ed. Londres: Sweet & Maxwell, 2017.

KWONG, L. C. How corporate derivatives use impact firm performance? *Pacific-Basin Finance Journal*, p. 102-114, 2016. Disponível em: http://dx.doi.org/10.1016/j.pacfin.2016.10.001. Acesso em: 14 jun. 2022.

LOPES, A. B.; GALDI, F. C.; LIMA, I. S. *Manual de contabilidade e tributação de instrumentos financeiros e derivativos*. São Paulo: Atlas, 2011.

MATOS, E. S.; REZENDE, R. B.; PAULO, E.; MARQUES, M. M.; FERREIRA, L. G. Utilização de derivativos e hedge accounting nas empresas brasileiras e japonesas negociadas na NYSE. *Revista de Contabilidade e Controladoria*, p. 74-90, maio/ago. 2013.

MISHKIN, F. What does the term structure tell us about future inflation. *Journal of Monetary Economics*, v. 25, p. 105-130, 1990.

MODIGLIANI, F.; MILLER, M. H. The cost of capital, corporation finance and the theory of investment. *American Economic Association*, p. 261-297, 1958. Disponível em: http://www.jstor.org/stable/1809766. Acesso em: 14 jun. 2022.

MOURA, G. D.; DAGOSTINI, L.; THEIS, M. B.; KLANN, R. C. Fatores determinantes para utilização do hedge em companhias abertas listadas na BM&FBovespa. *Contabilidade Vista e Revista*, p. 100-120, maio/ago. 2017.

NGUYEN, H.; FAFF, R. Does the type of derivative instrument used by companies impact firm value? *Applied Economics Letters*, p. 681-683, 2010.

OBARA, V. H. Relação entre as componentes principais da estrutura a termo da taxa de juros brasileira e as variáveis macroeconômicas. Dissertação (Mestrado) – Fundação Getulio Vargas, São Paulo, 2014.

PAULA, N. M.; SANTOS, V. F.; PEREIRA, W. S. A financeirização das commodities agrícolas e o sistema agroalimentar. *Estudos Sociedade e Agricultura*, Rio de Janeiro, v. 23, n. 2, p. 294-310, 2016.

PRAMBORG, B. Derivatives hedging, geographical diversification, and firm market value. *Journal of Multinational Financial Management*, p. 117-133, 2004.

PRICEWATERHOUSECOOPERS. *IAS 39*: achieving hedge accounting in practice. 2005. Disponível em: https://www.pwc.com/gx/en/ifrs-reporting/pdf/ias39hedging.pdf. Acesso em: 14 jun. 2022.

RAMIREZ, J. *Accounting for derivatives*: advanced hedging under IFRS 9. Nova Jersey: Wiley, 2015.

RONCORONI, A.; FUSAI, G.; CUMMINS, M. *Handbook of multicommodity markets and products*: structuring, trading and risk management. Hoboken: John Wiley & Sons, 2015.

RIBEIRO, P. L.; MACHADO, S. J.; ROSSI JÚNIOR, J. L. SWAP, futuro e opções: impacto do uso de instrumentos derivativos sobre o valor das firmas brasileiras. *Revista de Administração Mackenzie*, p. 126-142, jan./fev. 2013.

ROSSI JÚNIOR, J. L. A utilização de derivativos agrega valor à firma? Um estudo do caso brasileiro. *Revista de Administração de Empresas*, v. 48, n. 4, p. 94-107, 2008.

SANTANDER ASSET MANAGEMENT. *Manual de marcação a mercado*. 2013. Disponível em: https://www.santander.com.br/document/wps/Manual_MtM_Santander_Asset_Marco_2013.pdf. Acesso em: 14 jun. 2022.

SANTOS, J. D.; SILVA, M. E. *Derivativos e renda fixa*: teoria e aplicações ao mercado brasileiro. São Paulo: Atlas, 2015.

SANTOS FELIPE, I. J.; FRAILE, G. B. Perda máxima aceitável para investimento de risco em commodity brasileira. *Revista de Gestão*, p. 224-234, 2017. Disponível em: http://dx.doi.org/10.1016/j.rege.2017.05.002. Acesso em: 14 jan. 2022.

SCHOFIELD, N. C. *Commodity derivatives*: markets and applications. Hoboken: John Wiley & Sons, 2007.

SECURATO, José Roberto (Org.). *Cálculo financeiro das tesourarias*: bancos e empresas. 5. ed. São Paulo: Saint Paul Editora, 2015.

SERAFINI, D. G.; SHENG, H. H. O uso de derivativos da taxa de câmbio e o valor de mercado das empresas brasileiras listadas na Bovespa. *Revista de Administração Contemporânea*, p. 283-303, 2011.

ŠPERANDA, I.; TRŠINSKI, Z. Hedging as a business risk protection instrument. *Ekonomski Vjesnik: Review of Contemporary Entrepreneurship, Business, and Economic Issues*, 2015. Disponível em: https://hrcak.srce.hr/150389. Acesso em: 14 jun. 2022.

SPURIOUS correlations. *Tyler Vigen*, 2020. Disponível em: http://www.tylervigen.com/spurious-correlations. Acesso em: 29 jun. 2020.

S&P GLOBAL RATINGS. *Global credit conditions*. Triple trouble: virus, oil, volatility. 2020. Disponível em: https://www.spglobal.com/_assets/documents/ratings/research/global-credit-conditions-triple-trouble-virus-oil-and-volatility.pdf. Acesso em: 14 jun. 2022.

TOIGO, L. A.; BRIZOLLA, M. M.; FERNANDES, F. C. Características determinantes das companhias do novo mercado que adotam o hedge accounting. *Sociedade, Contabilidade e Gestão*, p. 6-22, 2015.

ÍNDICE ALFABÉTICO

A

Accrual, 9

Alinhamento da gestão de riscos com a prática contábil, 95

Alterações no índice de *hedge*, 174

Análise

de regressão, 162

de sensibilidade, 166

Aplicações, dívidas ou *swaps* corrigidas

a CDI + *spread*, 20

a IPCA + *spread*, 23

Apreçamento

de contratos a termo, 59

de instrumentos financeiros, 9

de *swap*, 47

Apresentação ao término de períodos de reporte subsequentes, 187

Ativos financeiros, 77

B

Barreira, 89

Basis, 62, 202, 203

C

Calculando valor justo de ativos financeiros, 34

Call (opção de compra), 70

spread, 72

Categorias de ativos e passivos financeiros, 77

Clean fair value, 39

Collar, 72

Comitês de gestão de ativos e passivos, 234

Commodities, 54

Componente(s)

da relação de *hedge*, 130

de risco, 112, 113

Compra de *collar*, 72

Contabilidade

a valor justo, 83

de derivativos, 79

de instrumentos financeiros, 77

Contabilização

de dívida IPCA, 13

de prefixada, 11

do valor extrínseco de uma opção, 133

Contexto da estratégia de *hedge*, 239

Contrato a termo, 198

com cláusula de *knock-in*, 199

Conversão de itens mensurados ao valor justo, 188

Correção do valor do principal, 12

Correlação, 163

Critérios

de mensuração, 77

de qualificação para designação do *hedge accounting*, 95

Critical terms match, 160

Cross hedge, 233

Cupom cambial, 24, 25, 56

  limpo, 26, 27, 56

  sujo, 26, 27, 56

Curvas

  de juros em reais, 14

  dos futuros, 53

Custo(s)

  amortizado, 38

  de carregamento, 62

  de *hedge*, 130, 133, 135

D

DDI, 26, 27, 56

Derivativo(s), 41, 42, 43, 79

  climáticos, 43

  de *commodities*, 42

  embutido, 80

  financeiros, 42

  hipotético, 164, 165

Descasamentos contábeis, 86, 91

Descontinuidade do *hedge accounting*, 170

DI futuro, 16, 56

Dívida de taxa

  fixa, 184

  flutuante, 184

Dólar

  comercial, 54

  DI (DDI), 56

  futuro, 54

Dollar offset method, 161

E

Efeitos do *hedge* econômico, 191

Efetividade, 242

Elemento

  a termo, 101, 143

  à vista, 143

Empréstimos em moeda estrangeira, 188

Especificação do produto, 62

Estratégia(s)

  com opções, 71

  de gerenciamento de risco, 97

  de rolagem, 173

ETTJ, 16

Exposição, 4

  agregada, 109, 110, 224

  cambial líquida, 196

F

Fair value, 39

Fatores de risco, 4

Fluxo de caixa, 45

Fontes de inefetividade, 157

Forwards, 58

FRC (*forward rate agreement* de cupom), 26, 56

Frequência de avaliação dos requisitos de efetividade de *hedge*, 170

Futuros, 42

  B3, 53

G

Gerenciamento

  de risco, objetivo de, 97

  do *hedge accounting*, 148

Grupos de itens, 107

H

Hedge, 6, 176

accounting, 88, 89, 176

    casos reais de prática de, 216

    critérios de qualificação para designação do, 95

    de açúcar, 205

    descontinuidade do, 170

    IAS 39 × IFRS 9, 92

    tópicos avançados de, 223

com *collar*, 72

com derivativos asiáticos, 207

com NDF/*Swap* e futuros, 244

de câmbio, 119, 185

    com empréstimo em dólar, 196

    com futuros, 190

    e juros com *swap*, 189

de *commodities*, 119, 199

de exposição agregada, 224

de fluxo de caixa, 118, 135, 177, 189, 190, 196

    previstos, 216

de investimento líquido em operação no exterior, 124

de juros, 119

de primeiro nível, 110

de taxa de juros, 176

de uma exposição agregada, 122, 223

de uma venda projetada de estoques, 119

de valor justo, 113, 135, 181, 189

    de carteira bancária de taxa de juros, 239

    de compromisso firme, 116

    de uma dívida, 114

do risco de taxa de juros, 222

econômico, 91

nas instituições financeiras, 221

no mercado derivativo, 214

no setor elétrico, 210

objetos de, 102, 239

Hierarquia do valor justo, 85

I

Índice

    de *hedge*, 153

    de preços ao consumidor amplo (IPCA), 15

Ineficácia do *hedge*, 132

Instrumento(s)

    alternativos de *hedge* cambial, 198

    de *hedge*, 98, 99, 165, 240

    de renda fixa indexado por taxa prefixada, 36

        em dólar, 37

    financeiros, 77

Intercambialidade, 43

Interpolação

    composta ou exponencial, 22

    linear, 30

Item(ns)

    monetários e não monetários, 186

    protegido relativo

        à transação, 144, 145

        ao período de tempo, 144, 145

J

Juros em reais, 22

K

KIKO forward, 199

L

Leg

    CDI, 48

    pré em

moeda estrangeira, 49

reais, 49

Liquidação do NDF no vencimento, 59

M

Market value, 38

Mercado(s)

a termo, 43

de opções, 43

de *swap*, 43

futuro, 43

Método

das mudanças em fluxos de caixa variáveis, 169

do *benchmark*, 166

Modelo Black & Scholes, 70

Moeda

de apresentação, 186

funcional, 186

N

Non deliverable forward (NDF), 59, 62

O

Opção(ões), 42, 198

americana, 66

asiática, 66

de compra (*call*), 66

de venda (*put*), 66

europeia, 66

listadas e não listadas, 65

tipos e características das, 65

Operações indexadas em

percentual do CDI, 34

taxas prefixadas

em moeda estrangeira, 36

em reais, 35

P

Participating forward, 199

Porção estável de uma carteira de taxa de juros, 110

Portfólio *fair value hedge* nas instituições financeiras, 234

Precificação do dólar futuro, 54

Preço de exercício, 66

Predominância da variação do risco de crédito na relação de *hedge*, 151

Prêmio das opções, 69, 79, 203

Problema dos pequenos números, 169

Put (opção de venda), 70

spread, 72

R

Range accrual forward, 199

Rebalanceamento, 242

Reconhecimento inicial, 187

Reequilíbrio da relação de proteção, 174

Relação

econômica, 148

futuro ou *spot* × *strike* em opções, 70

Risco(s), 3

combinado de preço de *commodities*, 227

de base, 203

de crédito, 5

de liquidez, 6

de mercado, 3

de moeda estrangeira, 227

de variação

cambial, 188

na taxa de juros (CDI), 241

estratégicos, 3

externos, 3

financeiros, 3

fixo para risco flutuante, 181

flutuante para risco fixo, 177

internos, 3

protegido, 240

sistemático, 6

sistêmico, 6

S

Selic

Meta, 14

Over, 14

Somente por pagamento de principal e juros (SPPJ), 78

Spread, 58

com base em moeda estrangeira, 101

de taxa cambial de operação financeira, 146

Strike, 66

Swap, 42, 44

cambial, 46, 51

de taxa de juro, 45, 50

T

Taxa(s)

de câmbio, 4

de juros

e *swap*, 19

em dólares, 30

DI, 14

forward, 18

spot, 18

Técnicas de avaliação, 84

Termo, 42, 58

de *commodities*, 62

de moeda, 59

Teste(s)

de efetividade, 159

de efetividade

prospectiva, 243

retrospectivo, 243

quantitativos, 160

Transação futura altamente provável, 105

Tratamento contábil do *hedge* de fluxo de caixa, 192

Trava

de alta, 72

de baixa, 72

Tributação da variação cambial de investimentos em subsidiárias estrangeiras, 128

Tunnel (olar), 198

V

Valor

de mercado, 38, 39

extrínseco de uma opção, 131, 135

intrínseco de uma opção, 131, 132

justo, 34, 38, 39

limpo, 38, 39

Variação do valor intrínseco de opções, 101

Venda de *collar*, 73

Volatilidade, 4